吴筱雅 ◎ 著

培智学校语文教学调整

指向学生适宜发展
的实践研究

PEIZHI XUEXIAO

YUWEN JIAOXUE

TIAOZHENG

上海社会科学院出版社
SHANGHAI ACADEMY OF SOCIAL SCIENCES PRESS

为了给特殊学校中的智力障碍学生提供适宜的课程,教育部于 2007 年颁发了《培智学校课程设置试验方案》。2009 年,上海先行先试颁布了《上海市辅读学校九年义务教育课程方案(试行稿)》,并在此基础上研发了各科课程纲要、指南,也陆续出版了一些配套的教学内容。2016 年,教育部颁布了《培智学校义务教育课程标准(2016 年版)》,并将落实课程标准、推进新教学内容编写审查、起始年级教学内容的投入使用作为 2017 年教育部工作的要点之一(教育部,2016)。2017 年起,培智学校部编版一年级教材出版并在一线使用,其他年级也开始逐年编写。不管是上海还是国家层面的这一系列推进都旨在解决培智学校一线教师"教什么"的问题。

但对研究者本人及所在培智学校的语文教师而言,解决"教什么"的问题只是第一步,要在课堂上真正完全实现特殊教育个别化的精神与主张,还需要解决"怎么教"的问题。一方面,研究者发现,随着学生年级升高,语文课文的篇幅增加、难度增大,学生个体间差异愈发明显,高年级的语文教学也越来越具有挑战性。如有的学生已能学习篇章,但有的学生可能还停留在通过图片学习生字、词语的阶段。学生个体间的能力差异,让研究者意识到,每一位学生的发展目标应该是个性化的,教学的目标应该指向每一位学生的适宜发展。另一方面,研究者通过观察众多一线语文教师的课堂教学,发现许多语文教师已经意识到在课堂上应该对部分学生的教学进行调整以提供适宜支持,帮助其更有效地学习,不少教师还尝试过自己调整,但实际上究竟调整的方法是否得当,是否只是从自身的角度出发并不得知,教师们也非常苦恼,希望能解决这一现实问题。

由此可见,目前培智学校一线语文教师课堂上"教什么"的问题虽然已得以解决，但还是会因为学生障碍程度重、个体差异大等困境，而无法系统、有效地在集体教学中去调整并落实每一名学生的个别化教学，"怎么教"的问题尚未得到充分解决。而要解决这一问题，实现每一位学生的适宜发展，对学生的教学进行个别化调整是重要的支持手段之一。

综合以上原因，研究者萌生了对所在学校的高年级学生开展语文教学调整方案研究的想法。截至目前，培智学校部编版语文教材高年级段尚未出版完全，所以在开展本研究时，研究者仍以上海教育出版社出版的《辅读学校实用语文学本》为主要教学用书。研究者希望立足于教育一线的个别化教学实践困境，聚焦培智学校语文教学调整这一主题，研发一套行之有效的调整方案，帮助各位培智学校一线语文教师提供满足学生个别化教育需求的支持，助力实现每一位特殊学生的适宜发展；也期待将来培智学校部编版语文高年级教材全部出版后，各位一线语文教师能灵活使用各种教学调整方法，为国家课程教材在集体课堂中个别化的实施提供参考。

目 录
CONTENTS

第一章 绪 论

本章先从研究背景与动机入手,接着阐明本研究的研究目的与待答问题,之后再对本研究的关键词做出解释,最后说明本研究的研究限制。本章共分为 4 节,第一节为研究背景与动机,第二节为研究目的与待答问题,第三节为名词解释,第四节为研究限制。

第一节 研究背景与动机

特殊教育事业的发展标志着社会的进步,我国的特殊教育正处于飞速发展期,相关政策法规不断健全,配套措施制度不断完善,有力保障支持了特殊教育事业的快速发展。其中,建立完善的特殊教育课程与教学内容体系就是我国特殊教育事业的重要一环(教育部,2016)。

自 1987 年我国推行特殊儿童随班就读以来,越来越多的轻度智力障碍或伴随有轻度智力障碍的学生进入了普通学校接受九年义务教育,使得特殊教育学校的招生对象发生了重大变化,由原先的以招收轻度智力障碍学生为主改变为以招收中、重度智力障碍学生为主。据 2023 年的教育部统计数据显示,目前我国接受特殊教育的在校学生总人数为 911 981 人,其中特殊教育学校中有 341 248 人,占总人数的 37.42%。小学附设特教班中有 3 185 人,占总人数的 0.35%。小学随班就读中有 303 457 人,占总人数的 33.27%。初中附设特教班中有 419 人,占总人数的 0.046%。初中随班就读中有 153 591 人,占总人数的 16.84%。其他学校附设特教班有 1 451 人,占总人数的 0.16%。另外在校学生中送教上门人数为 75 987 人,占总人数的 8.33%。可见,特殊教育学校中的学生在所有接受特殊教育的学生中占有一定的比重。进一步统计智力障碍学生在特殊教育学校中的占比可以发现，在特殊教育学校中智力障碍学生占比为 68.54%（教育部，2021）。

为了给这类学生提供最适当的课程，1994 年教育部印发了《中度智力残疾学生教育大纲（试行）》，2003 年正式启动课程改革研究工作，2007 年颁发了《培智学校课程设置试验方案》。2009 年，上海作为我国基础教育改革的先锋地区，率先颁布了《上海市辅读学校九年义务教育课程方案（征求意见稿）》（上海市教育委员会，2009）作为上海特殊教育学校课程设置与实施的指导文件，上海教育出版社也陆续出版了一些与其中各学科内容与要求相符的学生用书，供一线教师参考、使用。2016 年 12 月，教育部在进行了大量的试点地区研究与资料积累后，颁布了《培智学校义务教育课程标准（2016 年版）》，并将落实课程标准、推进新教学内容编写审查、起始年级教学内容的投入使用作为 2017 年教育部工作的要点之一（教育部，2016）。截至 2024 年年底，培智学校部编版高年级教材尚未出版完全。可以说，时至今日，我国已逐渐开始形成一套完整的培智学校课程与教材体系。而这些举措都代表了特殊教育发展和教育教学改革经验的不断集中、总结，对于进一步提升特殊教育品质、办好特殊教育、促进教育公平具有重要意义。

既然培智学校的课程与教材体系正在逐步完善，那么教育现场即需认真去思考，在整个体系下学校要如何作为才能将其实实在在落地，使所有学生都能受益，得到最适当的教育。实现自身的适宜发展，应该说这已是现阶段在教育现场迫切需要关注的课题。那么，追根溯源，究竟怎样的做法才能在特殊教育现场满足所有学生的需求呢？2017 年，教育部等七部门印发《第二期特殊教育提升计划（2017—2020 年）》，在总体要求中提出"尊重残疾学生的个体差异，注重潜能开发和缺陷补偿，提高特殊教育的针对性"；2021 年国务院办公厅转发《"十四五"特殊教育发展提升行动计划》，强调"针对不同类别、不同程度、不同年龄残疾儿童青少年的需要……尊重残疾儿童青少年身心发展特点和个体差异，做到因材施教，实现适宜发展……"吴武典（1996）认为："可不要忘了因时、因人、因地而制宜，以功能（学生的需求）来决定采用何种形式的教育安置、课程或教学"。可见对特殊学生而言，特殊教育实际上是针对其身心特点和特殊需求提供有针对性的教育教学，而个别化的基本精神是特殊教育的核心概念。

那么，个别化如何体现在特殊学生发展的全过程呢？在教学过程中，一线教师以教学调整的形式为特殊学生提供个别化支持，其最终目的在于实现学生的个别化发展。在研究者看来,特殊学生的个别化发展,更具体地说,应是指特殊学生的适宜发展。教师在教学过程中采取的调整措施出发点和落脚点都在于促进学生的适宜发展。何谓学生的适宜发展呢?《辞海》中"适宜"一词解释为合适、相宜。将"适宜"两字拆开来看,"适"为切合、舒服的意思,"宜"为适合、应该之意。"学生适宜发展"指的是切合特殊学生实际需求、符合学生发展规律、发挥学生自主性、让学生快乐成长的发展理念。

仍以 2023 年的教育部统计数据来看,我国特殊教育学校 911 981 名学生中,视觉障碍 37 089 人,听觉障碍 88 405 人,言语障碍 37 237 人,肢体障碍 160 254 人,智力障碍 448 236 人,精神障碍 52 236 人,多重障碍 88 524 人,可以说智力障碍这一群体人数较多,障碍种类、程度各不相同。所以即使目前学校高年级所使用的上海教育出版社出版的《辅读学校实用语文学本》,已是根据《上海市辅读学校实用语文课程指导纲要(征求意见稿)》编制的颇具实用性的教学内容,符合绝大多数培智学生的需求,但如以"个别差异"来考量,仍有其不足之处。我们应认识到,无论是怎样的学生,个体间差异是一种常态,而非例外。在培智学校这样教育对象绝大多数为中重度智力障碍学生的教学现场,差异则更为突出。所以对培智学校的教师来说,其职责就是要去思考如何让更多的学生通过弹性设计,尽可能参与课程学习,达到预期的课程目标,实现每一名学生的适宜发展。

教学内容是直接呈现给学生使用的载体,没有能适宜每一名特殊学生的教学内容,则称不上是一个好的符合特殊教育个别化精神的现场。所以,如何调整每一名学生的教学内容直到最为适宜是个别化精神落实的重要一环,听上去虽为特殊教育的基本理念,但实际操作上却并非易事。研究者本人就职于上海市宝山区培智学校,教学语文,曾任语文教研组长、教导主任、校长办公室主任等多职,参与学校整体的课程规划与实施。以研究者十余年来在上海教育一线的切身教学体验与观察,自 2009 年颁布了《上海市辅读学校九年义务教育课程方案(征求意见稿)》、各学科课程纲要、指南,并陆续有一些学生用书出版以来,已经大致解决了现场教师"教什么"的问题。但是事实上,对研究者本人以及所在学校的教师而言,要真正完全达到特殊教育个别化的精神与主张,仍有很大的努力空间。研究者曾经就这一问题询问过学校的多位教师,发现在现阶段培智学校语文、数学等基础性学科仍以集体教学为主要教学组织形式的情况下,大多数的特教教师已经有了对每一位学生应该要根据不同的程度给予调整过的教学内容，以进一步帮助其理解的概念，也尝试过自己调整。然而实际上，究竟教师们调整得对不对，是否只是从自己的角度出发、把自己的想法强加到学生身上大家普遍反映其无从得知，也非常苦恼，希望能解决这一现实问题。可见，教师们虽有理念，但还是会因为培智学校特殊学生障碍程度重、个体差异大等困境，而无法系统、有效地在集体教学中去调整并落实每一名学生的个别化教学内容。因此，不断去思考一线教学是否能依循特殊教育的核心精神而行，是否真正为学生的特殊需求而实施，是身为特殊教育工作者必备的本能及责无旁贷的职责。同时，就我国的实际情况而言，这一问题的解决也可为之后全面实施部编版教材打下良好基础。

　　课程与教学调整的概念和实践起源于 20 世纪 90 年代。伴随着融合教育理念在世界范围内的发展传播，尊重个体独特的特性、兴趣、能力和学习需要，在教育制度的设计和教育计划的实施过程中考虑这些特性和需要的广泛差异已成为共识。美国教育重建和融合中心（National Center on Educational Restructuring and Inclusion，NCERI，1994）在给融合教育下定义时明确提到："融合教育指的是在普通班级中向教师与学生提供必要的支持服务，并协助做个别化的课程调整，以确保身心障碍学生在课业学习、行为和社会能力的成功"（钮文英，2008）。课程和教学作为学校教育的关键构成要素之一，对其进行调整以让普通教育环境中的每位学生得到适性的教育，自然而然受到了融合教育研究者、实践者们的极大关注。研究显示，通过实施课程教学调整能够促进身心障碍学生乃至全班学生的课堂参与、学业成就、人际关系等多方面的提升效果（林坤灿、郭又方，2004；杨芳淇，2005；蒋明珊，2004）。结合理论和实践总结，课程方面主要可以从课程目标、内容、组织和运作过程 4 个成分思考调整方式，而在实际教学时可以从教学语言、物理环境、心理环境、行为管理、学习评量等教学要素出发思考调整方式（钮文英，2015），灵活采用适当设计结构化的学习环境、减少测试项目、上课避免讲多余的话语、精心挑选干预任务和材料、增补简化课程等多种策略实施调整（Ebeling 等，2000；Okumbe & Tsheko，2007；Shanthi，2013）。尤其是针对课程和教学内容，目前我国台湾地区已经形成了较为成熟的调整原则与做法，即针对不同特殊学生的需求通过"浓缩""加深""拓宽""简化""减量""分解""替代""重整"几种方式调整各项能力指标并以此决定相应的教学内容，在统一的课程纲要内，学校可以自由选用现有课程、调整已有的课程教学内容或是进一步发展本校的课程教学内容，进行整合、强化、简化、补充、调序等来实现课程标准和教科书的转化,以适应每位学生的需求(王培甸,2011)。这些做法可以为培智学校开展系统性的教学调整、更好地为特殊学生提供适宜教学提供思路。

至于为何选择语文作为本研究教学调整方案的方向,原因有以下两点,其一,语文是人类生活最重要的交际工具和思维工具,也是民族文化的重要组成部分。《培智学校义务教育生活语文课程标准(2016年版)》把培智学校的语文课程称为生活语文,认为:"生活语文是培智学校学生学习应用语言文字的重要载体,也是培智学校学生发展思维、改善功能、学习文化知识和形成生活技能的基础"。《上海市辅读学校实用语文课程指导纲要(试行稿)》把语文课程称为实用语文,提出:"实用语文课程是辅读学校九年义务教育阶段的基础性课程,它是学生发展思维、补偿缺陷、学习文化知识和形成生活技能的基础。实用语文课程的多重功能与基础作用,奠定了该课程在辅读学校九年义务教育中的重要地位"。可见,无论是教育部颁布的标准还是上海地区的纲要都肯定了语文这一门学科在整个培智学校课程体系中的重要地位,因此选择从语文入手有其重要意义。其二,研究者本人自工作以来一直都承担语文教学,担任过学校语文教研组长,带领语文小组进行过语文的各项研究。虽然后续研究者又担任教导主任、校长办公室主任等多职,参与了更多其他学科的研究,但是在语文上,不论是研究者本人的熟悉度还是与小组成员们的默契度都是最佳的,更重要的是,研究者也曾和教师们在现场讨论过这部分的内容,只是还没有系统深化。

因此,遵循特殊教育个别化的核心精神,研究者很希望发展出一套适用于培智学校语文教学调整方案,让教师对教学调整有一个科学且行之有效的操作,来真正落实个别化语文教学并增进学生语文学习的成效,此为本研究的研究动机之一。就我国的实际情况而言,通过研究这一问题也可为之后全面实施部编版教材、并由教师在教学一线进行教学调整打下良好的基础。

由于特殊学生障碍程度差异很大,各班人数也不多,所以等组实验并不是一种很好的方式。而如果仅用观察的方法,则无法验证语文教学调整方案的有效性。加之以目前研究者对于有关特殊教育研究主题或范畴趋势的观察,个案实验或行动研究应该是未来的重点。事实上,近些年来,这样的趋势在我国也深有体现,单一个案实验研究的数量逐渐增长(韦小满、杨希洁,2018),一些研究者也开始通过行动研究的方式进行课程教学调整(尤丽娜,2015;程敏芬,2018)。于是,研究者也决定采取行动研究的范式,通过一线教师的实践与讨论,发展出一套切实可行的培智学校语文教学调整方案,并进行现场教学,从中证实调整方案的具体成效，以作后续推广。让培智学校教学一线的问题能够较完善地解决，是研究者本人最深的期待。此外，如果能将行动研究结合单一个案实验，除能达到本研究的相关目的外，亦能为后续有关研究提供模式参考，是一种双赢的研究策略，此为本研究的研究动机之二。

本研究关注的学生为培智学校学生，虽然在研究的设计中，能探究到培智学校语文教学调整方案的实施成效，不过，本研究仍然强烈地关注在实施过程中，家长和参与教师对整个教学调整过程及结果的看法，包含家长对学生教学调整的满意度、改进与建议；参与教师对教学调整方案有效性、便利性的反馈，以及改进与推广建议。相信这些都能让此方案后续更完备，这也是本研究所重视的，此为本研究的研究动机之三。

第二节　研究目的与待答问题

基于以上研究背景与动机，本研究提出 3 个重要的研究目的，并依据研究目的提出待答问题。

一、研究目的

依照第一节所述的 3 项主要动机，提出本研究的重要目的，如下。

（1）针对培智学校学生的个别化特殊需求，采用"简化""减量""分解""替代""重整"等调整策略，经第一阶段第一轮研究和第二阶段第二轮研究，研发出一套适用于培智学校语文的教学调整方案。

（2）在两个阶段的研究过程中，通过教师讨论与实践、单一个案实验，探究语文教学调整方案的实施成效。

（3）调查家长和参与教师对培智学校语文教学调整方案的实施满意度、需改进问题以及建议等，作为反思及未来推广之用。

二、待答问题

根据上述目的，本研究欲探讨下列待答问题。

（一）研究目的一之待答问题

（1）培智学校的语文教学如何采用"简化""减量""分解""替代""重整"等策

略进行调整?

（2）如何研发出一套适用于培智学校语文教学调整方案?

（二）研究目的二之待答问题

（1）第一轮研究阶段初步的语文教学调整方案对培智学校学生语文能力的成效如何?

（2）第二轮研究阶段的正式语文教学调整方案对增进培智学校学生语文能力的立即及维持成效如何?

（三）研究目的三之待答问题

（1）家长对学生语文教学的调整是否满意? 是否觉得有效? 还有哪些需要改进的问题及建议?

（2）参与教师对语文教学调整方案的有效性、便利性是否满意? 还有哪些需要改进的问题与建议?

第三节 名词解释

为使研究过程和结果便于说明,以下将本研究中所提到的一些重要名词分别作出界定。

一、培智学校

因智力障碍儿童个体间的差异很大,加之还有一些伴有其他障碍的智障儿童需要教育,因此那些智力损失严重、行为控制力差、沟通能力低下,以及伴有其他残疾的智力障碍儿童不能适应普通教育的环境、课程和要求。在充分考虑智力障碍儿童身心特点和独特教育需求的情况下,我国为义务教育阶段的智力障碍儿童设立了专门的教育机构——培智学校(又称辅读学校、启智学校、启慧学校、开智学校等)(刘春玲、马红英,2011)。同时,随着随班就读的不断发展,越来越多的轻度智力障碍儿童进入普通学校接受教育,专门性质的培智学校中则进入了越来越多的中、重度智障儿童。

因此,在本研究中的培智学校是指研究者所在的上海市宝山区培智学校,这是一所以招收中、重度智障儿童为主的专门性质的特殊学校,据目前统计,全校共 9 个年级,12 个班级,在校学生 156 人。

二、智力障碍学生

我国分别于 1987 年和 2006 年先后两次对智力障碍进行定义。2006 年,第二次全国残疾人抽样调查使用的定义是:"智力残疾,是指智力显著低于一般人水平,并伴有适应行为的障碍。此类残疾是由于神经系统结构、功能障碍,使个体活动和参与受到限制,需要环境提供全面、广泛、有限和间歇的支持。智力残疾包括:在智力发育期间(18 岁之前),由于各种有害因素导致的精神发育不全或智力发育迟缓;或者智力发育成熟以后,由于各种有害因素导致智力损害或智力明显衰退"。

本研究中的智力障碍学生是指研究者所在的上海市宝山区培智学校九(2)班的 9 名学生,其中男生 5 人,女生 4 人。

三、语文教学调整方案

胡佛和巴顿(Hoover & Patton, 1997)将课程调整定义为:"课程调整(curriculum adaptation)是指修正或增加、补充一个或多个的课程要素,用以满足个别学生差异上的特殊需求"。其中的调整(adaptation)是为促进学生在所有学校活动中的参与而进行的调整,颇符合本研究所提的教学调整意涵,因为正如之前所讨论的,若以"个别差异"来考量,培智学校的教学内容亦仍有其不足之处。

基于上述情况,研究者决定开展培智学校语文教学调整研究,但在研究伊始,培智学校部编版高年级教材尚未出版完全,故本研究中所指教学调整方案,是以上海教育出版社出版的教学资源《辅读学校实用语文学本》中的内容为材料进行研发设计,以期通过此项研究形成一套培智学校语文教学调整方案,为之后部编教材的调整打下基础。此方案包含研发目标、研发内容、研发特色等。其中研发内容里又包含教学调整的方法、配套可供现场教师填写使用的表件,以及调整后的语文教学内容。

四、语文教学调整方案的实施成效

本研究中所指的实施成效,是指运用所研发的培智学校语文教学调整方案,选择上海市宝山区培智学校九(2)班 9 名学生,在第一轮研究阶段以试探性实验的方式尝试探究该方案在学生语文学习上的效果,以及在第二轮研究阶段以单一个案实验的方式探究该方案在学生语文学习上的立即及维持成效。

第四节　研究限制

本研究因受限于时间、人力与物力，无法涵盖所有方面，以下就研究限制进行说明。

一、研究地区

本研究以研究者所在的上海市宝山区为研究地区，未能涉及其他地区。

二、研究对象

本研究以上海市宝山区培智学校九(2)班的全部 9 名学生为主要研究对象，未能涉及其他年级学生。

三、研究内容

本研究以上海市宝山区培智学校九(2)班语文教学调整为研究内容，未能涉及其他内容。由于本研究在启动时，培智学校部编版语文教材高年级段尚未出版完全，故本研究的教学调整方案仍以上海教育出版社出版的《辅读学校实用语文学本》中的内容为材料进行研发设计，未涉及教育部部编版教材内容。

第二章 文 献 探 讨

本章为文献探讨,共分为 4 节。第一节为智力障碍的定义与特点,这一节是对智力障碍概念的演变、智力障碍的定义、智力障碍者的认知特点和情绪行为特征进行梳理;第二节为语文与智力障碍学生语文学习,这一节先从普通学生的语文课程与特殊需求学生的语文课程入手进行比较,探究智力障碍学生语文的重点学习内容,之后再对智力障碍学生的语文学习特点进行整理、归纳;第三节为课程教学调整,这一节阐述了课程教学调整的内涵与实施;第四节为课程教学调整相关研究,这一节是对于这一领域相关研究的呈现与归纳。

第一节 智力障碍的定义与特点

根据 2023 年我国教育部的统计数据可知,智力障碍是特殊教育学生人数中占比很大的一个障碍群体,所以要制定适用于该类学生的语文教学调整方案,首先就要对智力障碍的定义,以及智力障碍者的特点加以澄清梳理。

一、智力障碍概念的演变

国外对智力障碍的名称起源于欧洲。Itard 和 Seguin 提出智力障碍养护措施时,使用了"idiot"或"idiocy"(译为白痴)一词。之后,1875 年美国成立了一个专业组织"美国白痴与低能者教养机构医疗人员协会"(The Association of Medical Officers of American Institutions for Idiotic and Feebleminded Persons),由此就有了"feebleminded"(译为低能)一词。后来这个协会更名为"美国低能研究协会"(The American Association for the study of the Feebleminded),之后又改为"美国智能缺陷协会"(The American Association on Mental Deficiency,

AAMD)。而后，Herber 在 1961 年修订智力障碍定义时，使用了"mental retardation"（译为智能不足或智力障碍）一词。"美国智能缺陷协会"也于 1987 年改称"美国智力障碍协会"（The American Association on Mental Retardation, AAMR）。2010 年，美国智力障碍与发展障碍协会（The American Association on Intellectual and Developmental Disabilities, AAIDD）则以"Intellectual Disability"取代"智能不足"，原因基于以下几点：① 使用"智力障碍"一词较能反映障碍的结构；② 能聚焦在功能性行为和环境背景因素；③ 提供合理的基础以使人了解提供的支持是以社会—生态的架构为基础；④ 对障碍者较不具冒犯性；⑤ 较能与国际性的专业术语一致（郑雅莉，2010）。

在英国也曾使用"mental retardation"，但在英国教育界较多的还是使用比较中性的术语"learning difficulties"（译为学习困难），加拿大与澳大利亚则采用"developmental disabilities"（译为发育障碍）"intellectual disabilities"（译为智力障碍）（刘春玲、马红英，2011）。总之，从国内外智力障碍概念的演变来看，早期大多从"缺陷""异常"的角度看待这一群体，因此又称"低能""缺陷"。或是从"能力"的观点来定义，认为他们是由于心智能力的限制造成的，故称为"智能不足"。而后，则从个体与环境互动后的功能表现情形进行定义，称之为"智力障碍"。可见随着对智力障碍认识的不断深入，人们对其定义与理解也发生了很大的变化。

二、智力障碍的定义

（一）美国的定义

美国智力障碍协会于 1921 年第一次提出智力障碍的诊断和分类系统后，分别在 1933、1941、1957、1959、1973、1977、1983、1992、2002、2010 年先后十次修订（刘春玲、马红英，2011）。2021 年，美国智力障碍与发展障碍协会（AAIDD）发布了最新的第十二版"智力障碍"定义。1973 年 Grossman 的第五次修订的智能不足的定义被引用在了 1975 年的《残障儿童教育法案》（The Education of All Handicapped Children Act，EHA，即 94 - 142 公法）中，成为智能不足的法定定义。1983 年进行的第七次修订同样是一次较大幅度的修正。后来，Luckasson 等在 1992 年针对智力障碍的定义与分类方式做大幅度的修订，成为第九版定义；2002 年为第十版定义，Schalock 等人于 2010 年修订完成第十一版定义；2021 年为第十二版定义，变化主要体现为将智力障碍的出现年龄延伸至 22 岁。

从 1992 年起，智力障碍就摒弃了按程度分类的标准，提出了以支持程度分类的新系统,如果查询 AAIDD 的官方网站,可以发现 AAIDD 最新的内涵认为智力障碍是一种智力功能和适应行为都显著受限的障碍,涵盖了许多的日常生活和实践技能。同时,强调在对智力障碍进行定义和评估时,一定要考虑同龄人和文化的典型社区环境、语言的多样性和人们在沟通交流过程中所表现出的文化差异等多方面因素。最后,还指出智力障碍个人的受限之处与优势共存,如果能为其提供个性化支持,个人的生活功能水平将得到改善(AAIDD,2019)。所以可以说,从 1992 年起,智力障碍的定义有了新的演变,即以"支持"与"功能"取向为导向的新趋势。

(二) 中国的定义

在我国残疾人分类体系中,智力障碍被称为"智力残疾"。中国残疾人联合会先后于 1987 年和 2006 年两次对智力残疾进行定义。

1987 年,我国进行了第一次残疾人抽样调查。为了做好这次抽样调查,国务院颁布了 5 类残疾人的标准,其中首次颁布了智力残疾的标准。这一次对智力残疾的定义如下:"智力残疾,是指人的智力活动能力明显低于一般人的水平,并显示出适应行为的障碍。智力残疾包括:在智力发育期间(18 岁之前),由于各种有害因素导致的智力明显衰退。"根据这一分类系统,当时我国制定了相应的智力残疾分类标准,见表 2 - 1。

表 2 - 1　我国智力残疾分类标准(1987 年)

智力残疾级别	程度	与平均水平差距	IQ 值	适应能力
一级	极重度	≥5.01	20 或 25 以下	极重适应缺陷
二级	重度	4.01～5	20～35 或 25～40	重度适应缺陷
三级	中度	3.01～4	35～50 或 40～55	中度适应缺陷
四级	轻度	2.01～3	50～70 或 55～75	轻度适应缺陷

资料来源:朴永馨(2014),特殊教育词典(第三版)(286 页),北京:华夏出版社。

2006 年,第二次全国残疾人抽样调查使用的残疾标准中对智力残疾的定义是:"智力残疾,是指智力显著低于一般人水平,并伴有适应行为的障碍。此类残疾是由于神经系统结构、功能障碍,使个体活动和参与受到限制,需要环境提供全面、广泛、有限和间歇的支持。智力残疾包括:在智力发育期间(18 岁之前),

由于各种有害因素导致的精神发育不全或智力迟缓；或者智力发育成熟以后，由于各种有害因素导致智力损害或智力明显衰退。"分级标准见表 2-2。

表 2-2　我国智力残疾分级标准（2006 年）

级别	分 级 标 准			
	发展商（DQ） 0～6 岁	智商（IQ） 7 岁以上	适应行为 （AB）	WHO-DAS 分值
一级	≤25	<20	极重度	≥116
二级	26～39	20～34	重度	106～115
三级	40～54	35～49	中度	96～105
四级	55～75	50～69	轻度	52～95

资料来源：朴永馨（2014），特殊教育词典（第三版）（286 页），北京：华夏出版社。

这一次的抽样调查残疾人标准是以 2001 年 5 月第 54 届世界卫生大会通过的《国际功能、残疾和健康分类》（International Classification of Functioning Disability and Health，ICF）的理论模式、分类与编码系统，建立了新的残疾分类、分级和编码系统（刘春玲、马红英，2011）。可见，我国 1987 年的定义主要是参照 AAMR 于 1983 年关于智力障碍的定义，2006 年的定义则是以 ICF 为基础，同时兼顾与 1987 年"智力残疾"定义的延续性。

通过梳理智力障碍概念与定义的演变，可以发现，无论是我国还是美国，都对于智力障碍学生的定义演变为将智力缺陷看成是一种功能限制，改变了过去认为智力障碍是一种来源于自身内部的、固有的缺陷的看法。智力障碍不仅取决于个人的内部状态，而且与环境有密切关系。智力障碍者需要的支持程度并不取决于障碍程度，而是功能程度。我们可以通过教育训练来改善这种限制状态，也可以通过调节、改善环境来实现其相应的功能。因此，如何为智力障碍学生提供适宜的支持来提升他们的学习成效便是特殊教育者的重要课题。

三、智力障碍者的认知特点

事实上，智力障碍儿童在多种与认知、学习相关的能力及表现上，和同龄人相比有明显差异。以下就从感知觉与注意、记忆的发展、语言的发展、思维的发展等方面进行讨论。

（一）感知觉与注意

一般认为，智力障碍儿童与正常儿童相比，感觉特点既有相同，也有不同。相同点在于智力障碍儿童也遵循着与正常儿童一样的发展顺序，不同点在于感觉的量或质有区别（肖非，2002）。感受性慢和范围狭窄是智力障碍儿童的典型特点，他们的绝对感受性低于正常儿童，因此，同一强度的刺激可能引起正常儿童的感觉，却不一定能引起智力障碍儿童的感觉。他们的视敏度低，听觉、触觉反应迟缓，本体感觉和内脏感觉也表现出一定的障碍（刘春玲、马红英，2011）。

智力障碍儿童的感知觉与智商水平和障碍程度相关，不同智商水平的儿童在辨别物体长度、形状、颜色等知觉特征上具有显著的差异（林仲贤等，2000）。张积家等（2007）发现智力障碍儿童基本颜色命名能力发展的规律与正常儿童一致，但在时间上迟于正常儿童，且障碍程度越重，滞后越明显。也有研究发现，平均年龄为14.6岁的智力障碍儿童，在各种不同条件下的读名速度只相当于7～8岁的正常儿童，而在准确性方面明显低于7～8岁的正常儿童（林仲贤等，2006）。白羽石等（2016）通过对42组13～16岁智力障碍青少年和正常青少年进行实验研究，发现两者的感觉运动、知觉速度和扫描速度存在显著差异，正常青少年对图片或是数字信息的加工速度和准确性明显优于智力障碍青少年。

仇玲玲（2007）指出智力障碍学生的注意广度狭窄，反应迟钝，学习速度缓慢，不能长时间地集中，学习积极性差。刘镇铭等（2011）采用自行研制的注意力品质测试系统对智障学生注意缺失进行了实验研究，结果发现智障学生在注意广度、注意转移、注意集中、注意分配等几个维度均存在缺陷，与普通儿童相比，对声音的反应要比对图片的反应差距更大。

综合相关研究，智力障碍儿童在注意力方面具有以下几个特征：① 注意广度狭窄，不能同时注意较多的事物；② 注意力持续的时间较短；③ 注意力较不容易集中与维持，易受周围声、光、物之刺激所影响；④ 注意力分配不当，不善于选择性地注意相关刺激；也较不会随着注意焦点的转变，而调整其注意力，可能会一直停留在注意前的刺激。

（二）记忆的发展

智力障碍学生的理解力和联想能力有限，无法较好地调动旧知进行记忆，所以记忆效果比较差，但经过实验发现其长时记忆能力优于短时记忆能力（郭海英、杨桂梅，2010）。还有研究表明轻度智力障碍学生的工作记忆普遍不佳，但在与加工速度有关的任务中却体现出了差异性，一部分轻度智力障碍学生加工速度明显快于另一部分轻度智力障碍学生（陈国鹏等，2007）。另外，有研究指出智力障碍儿童对记忆策略的认识水平较低，基本认识不到可采用策略来帮助记忆，这在一定程度上会影响记忆效果（方燕红等，2012）。

所以，有研究者在智力障碍儿童记忆的训练上做了探究。郭海英和杨桂梅（2010）在其研究中指出，虽然智力障碍学生相较普通学生，其抽象思维、理解力及想象力受限，难与以往知识进行结合，记忆效果不佳，但只要经过多次"再学习"的重复练习后，长时记忆能有所改善。南丁丁（2014）通过对智力障碍儿童进行视听感觉统合训练发现能够有效地改善其对简单符号的短时记忆能力。还有研究运用复述策略对唐氏综合征儿童的短时记忆广度进行训练，发现成绩有显著的提高（沈玫，2007；Broadley ＆ MacDonaled，1993）。因此，研究者相信如果指导智力障碍学生以有组织、有计划的方式来处理信息，则可改善其记忆力。

（三）语言的发展

法孔（Facon et al.，2002）对伴有智力障碍的儿童和青少年进行研究，发现随着实际年龄的增长，其接受性词汇有所增加，但在语法理解的发展上并不明显。李晓庆（2006）在其研究中指出智力障碍儿童的语言障碍都很严重，构音障碍最多。与普通儿童相比，智力障碍儿童在对词和句的语义加工时容易出现速度慢、正确率低等问题（刘春玲、马红英，2004）。在语言表达方面，智力障碍儿童大都存在口语沟通障碍，且随着智力障碍程度的加重，他们的口语行为越来越少，非口语行为越来越多，重度智力障碍者在沟通时对手势及肢体语言的依赖更胜于口语（钮文英，2003）。

通过以上文献不难看出，智力障碍者的听理解能力、语言表达能力水平较低。

（四）思维的发展

智力障碍学生主要依赖具体形象思维，他们的逻辑思维、抽象概括和迁移能力不足，且思维速度较慢、维度较少、概念难以形成（郭海英等，2005）。海耶斯和康威（Hayes ＆ Conway，2000）也指出智力障碍学生难以形成充分的概念表征，在将已知概念从熟悉环境推广到新环境时有困难。与普通学生相比，智力障碍学生的概念发展速度和水平明显较低，其概念发展水平会随着其年龄增长而提高（张积家、方燕红，2009）。为了更进一步考察智力障碍学生的概念联系类型及发展特点，方燕红等（2011）采用聚类分析法分析了低、中、高年级智力障碍学生对 63 种食物图片的自由分类，发现智力障碍学生的概念发展具有显著的年级差异，年级越高，发展越好。当然，随着智力水平的提高，智力障碍学生的思维概括水平也会有所提高，轻度智力障碍学生的思维水平显著高于中、重度学生（Bexkens 等，2014）。另外，智力障碍学生的各种空间方位概念发展是不均衡的，最先掌握"上下"，其次是"里外"和"前后"，但在高年级，智力障碍学生仍未完全掌握"左右"概念（方燕红等，2014）。

认知发展即为各种心理功能的发展，包括感知、注意、记忆、语言与思维能力的发展。通过这一部分对智力障碍儿童认知发展过程的梳理，帮助我们了解其特点，也让研究者可以更进一步思考该如何根据他们的特点，从多渠道对此类儿童加以支持，帮助其更好地学习。

四、智力障碍者的情绪行为特点

相对于普通儿童，智力障碍儿童更容易出现情绪障碍和行为问题，这部分就分别对智力障碍儿童情绪与行为发展的特点以及相应的表现做简单介绍。

（一）情绪与行为发展的特点

智力障碍儿童情绪与行为的发展长时间停留在比较低级的水平上，与同龄正常儿童相比，显示出明显的不成熟，有低龄化的倾向，常给人以行为幼稚的印象。他们具有感觉水平上的情绪体验，如恶臭气味引起的厌恶感、清新空气引起的舒适感等，认知水平上的情绪体验发展则比较迟缓，如成功的喜悦、失败的沮丧、考试前的紧张、面临威胁的恐惧等（刘春玲、马红英，2011）。De Santana 等（2014）对 60 位 6～11 岁的儿童进行了对照实验，发现唐氏综合征儿童在识别高兴、难过、生气这 3 种情绪时与普通儿童的识别能力相差不大，而在识别厌恶、惊讶、害怕等表情时则存在显著差异，唐氏综合征儿童表现出了很低的识别率。另有研究表明，智力障碍人士自我愤怒情绪越多，在进行面部情绪识别时的准确率就越低（Woodcock & Rose，2007）。

轻度智力障碍者分辨情境的能力有限，较一般人容易表现出不适当的情绪表达和社会行为，且情绪表达方式直接，通常不会隐藏自己的感受，常常伴有外显的行为。如生气时会吐口水，高兴时会拍手，同时他们的情绪反应时间很短，从一种情绪往另一种情绪的过渡很快（刘春玲、马红英，2011）。还有研究者指出智力障碍者对自身行为管理及自我规范的能力较弱（Copeland & Hughes，2002）。智力障碍儿童与相近心理年龄的普通儿童比起来，在人际问题情境中所使用的策略类别层次较低且负向,比较不利于良好的人际关系的互动(冯淑惠,2000)。智力障碍儿童大都存在社会适应的问题,智力障碍程度越重,社会适应能力就越差(宫红梅,2005)。

(二)情绪与行为问题

智力障碍儿童发生情绪行为问题的风险远高于同龄正常儿童,常见的情绪行为有抑郁、害怕、易怒(刘春玲、马红英,2011)。同时,也易出现情绪失调问题,尤其是对于认知水平低下的智力障碍学生而言更容易出现,并可能会伴随着厌学、退缩、发脾气等行为问题(梁佩忠,2006)。

有研究采用儿童行为问题检核量表(Child Behavior Checklist, CBCL)以及教师报告表(Teacher's Report Form,TRF)对 1 041 名智力障碍儿童的行为问题进行了评定,并与同龄的正常儿童进行了对照,结果发现,智力障碍儿童更容易出现"行为幼稚与其年龄不符""精神不能集中,注意力不能持久""喜欢缠着大人或过分依赖,学习困难""动作不灵活""语言问题"以及"白天遗尿"等行为问题(Dekker 等,2002)。

除了以上提到的智力障碍儿童可能出现的行为问题,还可能有多动注意力缺失,冲动、攻击、自伤等行为问题,这些问题的发生原因与儿童所处的外在环境和内在环境有关系(马占刚,2012)。针对智力障碍儿童出现的一系列行为问题,可以教他们运用恰当的行为来替代表达自己的需求,经尝试发现学生的行为问题发生次数明显减少(朱楠、张英,2014)。

这一节,研究者综合前人研究,梳理智力障碍概念与定义的演变,认知特点和情绪行为特征。不难发现智力障碍者的感知与注意、记忆、语言、思维、情绪与行为等各方面发展都存在一定的缺陷,也正因为他们本身的这些固有特点,可能会导致他们在各科的学习上存在困难,但是,从前人的研究中也让我们知道,只要通过正确的教导,给予他们支持,就能改善他们的这些问题。

第二节 语文与智力障碍学生语文学习

此部分,研究者将针对智力障碍者的语文学习状况进行探讨。研究者将从两方面内容进行阐述。首先从语文的纲要性文件入手了解语文所要培养的关键目标与内容,其次基于此学习内容进一步了解智力障碍者的语文学习特点。

一、普通学生的语文课程

人类依赖语文为媒介，在外在信号与内在信息之间进行双向转译。换言之，语文是一种译码，包括语言和文字。"语言"包括听、说、读、写的能力，也就是掌握使用词汇的声音去做沟通，以及词汇代表概念的输出与组合（陈文德，2002）。"文字"记录了语言，突破时间和空间的限制，成为传承文化累积的依据（周碧香，2008）。所以语文所代表的时代意涵，不仅是背负沟通的工具性功能意义，同时具有传承文化的内涵，具有工具性及人文性的特性，两者相互依存，相合为一（王珩等，2008）。

（一）我国大陆地区义务教育阶段的语文课程

我国大陆地区 2022 年版《义务教育语文课程标准》对语文的性质与地位进行了进一步的明确和深化。课程标准指出："语言文字是人类最重要的交际工具和信息载体，是人类文化的重要组成部分。义务教育阶段的语文课程应致力于培养学生的语言文字运用能力，提升学生的思想文化修养，促进学生的全面发展。工具性与人文性的统一，是语文课程的基本特点。语文课程应注重学生语文素养的全面提升，语文素养不仅是学生学好其他课程的基础，也是学生终身学习和发展的基础。语文课程的多重功能和奠基作用，决定了它在九年义务教育阶段的重要地位。"

课程基本理念的第一条进一步强调："九年义务教育阶段的语文课程，必须面向全体学生，使学生获得基本的语文素养。语文课程应激发和培育学生热爱祖国语言文字的思想感情，引导学生丰富语言积累，培养语感，发展思维，掌握学习语文的基本方法，养成良好的学习习惯，具备适应实际生活需要的识字写字能力、阅读能力、写作能力、口语交际能力，能够正确地理解和运用祖国语言文字。"

2022 年版课程标准在课程目标设计上依然坚持九年一贯整体设计，但在"总目标"之下，进一步细化了学段目标，按一至二年级、三至四年级、五至六年级、七至九年级这四个学段，分别提出"阶段目标"。阶段目标从"识字与写字""阅读""写作""口语交际"四个方面提出具体要求。与 2011 年版相比，2022 年版在"识字与写字"部分更加注重汉字文化的传承与书写规范的培养；"阅读"部分进一步强调了阅读策略和阅读思维的培养；"写作"部分突出了写作过程的指导和学生个性化表达；"口语交际"部分则更加注重实际交际能力的培养，特别是倾听与表达的结合。

此外，2022年版课程标准还特别强调了语文课程的综合性和实践性，倡导通过多样化的语文实践活动，提升学生的语文素养。课程标准的修订还进一步明确了语文核心素养的内涵，包括语言建构与运用、思维发展与提升、审美鉴赏与创造、文化传承与理解四个方面，旨在通过语文学习促进学生全面发展。

总体而言，2022年版《义务教育语文课程标准》在继承2011年版的基础上，进一步明确了语文课程的核心素养目标，强化了语文课程的实践性和综合性，更加注重学生语文能力的全面提升和个性化发展。

（二）我国台湾地区义务教育阶段的语文课程

我国台湾地区自2004年施行九年一贯课程以来，经过了几次微调，以2011年微调课纲的语文来看，基本理念有4点：① 培养学生正确理解和灵活应用本国语言文字的能力，使学生具备良好的听、说、读、写、作等基本能力，并能使用语文充分表情达意、陶冶性情、启发心智、解决问题；② 培养学生有效应用语文，从事思考、理解、推理、协调、讨论、欣赏、创作，以融入生活经验，扩展多元视野，面对国际思潮；③ 激发学生广泛阅读的兴趣，提升欣赏文学作品的能力，以体现本国文化精髓；④ 引导学生学习利用工具书，结合网络资讯，借以增进语文学习的广度和深度，培养学生自学的能力。

在课程整体目标上，以培养学生十大基本能力为主，包含：① 了解自我与发展潜能；② 欣赏、表现与创新；③ 生涯规划与终身学习；④ 表达、沟通与分享；⑤ 尊重、关怀与团队合作；⑥ 文化学习与国际了解；⑦ 规划、组织与实践；⑧ 运用科技与资讯；⑨ 主动探索与研究；⑩ 独立思考与解决问题。在语文学习上，以注音符号应用能力、倾听能力、说话能力、识字与写字能力、阅读能力、写作能力等六大能力为重点。

通过梳理我国大陆和台湾地区的语文课程标准、纲要可以发现，总的来说，提高学生听、说、读、写4种基本能力是语文教学中最基本的目的，而这4种能力转化为具体教学内容则有倾听与表达、识字写字、阅读、习作等方面。

二、智力障碍学生的语文课程

特殊教育是基础教育的重要组成部分，上述对普通学生义务教育阶段的语文进行了了解，那智力障碍学生的语文课程又是如何呢？语文是人类生活中最重要的交际工具和思维工具，也是培智学校一门基础性的学科。培智学校的语文可以让智力障碍学生更好地适应周围的生活、提高社会适应能力，对培智学校的学生有着非常关键的作用(闫惠,2012)。

(一) 我国大陆地区智力障碍学生的语文课程

2003 年,培智学校的课程改革研究工作启动,上海是全国唯一一个发布了特殊教育学校课程方案及各个学科课程指导纲要、指南的城市。实用语文是《上海市辅读学校九年义务教育课程方案(征求意见稿)》中规定的一门基础性学科,与之相配套的《上海市辅读学校实用语文课程指导纲要(征求意见稿)》发布于2009 年,2016 年修订为《上海市辅读学校实用语文课程指导纲要(试行稿)》。上海教育出版社也陆续出版了各类学生用书供教师们作为教学参考。

2016 年版的《上海市辅读学校实用语文课程指导纲要(试行稿)》中将课程定位为:"语文是人类活动的重要交际工具,也是民族文化的重要组成部分。工具性与人文性的统一是语文课程的基本特点,而工具性、人文性与实用性的统一则是辅读学校实用语文课程的基本特征。实用语文课程是辅读学校九年义务教育阶段的基础性课程,它是学生发展思维、补偿缺陷、学习文化知识和形成生活技能的基础。实用语文课程的多重功能与基础作用,奠定了该课程在辅读学校九年义务教育中的重要地位"。课程理念中提出了"要培养学生基本的语文素养,……使学生具备基本的听、说、读、写能力……"。纲要还从识字与写字、阅读、习作、口语交际、非口语交际和综合性学习六个领域为不同学段设置了具体的学习目标。

2016 年,《培智学校义务教育课程标准(2016 年版)》颁布。《培智学校义务教育生活语文课程标准(2016 年版)》是《培智学校义务教育课程标准(2016 年版)》的重要组成部分,也是其中的第一项课程标准。《培智学校义务教育生活语文课程标准(2016 年版)》提出了生活语文课程的学习总目标:① 提高学生适应生活的语文素养,培育热爱祖国语言文字的情感,在语文学习过程中培养学生热爱祖国、热爱人民,促进形成健康的审美情趣、积极的生活态度和正确的价值观;② 掌握与其生活紧密相关的语文基础知识和技能,具有初步的听、说、读、写能力和社会交往能力;③ 养成良好的学习习惯,能在生活实践中学习和运用语文知识与技能,为其适应生活和适应社会打下基础。课程基本理念有以下 4 点:① 培养学生适应生活的语文素养;② 构建以生活为核心的开放而适性的语文课程;③ 倡导感知、体验、参与的学习方式;④ 注重潜能开发与功能改善相结合。课程标准还从倾听与说话、识字与写字、阅读、写话与习作及综合性学习 5 个领域为不同学段设置了具体的学习目标。

比较《培智学校义务教育生活语文课程标准》(2016年版)和《上海市辅读学校实用语文课程指导纲要》(试行稿),会发现学习的内容划分看似有所不同,实际上是一致的,国家课程标准是从"倾听与说话""识字与写字""阅读""写话与习作""综合性学习"5个学习领域对语文学习目标进行划分,而上海指导纲要将"倾听与说话"的内容又细分为"口语交际"和"非言语交际"两部分,从而形成了六大特殊学生所需学习的目标。

(二)我国台湾地区特殊需求学生的语文课程

我国台湾地区的做法则和大陆有所不同,为因应特殊教育与普通教育接轨的融合趋势,台湾地区于2008年完成了高级中等以下学校特殊教育课程发展共同原则及课程大纲总纲,涵盖义务教育、高中与高职等阶段,强调设计特殊需求学生课程应首要考量普通教育课程,提出在学习内容上可采用"加深""拓宽""浓缩""简化""减量""分解""替代""重整"的方式调整学习领域课程的核心与教学目标,再根据调整过后的目标以课程与教学内容松绑的方式决定教学内容,以能设计出符合特殊需求学生所需的补救性或功能性课程。

课程大纲的适用对象依据身心障碍或资赋优异学生在各领域的认知或学习功能,区分为认知或学习功能无缺损的学生、认知或学习功能轻微缺损的学生、认知或学习功能严重缺损的学生及认知或学习功能优异的学生。为了帮助教师更好地理解和操作,配套发布了《高中职以下阶段之认知功能轻微缺损学生实施普通教育课程领域之调整应用手册》《九年一贯课程纲要于认知功能严重缺损学生之应用手册》。

据台湾地区特教通报网2024年10月20日的数据显示,台湾地区中小学阶段特殊需求学生共有81 114人,其中,9.14%的学生在特殊教育学校或普通学校特教班就读,0.62%接受送教上门,其余90.25%的学生都在普通学校就读(台湾地区特殊教育通报网,2024)。所以台湾地区特殊需求学生的课程根据九年一贯来进行调整不仅是因应了融合教育思潮的影响,也是基于现实情况的考量。而我国大陆现阶段仅计算在特殊教育学校中接受教育的学生就有341 248人,占接受特殊教育学生总人数的37.42%,所以为这一数量的群体单独制定课程的纲领性文件也非常符合大陆现阶段发展的情况。

通过梳理普通学生和智力障碍学生语文课程的纲领性文件还是可以看出,对特殊学生所需要培养的基本语文能力其实和普通学生相似,都明确应该要培养学生的听、说、读、写4种基本能力,并且也都在该群体的纲要内从识字与写字、阅读、习作、口语交际(倾听与表达)做了学习要求。

三、智力障碍学生的语文学习特点

从前面两部分对普通学生的语文课程以及对智力障碍学生的语文课程进行梳理后可以发现,语文教学最为基本的就是要培养学生听、说、读、写能力,而识字与写字、阅读、习作、口语交际(倾听与表达)这 4 个部分是语文中不可或缺的内容,下面就对智力障碍学生有关这 4 个部分的研究做一个简单梳理,从而了解这一类学生在这 4 个方面的学习特点。

(一) 识字与写字

1. 汉语拼音

李晓庆(2006)对 30 名智力障碍学生的语言障碍和构音能力进行研究,发现在跟读汉语拼音韵母、声母上,其障碍程度越轻,构音的正确性越高,但在发音时易存在明显错误,如把"o"说成"e",把"k"说成"g",把"n"说成"l"等,容易混淆发音相近的音位,如"h"与"f"。还有研究发现智力障碍学生在前后鼻音韵母的区分上存在困难(张伟锋,2014)。

还有研究针对智力障碍学生的语音能力,发现上海市辅读学校智力障碍学生在韵母获得上优于声母学习,在高频音学习、声调掌握方面存在困难,同时超音段发展方面较之于普通学生而言表现得相对迟缓,再者部分学生伴有呼吸音、声音嘶哑、鼻音过重等问题(刘春玲、昝飞,2000)。也有研究发现智力障碍儿童在发舌根音方面存在困难,会出现声母替代的现象(赵曼等,2016)。国外有研究针对两名唐氏综合征儿童的语言发展状况进行分析,发现会出现发音错误、发音缺失或是辅音字母减少、发音顺序错误等问题(Wood et al.,2009)。

2. 识字

识字、阅读与语文能力三者关系密不可分,语文能力仰赖阅读甚深,唯有通过阅读,才能使学生持续吸收新知识与学习新能力,其中识字为语文阅读的基本能力,也是学习其他学科的基础(吕建志,2011)。但由于智力障碍学生的思维长期处于具体形象阶段,在识字方面存在一定的困难,容易出现念错、用错字的现象(何翠艳,2013)。同时,他们的识字速度较慢且易遗忘(会怡停,1992);区分相似字形、分辨同音异义词的能力也较为缺乏(柴田田,2016)。此外,还有研究发现中重度智力障碍学生对汉字结构的熟悉度低,习惯于通过双音节语境来记忆汉字,也有部分学生会习惯性地将一个合体字部件的读音替代成该字的读音,再有部分学生会将形近的两个词的读音相互替代(叶林,2005)。徐静(2016)发现大部分智力障碍儿童存在着识字兴趣低、识记字形困难、字形和字义难配对等问题。曲田(2012)发现智力障碍儿童在识字时有时并没有真正学会生字,很难建立汉字形、音、义三者之间的联系。

因此基于智力障碍学生在识字方面存在的问题,以及为了帮助他们更好地识字,大量研究者提出了不同的支持策略。陈佳吟与孙淑柔(2011)指出运用字族文识字策略同时以图片和动画为辅助,再将字义和字形进行联系,可以有效地提高智力障碍学生的识字能力。也有研究借助色彩丰富的图画来帮助智力障碍儿童进行生字学习(许秀,2018)。林奇(Lynch,2013)认为运用直观、具体的视觉策略可以发展其概念知识和单词知识。

3. 写字

有研究表明,智力障碍学生的书写技能随其年级的升高而呈现显著的进步,具体来说,低、中、高年级段学生在握笔、运笔上发展较好,且随着年级的升高,组合汉字、书写准确性和速度有所提高。但仍有部分学生因视动整合困难、知觉定向困难或手部肌肉张力过低等原因影响其书写。词句书写上,低年级段学生可以临摹词语,而中年级段相比低年级段在组词能力上有明显发展,但两者均不能运用词句表达所需。高年级段学生在组词、补句、造句上有较大发展,但对句子的掌握和运用能力明显低于词语(马红英、刘春玲,2004)。

此外,智力障碍学生因其注意、记忆、视动协调能力等方面的缺陷,有着看字不仔细、写字不专心或写字太快等不良习惯,在书写上存在较多困难(林千惠,2001)。在书写规范方面常出现多笔画或少笔画的现象(牛振青,2017),还有研究表明大多数智力障碍学生存在拼写障碍,在单词书写时不分大小写字母(Moni et al.,2011)。当然也有部分学生因为认知、手部功能、手眼协调等原因最终不能书写(马红英、徐银秀,2016)。

通过研究不难发现智力障碍学生在书写上存在困难,但是不同学生所存在的困难点是不同的,需要进行个别化指导。有研究为他们设计了通过模仿、复制再独立写作的过程规划的综合性书写训练项目,经过训练发现这些项目有助于提高其书写能力(Grindle et al.,2017)。黄炳勋(2014)采用图像式电脑游戏策略对学生进行识字、写字教学,发现无法书写的教学目标字大幅度减少,也能有效减少笔画疏漏情形的发生。

总的来说,智力障碍学生由于本身固有的特殊性,在识字、写字方面均存在挑战，且因个体差异，所表现出的识字、写字问题不尽相同，对其进行个别化教学则显得十分重要。因此只要我们把握好该类学生群体的身心发展特点，也可以找到适当的方法帮助他们取得进步。

（二）阅读

1. 词汇理解

智力障碍学生的词汇理解具有显著的智商水平差异和年级差异，智力水平越高，学生的词汇理解能力越强；年级越高，词汇理解越好，词汇理解能力优于词汇表达能力（刘春玲等，2000）。同时，有研究表明智力障碍学生对词义的分辨能力不足（刘春玲、马红英，2004），且对实词的掌握能力优于对虚词的掌握（徐胤、刘春玲，2006）。相关研究还发现，中度智力障碍学生对实词的理解中，指物名词的理解最好，其次是指人名词，抽象名词的理解最差；行为动词理解能力优于心理动词理解能力（郭强等，2018）。轻、中、重度智力障碍学生对量词的语法结构掌握差，词义理解不深刻，在运用中泛化现象严重（佟子芬，1998）。7～18岁中重度智力障碍学生对程度副词、时间副词、范围副词的理解中，时间副词理解最好；15岁以前，范围副词"只有""全部"发展迅速，时间副词"已经"发展迅速（孙圣涛等，2007）。中重度智力障碍学生对常见形容词"长、短、深、浅"的理解呈现显著的年龄差异；成对相同物品和成对相似物品"长、短"的词义基本能够掌握（孙圣涛等，2010）。中度智力障碍学生对"深"的掌握好于对"浅"的掌握，对"深、浅"表示距离、颜色含义的掌握显著好于对表示时间、程度含义的掌握；对不同难度任务的判断正确率随着实验难度的增加而降低（孙圣涛、叶欢，2012）。

国外也有研究指出，通过对36名3～6岁智力障碍儿童的描述表达性词汇习得情况进行调查，发现他们的描述表达性词汇发展有着很大的异质性，并且与儿童的语前技能、实际年龄、认知水平、词汇理解力有一定的关系（Vandereet et al.，2010）。此外还有研究表明对大多数唐氏综合征儿童而言，基于其生活经验，很难理解单词含义，对词汇掌握更有困难（Facon et al.，2016）。

因此，综合国内外有关该方面研究不难看出智力障碍儿童在词汇理解上表现出不同的特征，词汇习得发展顺序与正常儿童相似，但词汇量、词汇理解、词汇表达落后于正常儿童，且与自身障碍程度、词汇词性、智龄、认知水平、语境等多方面因素有一定的关系。

2. 句子理解

智力障碍学生对句子理解能力的发展非常迟缓，且比词汇理解能力差很多，学生难以准确、迅速地理解多维度、信息量较多的复杂句子（华红琴、朱曼殊，1993）。智力障碍学生对单句理解基本上采用语序策略和意义策略，难以对单句进行深入、复杂的理解，且主要是理解主动句，对被动句的理解很困难（刘小明、张明，1995）。中重度智力障碍学生的句子判断能力随着年龄的增长而提高，且在8～10岁和11～14岁之间发展迅速，对句子判断能力较好的中度智力障碍学生，对因果关系复句与条件关系复句的判断能力显著优于对转折关系复句的判断能力（孙圣涛等，2008）。有研究发现中重度智力障碍学生对陈述句、祈使句和反问句3种句类指令的理解和反应水平存在明显的年龄差异，随着年龄的增长，其理解和反应能力显著提高，对陈述句和祈使句的理解和反应能力显著优于反问句，对3种句类的行动反应能力均优于理解能力（孙圣涛、姚燕婕，2011）。此外，也有研究表明大部分智力障碍儿童读句子不够流利、准确，对句子的整体感知性较差，存在着跳跃式错误，导致割裂阅读材料提供的信息，如将"早上小红上学去"读成"早上""小红上""学去"或者难以将"早上"与"小红上学去"两个相关概念作为一个整体去理解（刘杰，2011；Omori & Yamamoto，2018）。相较典型发展儿童而言，智力障碍儿童对句子的理解显得非常困难（Polisená et al.，2018）。但也有研究者在这一领域做了尝试，比如大森和山本（Omori & Yamamoto，2018）在研究中发现，如果将句子拆分按序呈现，并且辅以图片，十分有利于学生对句子的理解。再比如张靖宜（2008）将电脑辅助教学运用于基本语法句型的学习上，发现习得效果不错。

3. 文本材料理解

文本阅读是一项很难的技能，需要许多认知策略，读前、读时、读后都需要不同的能力，读前预测、读时练习各部分内容、读后归纳总结。因此文本理解对于智力障碍儿童而言，是非常具有挑战的，多种因素影响着他们对文本材料的理解（Bilgi & Özmen，2018）。有研究对14名6岁8个月～13岁的唐氏综合征儿童的阅读理解能力进行调查发现，比起普通发展儿童，唐氏综合征儿童的阅读理解能力和句子的理解能力也相对较差（Laws et al.，2016）。

中度智力障碍学生阅读拼音、汉字、表格（如课程表、价目表）和短文的整体阅读能力随年级的升高而不断提高，但阅读能力发展的速度不均匀。具体表现为低年级段学生的阅读能力发展速度较快，中年级段发展较缓慢，高年级段发展速度较为均匀。但低年级段学生基本没有表格阅读的能力，中、高年级段学生有一定的表格阅读能力。短文阅读能力在低年级段开始发展，到五年级有接近一半的学生能够读句，高年级段学生能够阅读较复杂的句子（马红英、刘春玲，2004）。

刘杰（2011）对上海市 8 所辅读学校的 53 名毕业班智力障碍学生阅读指示牌、招牌、警示语、社区通知、招聘广告、药品说明书等生活中常见材料的阅读能力进行研究，结果发现，辅读学校毕业班大部分智力障碍学生对日常生活中常见的阅读材料具有一定的阅读能力，他们的阅读兴趣普遍不高，一般都是在教师和家长的要求与监督下进行阅读，而较少主动阅读。且智力障碍程度、阅读兴趣、识字能力、生活经验以及阅读教学等因素对智力障碍学生阅读能力的发展具有重要作用。索塞多娃（Sosedova，1985）指出智力障碍学生对记叙文有一定的理解能力，但无法全部掌握所读材料的内容，难以把握文章的主题和作者的思想，回答问题时断断续续，回答的内容与文本内容不符，且会迅速忘记篇章中的有关信息。因此，有必要采用一定的策略以提高智力障碍学生的阅读理解能力。有研究发现，故事地图策略对提高智力障碍儿童理解记叙文有一定的帮助（Boulineau et al.，2004）。互动式教学不仅可以提高智力障碍学生的阅读理解水平，部分研究还发现学生的阅读策略、学习积极性也得到了提高（于素红，2015）。当然针对智力障碍儿童的阅读教学干预不仅要考虑到教学方法、干预程序的选择，还要考虑到教学材料的调整、评估方式的优化（黄志军、刘春玲，2019）。

（三）写作

研究表明写作对于智力障碍学生而言是非常困难的，相较普通学生而言表现出了很大的差距（汤盛钦等，1989）。在应用文写作上，低年级学生没有架构短文的能力，中年级段有个别学生有仿写应用文的能力，但能力极不稳定。高年级段学生在架构短文上有所发展，但发展甚微，说明中度智力障碍学生发展运用书面语表达的能力非常困难（马红英、刘春玲，2004）。

有研究调查了大连市某培智学校高年级 10 名智力障碍学生的写作能力，发现高年级智力障碍学生对日常生活中常见的材料有一定的写作能力。具体来说，高年级智力障碍学生写留言条、借条、请假条、履历表的能力尚可，写日记的能力欠缺，主要表现在用字、用词、用句能力差，文章的整体架构能力差、缺乏生动性，句与句之间的联系性较差。写作时几乎很少使用复合句，简单句占主要地位（张晓庆，2016）。总之，由于智力障碍学生固有的身心发展特点，其词汇掌握能力、表达能力都比较弱，大部分智力障碍学生在写作方面都存在困难。

有研究指出运用电子文章写作策略在一定程度上对提高智力障碍学生说明文写作技巧有帮助（Woods-Groves et al.，2018）。此外，有研究建议在写作一个文本之前,教师可以让任务分解为独立的任务序列,从而为学生梳理脉络,并且可以给他们提供写作提示和视觉提示、单词提示、句子提示等支持(Cannella-Malone et al.,2015)。当然,写作能力的培养,也可以从日常的词汇积累开始(刘雪雅,2016)。

(四)口语交际

1. 倾听

研究表明,智力障碍学生的听觉理解能力发展速度约为普通同龄学生的一半,难以理解口语所表达的重点(Roberts et al.,2001)。马红英、刘春玲(2004)研究发现,培智学校一至九年级学生的发展水平呈逐步上升趋势,但同一年级段学生的个别差异相当明显,甚至有些低年级段学生的听能力水平高于高年级,这与学生的障碍类别和程度有关。智力障碍儿童在听觉上没有太大的障碍,但在"语音听力"上存在着很大的缺陷,对周围的声音不能更好地区分,加上智力障碍儿童语音听力和言语运动器官发展缓慢,加深了言语听力的缺陷(姜凤玲,2013)。

国外还有研究将23位年龄在11岁3个月～18岁2个月的唐氏综合征学生和23位典型发展的一年级学生进行对照实验,发现在相同的阅读水平上,唐氏综合征学生的听力水平发展和听力理解能力比普通发展的一年级学生低(Roch & Levorato,2009)。因此相较普通发展学生而言,智力障碍学生需要更多的努力、方法和技巧才能更好地集中注意力,一定程度上也更需要教育者进行支持。如有研究表明,运用多媒体辅助的图像、动画或是音乐等方式有效提高了智力障碍学生的听力水平(Akin,2016)。总之,教育者应尽可能为学生提供恰当的支持,以满足其学习需要。

2. 说话

研究发现,培智学校学生的语言能力整体水平低,且呈现显著的年级差异,低、中学段学生的差异不明显,高年级学段学生的语言能力显著优于低、中学段学生;在听说生理功能、语音、沟通态度与习惯、非言语交际能力方面,低、中、高3个学段差异不大,但词句理解与表达、语用能力和会话能力3个学段间的差异极其显著,且不同障碍类型学生间的语言能力差异显著,与脑瘫学生、孤独症学生相比,智力障碍学生的语言能力最好。当然语言能力与学生的智力水平也显著相关,障碍程度越轻,则语言能力越好(赵曼,2012)。杨福义和刘春玲(2001)在研究中发现智力障碍学生在表达方面表现出不同的特征,如他们对具体名词的表达优于抽象名词的表达。吴昊雯(2006)发现中度智力障碍学生对第一、二人称单数词的转述较好，但对第三人称单数与复数的转述困难，且他们的代词表达能力明显落后于理解能力。而吴剑飞（2006）则发现唐氏综合征学生在方位词、颜色词、顺序词的习得及推理能力方面较弱，在日常词汇的理解和表达方面相对较好。

研究还发现，智力障碍学生的语用发展模式与普通学生类似，但大部分的语用能力较差，在使用复句的过程中有时会出现语序混乱、随意添加或减少句子成分的现象（马红英等，2001；Diken，2014）。叶冰（2018）指出智力障碍儿童在与人沟通时存在表达不清自己的感受、吐字不清晰、语言结构混乱、用词不当等问题，正因为这样的语言能力障碍导致他们进行学科学习存在困难。建议教育者可从倾听、实际生活、形象画面、实践操作等方式着手对其提供支持。此外，还有研究表明唐氏综合征学生的语言表达能力较弱，语言清晰度低（吴剑飞、陈云英，2005），且语言发展存在性别差异，如在转移话题方面，女性唐氏综合征患者优于男性（Martin et al.，2018）。

综上所述，不难发现智力障碍学生在进行语文的识字写字、阅读理解、写作及口语交际等各方面的学习时都存在着一定的困难，但并不意味着他们不能学习，只是需要一定的支持。因此，在接下来的章节中，研究者将以此为参考，从课程教学调整出发做更进一步的思考。

第三节　课程教学调整

特殊教育领域中，学生间的个别差异是客观存在的事实。根据特殊需求学生的需要和差异开展个别化教学，是特殊教育的本质特征。但随着障碍学生间的个别差异越来越大、类型越来越复杂以及障碍程度也越来越重等原因，在实践中个别化教学的效果往往并不理想，难以为每位学生的不同学习需要提供支持。那么如何为特殊需求学生提供适宜的教育服务，是当前刻不容缓的议题，这也为我们开展真正意义上的个别化教学提供了新的方向。所以本节就探求融合教育课程教学调整的具体做法，以期为本研究提供借鉴。

一、当前个别化教学实施中存在的问题与困境

根据特殊需求学生的需要和差异开展教育，是特殊教育的本质特征（郁松

华,2006)。每一个特殊需求学生都有着不同的教育需要,且不同个体间存在着很大的差异,不管是特殊学校,还是在普通学校里随班就读,传统的集体教学模式难以满足他们的个别化学习需求,解决这些差异的方式,只有实施个别化教学(于素红,2012;刘全礼,1999)。个别化教学要求针对学生的不同需要和能力水平,灵活运用各种教学方法及教学组织形式,选择合适的教学内容,以最大限度地适应学生差异,满足各类学生的需要,使每一个学生都能获得充分的发展。

但随着特殊需求学生间的个别差异越来越大、障碍类型越来越复杂以及障碍程度越来越严重,教育干预者难以在集体中根据每位学生的不同学习需要落实个别化教学的目标和课程内容。国内有研究表明我国班级学生数多,即使在特殊教育学校,一个班也有 10 人左右,如若要求教师将 10 个左右的个别化教育计划进行统整并设计班集体教学,对教师的要求太高。这就导致许多教师忙于应付检查而随意制订计划,并不能真正做到了解学生、尊重差异、研究教学。因此在班集体的实际教学中也没有真正实施个别化教育计划,教学目标往往难以有效达成,尤其是对于重度或者极重度的学生而言更是如此(华京生,2014)。

我国在推进个别化教学过程中出现的问题,在美国等西方国家也同样存在。比如国外研究者汤姆林森(Tomlinson, 2003)认为,若要在班额比较大(10 人以上)、师生比例较低、学生障碍程度比较严重的班级实施个别化教学有一定难度,并且这样会让学生的学习缺乏系统性。

因此,从实际实施的效果和品质层面来看,个别化教学效果并不理想。当然,导致个别化教学效果不理想的原因除了与学生群体的身心发展特点有关以外,还受其他因素的影响。比如,王灿(2014)指出,在实际教学过程中,大部分老师在对课程资源的灵活选择、开发的意识和能力上比较薄弱,很难真正做到个别化教学的实施。同时,由于许多教师没有真正掌握个别化教学理论的精髓,长期目标、短期目标都与评估缺乏紧密的联系(Schenck, 1980)。除此之外,个别化教学本身形式多样,导致评价机制不容易操作,多重残疾的存在也使得个别化教学需要更多的投入和支持。这些因素均影响了个别化教学的实施(余寿祥,2004)。

因此,如何更好地为有特殊需求的学生提供适性的教育服务,是当前刻不容缓的议题,也是急需努力的目标。

二、课程与教学调整的内涵

课程原有"跑道"的意思,引申为"学习的路程",即为达到教育目的、学生学习所必须遵循的途径，其要素包括目标、内容、组织及过程 4 个层面（黄政杰，1991）。斯内尔（Snell，1987）指出课程应包括：① 希望学生学习到什么样的学习结果；② 学生需要学习什么样的技能以达到上述的学习结果；③ 这些技能要如何教？被谁教？在哪里教？④ 课程如何被评量，其中第一点为课程的"目标"或"成品"，第二点为课程的"内容"，第三、四点为课程的"过程"。（钮文英，2003）

教学是将课程付诸实施的一种活动，奥利娃（Oliva）提出两种模式。其一为连接模式（interlocking model），认为课程乃计划内容的传递过程，而教学则将此过程付诸实现，它涉及教师的教学语言，以及对物理环境、心理环境、行为管理的掌握与运用等；其二为循环模式（cyclical model），认为教学受课程的指引，课程也会受教学的影响，其间呈现动态互动的关系（钮文英，2008）。

从现有文献来看，英文文献中常用到的有关"调整"的词主要有 adaptation（修整）、accommodation（调试）、modification（改变）、adjustment（配合）、alteration（替换）等，有必要明确其具体含义。詹尼和斯内尔（Janney & Snell，2013）认为，accommodation 是指在不明显改变课程水平或表现标准的情况下对学校方案作出的调整；而 modification 则偏向根据学生情况在普通课程目标或表现水平方面做出改变；accommodation 是并列补充关系；adaptation 则是一个更广泛意义的词汇，包括 accommodation 和 modification。除了教学方面，为促进学生在所有学校活动中的参与而进行的调整都属于 adaptation 关注的范畴。"调整"的相关名词比较见表 2 - 3。

表 2 - 3　"调整"的相关名词比较

调整的相关名词	课程主题	课程内容和教学	评　量	示　例	调整程度
配合（adjustment）	相同	在课堂中学习的课程内容与其他同学相同，只是额外教导一些技能，如课程增加辅助式课程、补充式课程	相同	教导学生使用扩视镜来学习，以配合现有课程	0%的调整，属于外加式的课程内容调整

续　表

调整的相关 名词	课程 主题	课程内容和 教学	评　量	示　例	调整程度
调试 （accommod- ation）	相同	小的调整，即课程内容相同，但调整教学的输入和输出过程	小的调整，即调整评量的输入和输出过程，但评量的内容、学生的表现方式均相同	在教学过程中，多增加对词语的口头解释和例子；以点字的方式呈现评量题目，和以点字的方式作答	小于50％的调整，属于教学的调整
修整 （adaptation）	相同	中度的调整，即调整课程内容的呈现方式，和小幅度调整内容或概念的层次或难度，如修正课程、补偿式课程等	中度的调整，即评量的内容相同，但调整学生的表现方式	改变文本字体的大小，用颜色区分不同部首的相似字，并将复杂的句子改写成简单易读的句子；一般学生用书写，而该生用选择的方式，填入句子中缺漏的字	内建式，大约50％的课程内容调整
改变 （modification）	相同	大的调整，即大幅度调整课程内容或概念的难度，如精简式课程、补救式课程、添加式课程等	大的调整，即调整评量的内容和（或）标准	删除文本中较难的生字，也仅评量该生要学习的目标字	内建式，大于50％的课程内容调整
替换 （alteration）	不同	不同，改换另一种适合学生学习的课程主题和内容，如替代性课程	不同	教导求助的语言	内建式，100％的课程内容调整

资料来源：钮文英（2006a），融合教育的理念与做法（上）（206—207页）。

特殊教育课程与教学调整，事实上是为融入普通教育而来。融合教育主张以更融合的方式，将学生安置于普通教育环境中，在单一融合的教育系统中，传递教育服务给所有的学生，并增加特殊教育教师与普通教育教师的合作，以共同计划、协同教学等方式来进行（钮文英，2006b）。还有研究指出融合可以分为3

个层次,第一,物理空间的融合,是指普通学校环境对特殊需要学生的准入;第二,社会性的融合,特殊需要学生能与普通学生一起参加互动合作,建立和谐人际关系;第三,课程与教学的融合,指特殊需要学生与普通学生在同一教室使用同样的(并不排斥必要的调整)课程,并取得学业上的成功(Pijl & Meijer,1991)。因此,为了让融合教育中的每个儿童都有公平的受教育机会,实现成功的融合教育,恰当进行课程与教学调整是关键。

邱上真(2002)总结了 20 世纪 90 年代前国内外关于课程与教学调整的研究,归纳了 7 种调整的模式：① 添加式课程;② 辅助性课程;③ 矫正式课程;④ 补救式课程;⑤ 适应式课程;⑥ 补偿式课程;⑦ 沟通与行动课程及相关服务课程。

王振德(2002)指出课程与教学调整类型分为：① 简化普通课程;② 平行替代课程;③ 补救课程;④ 功能性课程;⑤ 矫正或补偿性课程。

邓泽兴(2012)依据调整的幅度将课程调整分为：① 相同课程,即基本上与普通教育课程相同的课程;② 调整课程,即为使特殊需要学生能参与到普通教育教学活动中而经过调整的普通教育课程;③ 替代课程,即由于普通教育课程无法满足特殊需要学生的需求而为其另设的课程。

盛永进(2013)提出了针对普通班中特殊需要学生的"首变通、次增扩、后替代"个别化课程调整的决策模式。第一层是"首变通",指首先考虑不改变课程内容,只调整其呈现的形式和学习方法以适应学生的感知、理解和参与方式;第二层是"次增扩",指强化或扩展普通教育课程使学生更好地参与,以及促进其他个别化需要技能;第三层是"后替代",指调整课程的目标、内容的要求或替换为功能性课程要求。该模式采取的策略步骤呈现逐步递进,在第一层不能满足学生教育需要的情况下才进入第二层,直至第三层。在实施过程中,还辅以参与式、抽离式或个别辅导式的个别化教学安排。

金-西尔斯(King-Sears,1997)提出课程调整的 4 种模式：① 微调,不改变课程内容及难度,只对教学方法做出调整;② 调整,不对课程内容做调整,改变教学目标与教学方法,对概念难度稍作调整;③ 平行课程,不改变课程内容,改变教学目标与教学方法,大幅调整概念难度;④ 重叠课程,对课程目标、内容、难度、教学目标与教学方法等都做调整,甚至设计特别课程。

张文京(2013)修改了比格(Bigge)和斯顿普(Stump)等人的课程调整模式,从学生能力出发,考虑课程调整的幅度提出了 4 种课程调整选择模式：① 一般课程无需调整,在此选择下包括潜在课程、选修课程和正式课程;② 一般课程调整,在此选择下对应潜在课程、选修课程和正式课程的调整;③ 一般课程与特殊课程整合,在此选择下包括功能性学科(如读、写、算)、日常与社区生活技能(如居家生活、职业教育等)、转衔课程(如职业性向、工作技能等);④ 特殊课程(沟通与行动课程),在此选择下包括动作与行动协助、语言与沟通训练、使用科技辅助、使用扩大沟通系统和生活自理训练。

林坤灿(2003)在综合各项文献后,亦提出 6 种课程调整的类型:① 简化普通课程,利用简化方式来降低难度及减少分量;② 平行替代课程,利用替代方式将目标分解或学习替代;③ 补救性课程,利用补救方式来充实各领域的基本知能;④ 功能性课程,将功能性的生活技能融入课程中;⑤ 矫治性课程,针对各类障碍学生的需求进行专门性的训练;⑥ 充实性课程,除原本的课程以外,还增加课程难度及广度。

有研究将特殊教育和普通教育课程的发展分成 5 个阶段:第一个阶段是"仅有普通教育课程",即一种课程适用于所有人(one size fits all),这时的普通教育课程是完全缺乏弹性的;第二阶段是"平行式课程(parallel curriculum)",这时普通教育课程与特殊教育课程分立并行,McLaughlin(1993)指出,这时的普通教育课程偏向发展性和学术导向,而特殊教育课程偏向功能导向,普通教育课程还是缺乏弹性。所以在这个阶段会设立资源方案来协助回归普通班级中的轻度障碍学生;第三阶段是"主流式课程(mainstream curriculum)",这种课程适用于大多数人(one size fits most),若个别学生有困难,则经过事后的课程整修(retrofit),以符合其需要,这时的普通教育课程依然保持固定不变、缺乏弹性,完全依赖个别教师的能力与努力;第四阶段是"多层次课程"或"多层次教学(multilevel instruction)"(Peterson & Hittie, 2003),层次化课程(layered curriculum)(Nunley, 2003)或适异性课程(differentiated curriculum)(Tomlinson & Allan, 2000)即为不同需求的人分层设计,课程已具有弹性的特性,但是仍然相当依赖个别教师的能力和努力;第五阶段是"全方位课程(universal curriculum)",是为所有人设计的课程(design for all),也是为差异设计的课程(design for diversity),从一开始发展课程时,就考虑到每一位学生的独特性,采取各种不同的呈现方式,使各种不同背景、学习风格、能力以及障碍的个体,在不同的学习情境中皆能使用(邱上真,2003;Hitchcock et al., 2002;Jackson & Harper, 2001;Meyer & O'Neill, 2001)。

三、课程与教学调整的实施

既然普特合作，那共同为特殊学生调整课程与教学是非常重要的，课程与教学是否能顺应个别差异关乎融合教育的实施成效。由于本研究主要针对的是教学内容的调整，即学习内容的调整，所以这里就将课程与教学调整的流程及学习内容调整策略加以梳理归纳。

（一）课程与教学调整的流程

张文京（2013）主要从课程内容及课程目标调整，将课程调整分为以下 7 个阶段：① 依据普通课程标准找出课程目标；② 列出课程评量侧面图和工作构成分析；③ 评量学生能力现状；④ 利用评量结果，决定是否保留、调整或改变课程目标和相关内容；⑤ 拟定适合学生的课程目标；⑥ 设计课程，协助学生达到或趋近课程目标；⑦ 教学评价，根据目标的达成情况评判教学成效，修正教学。

林坤灿（2016）主张从学生的需求出发，进行课程调整。首先评估学生的需求，了解学生的起点行为和先备能力，即个别化教育计划中的优弱势能力。然后检验学生能力与课程目标的适配性，如若能够学习课程目标的 80%～100%，则无需调整；如只能学习 60%～80%，可采用减量和简化策略进行调整；如只能学习 40%～60%，可采用分解和替代策略进行调整；如只能学习 40% 以下的内容，则需采用重整课程。在这一过程中形成调整教学内容、补充教学内容及系统学习单 3 种配套教材。最后达到调整目标，即个别化教育计划中的长短期目标。课程调整的起点和终点以个别化教育计划为依据。

黄建智（2011）提出融合教育课程调整应以辅助为优先，如调整物理环境、字体呈现方式等，若经调整仍无法学习，才会考虑对课程目标和内容的调整。其具体步骤如下：① 基于普通学生的课程目标和特殊学生差异，调整课程目标；② 调整课程内容，对课程内容做适当修正、调整；③ 调整课程运作过程，如调整教学方法、教学时间、学习方法等；④ 若学生仍不能学习，则考虑调整课程主题。

从上述几个调整的流程可以发现，课程与教学调整流程中教学目标、学生能力现况、教学内容是调整流程中的关键环节。

（二）学习内容调整的策略

1. 学习目标调整

如上所述，要进行学习内容的调整，首先要了解学习目标。林坤灿（2004）提到"学习目标"是课程调整首要的要素，之后才随之引导教材内容、教学活动与学生行为的调适。

卢台华(2003)曾在《九年一贯课程在特殊教育之应用手册》中,提出一套调整方法,其内容包含:① 适用,表示原来列出的能力指标或学习目标不需要调整与修改,完全适用于特殊需求学生的学习;② 不适用,表示原来列出的能力指标或学习目标完全不适用于特殊需求学生的学习;③ 简化,表示降低能力指标或学习目标的难度,保留最为基本的内容,以适合特殊需求学生的程度;④ 减量,表示减少能力指标或学习目标的部分内容,严格来说,"减量"亦可归为一种"简化"调整方法;⑤ 分解,表示将能力指标或学习目标细分为数个小目标,再逐步学习,可以在同一阶段或不同阶段分开学习;⑥ 替代,表示原来列出的目标适用,但需在教学措施上进行调整,以另一种学习方式达成;⑦ 加深,表示加深能力指标或学习目标的难度,通常用于资优学生的学习;⑧ 拓宽,表示增加能力指标或学习目标的广度及多元化,通常亦用于资优学生。

林坤灿(2004)认为要进行学习目标的调整可从下列方法择一或多项调整,如简化(降低难度与减少分量)、替代(分解成小目标、教学与方法替代)、补救(加强各学习领域基本知能)、实用(强化功能性生活技能)、矫治(加强专门性训练与辅助科技)、充实(加深拓宽的学习)。

一个完整的目标包含表现学习结果的行为或动作、学习的结果或内容、目标行为出现的情境,以及达到的标准 4 个部分,所以调整也可以针对一个目标中的 4 个部分来进行(钮文英,2008)。

2. 学习内容调整

本研究中教学内容的调整,主要针对的是学习内容的调整。经查阅文献资料发现,有大量研究者针对该方面做了尝试,在此进行简单归纳与阐述。

(1) 简化(减量)。林宛萱(2013)对中小学资源班教师采用调整策略的现状进行了探讨,结果发现,依据特殊需要学生的实际能力,初中身心障碍资源班教师主要采用简化和减量的方式,比如将课本中的句子变得更简短易懂,且这样的方式也比较适合学生学习。王培旬(2011)对另外的一些学生则会为其降低学习目标、简化学习内容、作业减量及将能力指标或学习目标细分为几个小目标,采用逐步学习等方式进行教学。

(2) 分解。黄馨谊(2014)在研究中指出,对小学普通班里身心障碍学生的学习内容进行简化与分解,帮助学生将复杂的概念一层层分解开来,并且尽可能调整为一些他们可以学习与理解的内容,学生能取得进步。林宛萱(2013)在其研究中还表明小学身心障碍资源班的教师采用分解与简化居多，比如可以分步呈现句子，以帮助学生理解。

（3）多媒体课本。鉴于特殊需要学生的实际发展情况，他们可能需要借助其他的工具来替代其所学内容，从而加强对所学内容的理解。近年来，电子课本越来越多地出现在特殊教育领域，有研究表明为了使班级里中重度智力障碍或多重障碍的学生能够参与课堂，将电子课本引入课堂，结果发现该电子课本的应用不仅能激发这类学生的学习兴趣，还能很好地帮助他们理解课文的含义（苏育萱等，2014）。沙米尔和利夫希茨（Shamir & Lifshitz, 2013）对 77 名学习障碍儿童在有无元认知策略指导下使用电子课本的情况进行了调查，发现在元认知策略指导下使用电子课本的学生在音律方面表现出了很大的进步；也有研究指出运用 UDL 电子书和单词识别软件，学生的阅读能力有了显著的进步（Coyne et al., 2012）；还有研究也指出使用高品质的互动式电子书可能对幼儿读写能力提供支持，也能对词汇发展起作用（Moody, 2010）。因此为了让特殊学生们能够更好地掌握学习内容，有必要为其提供一些额外的辅助。除了电子书以外，对身心障碍比较严重的学生而言，图片、字卡等内容也能起替代作用。总之，为了让有特殊需要的学生更好地掌握学习内容，对内容进行恰当的调整显得十分重要。

（4）修正呈现方式。陈诗薇（2015）指出运用心智图教学策略提供故事文章结构的同时教学生动手绘制心智图，可以让学生更清晰地理解文章结构和含义；也有研究指出通过故事结构策略也可以帮助有阅读障碍的学生建立清晰条理的内容架构、提供有效提取线索的方向，如果在教学过程中教师能够将故事架构及故事主要元素以图示呈现，能提供视觉搜寻的线索，可以帮助学生在阅读过程中更快掌握文章重点（侯美娟，2017；杨宜蓁、王欣宜，2017）；还有研究表明将文本信息与图片信息相匹配，并加以讨论，可以提高中度智力障碍学生对文本材料的理解能力（Shurr & Taber-Doughty, 2012）。

钮文英（2008）综合前人研究，提出了教学内容的调整有以下几种策略：① 修正，是指在原有的教学内容下，修正其呈现方式，包括形式、结构和呈现步骤，所谓形式的修正是指考虑学生接收信息的方式，而调整文本呈现，以利于学生的吸收，如将视觉文本改为录音带的形式提供给弱视兼智障学生，又如增加图片或关键字凸显等方式，甚至于分句出现，便于学生阅读等；② 精简，是指减少课程内容的分量，或降低其难度或层次，如删除部分不符合学生需求，或学生有困难的课程内容，或是将文本中的词汇、词句变得更简短易懂，降低文本概念的难度或层次;③ 添加,是指增进原有课程主题和内容的深度和广度;④ 补充,是指在不变动原有的课程主题下,另外设计"特殊化课程"以满足学生的特殊需求;⑤ 替换,是指更换原有的课程主题和内容,即该生在同一时间内学习的内容与其他同学不同。

实际上,可以发现,我国台湾地区特殊教育课程的调整方式较为丰富,台湾地区特殊教育课程纲要所提出的学习内容的调整方式就是对前人研究的有效统整,提出了在学习内容上可采用"加深""拓宽""浓缩""简化""减量""分解""替代""重整"的方式调整学习领域课程的核心与教学目标,再根据调整之后的目标以课程与教材松绑的方式决定教学内容。其中,"加深""拓宽""浓缩"适用于资优学生,"简化""减量""分解""替代""重整"适用于身心障碍学生。所谓"简化",是指降低目标或内容的难度;"减量"为减少部分目标或内容;"分解"代表将目标或内容分解,在不同的阶段或同一个阶段分开学习;"替代"则代表原来的目标或内容适用,但须以另一种方式达成,如原本为"写出"改为"说出";"重整"则是将该阶段或跨阶段的能力指标重新诠释或转化成生活化或功能化的目标。

从本小节梳理的内容来看,课程调整是在融合教育背景下,通过不同途径让普通学生和特殊学生都获得适合的教育。尽管不同学者对学习目标与内容的调整有不同的描述,但是可以看出在调整的流程上,教学目标、学生能力现况、教学内容是调整的关键环节。在调整的策略上,也基本可以整合为"简化""减量""分解""替代""重整"等具体做法,这也为研究者后续具体进行语文教学调整时提供了帮助与借鉴。

第四节　课程教学调整相关研究

卢台华(2003)曾说过,普通教育课程需对特殊需求学生具有"可及性"的概念,希望特教课程与普通课程尽可能融合,再于其中作课程与教学调整。可见,课程教学调整是为了让更多的特殊需求学生得到更为适性的教育。所以在这一小节,研究者将针对课程教学调整相关研究做一整理和探讨。

一、我国课程教学调整相关研究的分析

研究者在我国博硕士论文系统、期刊论文索引系统,以课程调整、教学调整和

课程与教学调整为篇名或关键词进行资料搜寻，发现有不少关于此领域的文献（盛永进，2013；张彩凤，2018；邓猛，2005；魏寿洪、廖进、程敏芬，2018）。这些研究对课程调整的必要性以及实务操作提供了参考，也证明了课程调整的可行性。兹以其中在教学现场进行实际调整，并较具规模与系统的几篇做说明，详见表2-4。

表2-4 我国部分课程教学调整相关研究的摘要

研究者（年份）	研究设计摘述	研究具体结果与发现
程敏芬（2018）	选取重庆市垫江县某融合教育试点学校的3名特殊学生和4名随班就读学生以及参与课程调整的普通教师和资源教师作为研究对象，采用教育行动研究方法，围绕如何发展有效的、适合本土实情的融合教育学生课程调整历程及策略这一核心问题，对融合教育课程调整进行研究	1. 通过行动研究，发展了以学生需求为中心，以ISP目标为调整依据的课程调整历程。探索出了包含课程目标、内容、组织及过程4个维度的课程调整策略； 2. 融合教育学生课程调整对学生的学习策略和学习动机有积极影响，调整的相应学科的学业水平得到了提升； 3. 在进行小学中低年级融合教育学生课程调整时，教师得到的收获是利用已有教学经验来改善课程调整，并更加关注学生的特殊教育需求，同时，教师也会面临专业性、时间和精力、考核评价体制、家长配合能力和意愿等挑战
高黎阳（2016）	采用单一被试法对4名被试进行相应的语文教学调整，得出整合教育环境下的教学调整范例，验证教学调整的效果	1. 整合性的教学调整是促进有特殊需要学生课堂学业参与的关键； 2. 家长、同伴资源是教学调整不可忽视的助力； 3. 教学调整的材料投放应抓准巧机，在课堂教学关键环节投放才能有更好的教学调整效果； 4. 教学调整的深入实施面临矛盾境地，具体包括普通教育教师自身的限制、课程与教学的节奏及难度限制、家校沟通的缺乏以及专业支持的不足
黄颖婷（2016）	通过行动研究，以4位语文能力相近的初中特教班学生为研究对象，利用问题解决的方式来设计与执行语文领域的课程调整，以解决教学现场遇到的课程调整问题	1. 初中特教班的语文课程调整程序应包含五大步骤，分别为分析学生能力与需求、挑选教学主题、设计课程调整方案、实施课程调整方案，并检视其适宜性及综合评估学生学习表现； 2. 课程调整成功的关键有二，一是教师要了解各调整步骤的内涵，二是设计与普通教育课程接轨的课程时要与功能性课程相结合；

续　表

研究者（年份）	研究设计摘要	研究具体结果与发现
		3. 就初中特教班的课程调整而言,内容与历程向度为课程调整的重点,其中教师特别感到困难之处在于挑选教材,可通过扩展取材范围来解决; 4. 通过此课程调整程序所规划的课程符合适龄、适性的原则,而学生皆能有效地达成学习目标
许惠菁（2016）	本研究旨在了解我国台湾地区小学自然学科教师为身心障碍学生进行课程与教学调整的知能及行动力,并选取一所自然学科教师在课程与教学调整方面,展现"高知能低行动力"的学校进行个案研究; 本研究分为两阶段,第一阶段为调查研究,第二阶段选取彰化县一所小学进行个案研究	1. 能独立或与资源班教师通过合作咨询实施课程与教学调整,双方在学习评量层面的合作最为密切; 2. 肯定与资源班教师合作咨询的正面效益,能用心体察学生需求、耐心授业解惑、营造无障碍环境、提升身心障碍学生自我价值
陈郁伶（2014）	本研究以行动研究法,了解小学特教班教师因应新特殊教育课程纲要,进行体育课程设计与调整的历程,并探讨特教班教师间进行协同教学对教师专业成长及学生学习成效的影响	1. 考量"学生先备经验""学生需求""教材连贯性"及"课程多样性",选择合适的教学单元,并将活动内容进行弹性调整; 2. 提升了教学的流畅性; 3. 本研究参与者都给予正面的肯定,通过跨专业的协同咨询,提升了教师专业能力; 4. 学生在参与协同体育方案后,动作技能及课堂参与度皆有提升
王培甸（2011）	通过行动研究的方式,以所任教班级的高年级智障学生在数学领域的学习需求进行课程教学调整,进而根据所搜集的资料来检视以课程调整教学的执行成效	在实施数学课程教学调整后,智障学生虽然成绩没有明显提升很多,但至少拉近了班级内的差距;同时其学习态度、自信心及人际关系亦有明显地改善,更多是能自发性地寻求协助,并且能从同学互动中拓展其人际关系,更加融入团体生活
林坤灿、郭又方（2004）	尝试研订一套具体可行的"普通教育课程与教学调整方案";采用第一轮研究程序,选择我国台湾地区宜兰县某小学轻度障碍学生4人为研究对象(3名	1. 已研订完成一套具体可行的普通教育课程与教学调整方案,包含6项调整内容,分别为研拟与修订IEP、调整课程计划、调整教学内容教法、调整学习行为、调整学习环境及使用教学与辅助科技;

续　表

研究者 （年份）	研究设计摘述	研究具体结果与发现
	轻度智障、1 名学习障碍），介入该方案，持续十周时间	2. 已分别完成本研究对象 4 名个案分析案例，4 名个案皆呈现有渐次进步的学习成效； 3. 由于该方案的介入，4 名个案的教师反映，在课程与教学的实施上着实具有明确的方向可依循
蒋明珊 （2001）	本研究的主要目的在于了解目前小学普通教师实施课程调整的状况及需求，然后借由实施普通班课程调整教学实验，并评鉴其实施过程与成效，以发展一个可行的课程调整实施模式	1. 在计划阶段访谈的 19 位普通班教师虽然大都认同实施课程调整的必要性，但也顾虑时间及额外教学负担等问题； 2. 参与教师对实施语文课程调整的态度因调整效果的显现而从实验初期的兴奋或观望到中期的忙碌与接纳，直到后期则有肯定； 3. 语文课程可以从内容、策略、环境及成果 4 方面进行调整，而且在普通班中同时进行资优与障碍学生的课程调整是可行的

资料来源：研究者归纳整理。

通过文献资料，不难发现研究者们在语文方面进行的教学调整都有着不错的效果。但是从我国整个的研究来看，对于教材内容的调整，只有少数是较为深入的，而且在语文上的研究并不多，所以在整个做法上相信仍有很大的空间，亦期待本研究的实施可以提供更多的做法供后人参考借鉴。

二、国外课程教学调整相关研究的分析

国外对于特殊教育课程与教学调整的相关研究已为数不少，研究者亦针对一些相关研究做深入探讨，归纳见表 2-5。

表 2-5　国外近年来特殊教育课程与教学调整相关研究的摘要

研究者（年份）	研究设计摘述	研究具体结果与发现
库尔斯和基根 （Kurth & Keegan，2014）	采用一项准实验设计对 31 位教师所做的课程调整状况进行了调查	最频繁使用的策略是降低阅读水平、减少任务的长度、使用可操作工具、增强视觉效果及提供额外的时间

续　表

研究者(年份)	研究设计摘述	研究具体结果与发现
阿德乌米等 (Adewumi et al., 2017)	采用质性研究方法对博福特地区被选定小学的8位教师和10位校长,4位教育官员和1位省级官员进行了采访	1. 教师使用不同教学策略,例如:个别作业、小组作业、多年级共同教学、调降课程难度及额外工作(奉献时间)等课程调整方式; 2. 对特殊需求学生的学习具有良好成效; 3. 教师如能进行课程调整的训练是较好的
帕森斯和沃恩 (Parsons & Vaughn, 2016)	以一名六年级教师和6名选定的学业表现不同的学生为研究对象,了解该教师依据学生表现对教学所做的调整情况以及基于调整后学生的表现情况	发现教师会联系学生的实际生活经历,为学生提供可视化的策略去帮助学生理解文本;教师还会将任务分成更小、更容易处理的任务供学生去完成,且这样的方式得到了学生的认可,能够促进学生的学习
库尔斯 (Kurth, 2013)	介绍了通常进行课程或教材调整的策略,同时对融合特殊学校的两位教师所运用的课程调整情况进行案例说明	发现教师能根据学生情况灵活选用策略,如采用图片与句子匹配或是加粗关键词语等方式来让学生更好地理解小说内容;最后对教师们所做的调整情况进行评估,发现学生在使用了调整后的教材后,其学习兴趣以及课堂参与兴趣有了明显的提升
内文等 (Nevin et al., 2008)	对融合教育的小学班级进行了观察	发现教师常用的调整方式主要包括一对一教学、合作小组学习、直接教学等,这些调整方式提高了学生在阅读和数学方面的学业表现,并对他们在班级中的社交性融合也有益处
麦克莱斯基和 沃尔德伦 (McLeskey & Waldron, 2002)	以六所小学为研究对象,发展不同的融合计划模式	1. 部分有特殊需要的学生取得进步; 2. 教师之间能相互学习; 3. 课程和教学的改变是可通过教师的合作来完成的; 4. 教师们一致认为团队是非常必要的; 5. 教师一般反映课程调整的过程令人较困扰,但也是收获最多的
乌德瓦里-索尔纳 (Udvari-Solner, 1996)	以40位6~8岁各种障碍学生为研究对象	调整策略主要包括:① 教学的安排和节数的规划;② 观察学生的学习成果来调整课程;③ 教学方法的调整;④ 环境的调整;⑤ 教学资源的辅助。经过教学的调整后,各种障碍学生都有进步

资料来源:研究者归纳整理。

库尔斯和基根（Kurth & Keegan，2014）通过一项准实验设计对 31 位教师所做的课程调整状况进行了调查，结果显示，71％的学生认为从不使用放大字体，67％的学生认为从不使用辅助技术，66％的学生认为从不使用检查表。最频繁使用的策略是降低阅读水平、减少任务长度、使用可操作的工具、增强视觉效果及提供额外的时间。总体来说，大多数的调整都聚焦在普通教育的课堂中，教师们对当前自己所做的调整十分满意并认为这有利于学生的学习。有经验的教师更多的是简化课程内容，而生手型教师则更倾向于做替代性调整。另外还发现，乡村教师和新手教师所调整的品质和清晰程度低于城区教师，普校教师所调整的清晰程度和品质又低于特殊学校教师。

阿德乌米等（Adewumi et al.，2017）采用质性研究方法对博福特地区被选定小学中的 8 位教师和 10 位校长，4 位教育官员和 1 位省级官员进行了采访，了解到该地区为特殊教育需要的融合学习者所做的一些调整课程的实践，主要表现为不同的教学策略、个别作业、小组作业和额外工作等调整策略。

库尔斯（Kurth，2013）指出课程调整的策略形式多样，如放大文本、图形组织策略、注释说明、同伴协助、添加音频材料、加彩色底纹或标尺、提供视觉或图片补充、变彩色字体、加亮或加粗关键词语、运用辅助技术等。同时通过对两名融合特殊学校的教师针对班级里有特殊需要孩子进行的课程调整情况进行案例叙述，发现他们能根据学生情况灵活选用策略，如会采用图片与句子匹配或是加粗关键词语等方式来让学生更好地理解小说内容。最后对教师们所做的调整发现情况进行评估，发现学生在使用了调整后的教材后，其学习兴趣以及课堂参与兴趣有了明显的提升。

科恩、福格特和班巴拉（Kern，Fogt & Bambara，2002）以 6 位 13～14 岁的学生（都有严重的情绪障碍，其中一位伴随轻度智力障碍）为研究对象，并在班级范围内进行课程调整，为学生提供他们感兴趣的活动以及提供更多的选择机会，如在日常课程中做练习或是知识展示的时候，学生可以自由选择用电脑还是与同伴合作来完成任务，还可进行活动主题和活动材料方面的选择。结果发现这样的课程调整提高了他们的课堂参与度并减少了问题行为。

此外，早期也有一些学者对教材调整提出了自己的看法，如盖林（Guerin，1991）在研究中提出了为特殊需要学生进行教材改革所做的策略，如所有的书写课程材料都应该刻成光盘，并且分难度水平提供教材，教材内容提供学生具体的生活经验，为教师和学生都提供相应的指南等。舒姆（Schumm，1999）也在自己的研究中指出了在进行教材调整时应遵循可行性、生动活泼性、排除性、明确性、有意性、有益性、注意性（中心性）、价值性等原则，并且可以通过提供直接的支持、结构化的课程来促进对教材的学习、简化和补充相应的材料、使用教材的指导教学策略等方式进行教材调整。

针对在融合学习环境中的学习困难生，米斯（Meese，1992）总结了特殊教育教师可以采用的几种教材调整的方法：① 对课文中的重要信息进行标注；② 将课文内容进行录音，且录音要尽量清晰、短小以确保学生理解；③ 提供学生更感兴趣或词汇量更少的文章作为替换，而且，替换文章要与普通教育教师商量，确保学生能够掌握需要学习的知识内容。米斯（Meese）在文中还提到教学材料的调整要配合一些教学方法的调整，如直接教学文章的结构，让学生阅读章节和文章的标题、副标题和每章总结等，并用自己的话描述内容；采用相互教学、引导式提问等帮助学习困难学生预习；提供图表组织或是引导学生自己设计问题并回答；预先教授重要词汇；教导学生自我提问、主动阅读和使用写有重要知识点的学习卡等阅读策略。

比恩、齐格蒙德和哈特曼（Bean，Zigmond & Hartman，1994）通过对一至七年级的 22 位教师进行访谈，了解了他们日常教学过程中对班级里有特殊需要的学生进行课程或教材调整的情况，大多数教师都表示他们会根据学生情况进行一些调整，如替代或者补充课本内容（增加额外的图片或视听资料）或简化课本内容等。

洛维特和霍顿（Lovitt & Horton，1994）也就教材调整的策略给出了一些建议，他们归纳了 4 种常见的教材调整方式，且研究表明这几种方式均能够帮助有学习困难的学生更好地掌握教学内容。这 4 种方式分别为：① 学习指导（study guide），在阅读一篇文章的过程中或是阅读后，提供一些信息，让学生对文本的内容进行摘要；② 图片组织者（graphic organizers），以视觉和言语方式呈现关键词汇或关键内容，将重要内容以有意义的方式进行图表式的组织；③ 词汇练习（vocabulary drill），为了学生更好地理解文章内容，针对课文中出现的重要词汇设计专门的练习，在练习的第一面写出要掌握的目标词汇（8 个左右）并在练习区域随机列出词汇的定义（25 个练习，每个词汇定义会有 3～4 次重复），反面写出目标词汇的解释以及对应的答案，方便学生完成练习后进行检查；④ 计算机辅助教学（computer-assisted instruction），设计电脑程序并与上述 3 种调整方式结合，供学生学习时使用，如可以将电脑程序与教学指导结合制作超链接，当光标放置在一些重点词汇上时，会出现更详细的定义、图片或一些解释；可以将电脑程序与图片组织相结合，在一张地图上用圆点标出要学习的城市，当鼠标经过就可以出现该城市的名称方便学生记忆相应的城市位置和名称；可以将电脑成语与词汇练习相结合，根据电脑随机给出的定义在选项中找出对应的词汇并进行反复练习。

正如法伊勒（Feiler，2010）以及史泰博和埃德米斯特（Staples & Edmister，2014）都提到的，进行课程改革是非常复杂和多层面的，在改革过程中需要充分考虑到环境和具体情境、特殊需求学生的身心发展特点以及实际的学习水平等因素。因此，无论是针对某一门具体学科还是笼统的教材调整，都需要严格把握相应的原则以及一些相关注意事项。

综合国内外相关研究，可以发现不论是在融合教育现场还是在特殊学校，教师们使用的课程调整策略非常多元，但都是从学生的需求出发，设计能适应每一个学生的教学。

通过本章节对智力障碍的定义与特点、语文与智力障碍学生语文学习、课程教学调整，以及国内外课程教学调整相关研究的梳理来看，有几个重点需要考量。

第一，虽然智力障碍学生的认知特点以及他们的感知觉、注意、记忆以及思维等各方面都存在不足，导致他们在进行学习时存在困难。但是这并不代表他们不能学习，只不过需要得到一些支持。所以提供的支持对他们而言显得很重要。

第二，特殊学生有其固有的特殊性，且个体差异明显，表现出不同学习特点和学习需求，同样他们的学习目标也有不同。那么针对这样的情况，教育者有必要充分了解并分析学生的学习特点，为其准备恰当的学习内容并引导他们达成教学目标。然而，基于特殊学生的实际情况，他们在学习相关内容及达成教学目标上大都存在着一定的挑战。所以为他们进行一定的教材调整则显得十分必要。那么究竟该如何调整以及调整的程度如何，均需要教育者仔细考量。

第三，通过以上文献资料不难发现，课程调整更多的是集中在普教，大多针对其中有特殊需要的学生而进行的。但基于个别差异而言，课程调整的适用范围为特殊学校以及融合学校。

第四，教育者在充分了解了特殊学生的学习特点及明确调整需求之后，需要为学生选择适当的调整策略。基于以上研究，不难发现针对特殊学生而言，有关教学调整的策略主要包括简化、减量、分解、替代、重整等几方面，而且经过这样的调整,取得了十分不错的成效。

　　基于上述的探索,研究者相信,只要教师能用心去体会去尝试调整教学内容的设计,大多数学生都可以得到不错的进步。基于此,研究者也期待本研究的实施可以让特殊学校中的教师面对中重度智力障碍学生在个别化精神下做出适宜的课程教学调整,以提供更多参考。

第三章 研 究 方 法

正如第一章所述,本研究的目的有 3 个,为使本研究的目的通过适宜的研究方法得以达成,兹于第一节介绍本研究的研究架构,再于第二、三节分列详述语文教学调整方案的第一轮研究设计与第二轮研究设计,再将两个阶段研究所探讨的主要研究问题所相关的研究对象、工具与材料,分列详述于第四、第五节,第六节详述整个研究的实施步骤,最后第七节详述本研究所采用的数据处理与分析方式。

第一节 研 究 架 构

本研究以行动研究为主轴,分为两个阶段,第一阶段为第一轮研究,第二阶段为第二轮研究,整个研究架构如图 3-1 所示,详细的研究设计则如图 3-2 所示。

一、第一阶段——第一轮研究

首先,研究者通过文献探讨、小组实践讨论,研发设计第一轮研究阶段的教学调整方案;然后,运用单一个案实验法进行试探性实验介入,尝试验证学生语文学习效果;最后,通过小组讨论,反思这一阶段的教学调整方案,并提出下一阶段的修正建议。

1. 研发设计教学调整方案

研究者通过文献探讨、小组实践讨论,研发设计第一轮研究阶段的教学调整方案。小组讨论是由高年级组语文教师为主形成的研讨小组,这一阶段共有5 名教师,大家共同讨论出教学调整方案里涉及的具体内容。这一阶段总共进行

本书涉及量表、内容示例、访谈提纲等,详见附录。

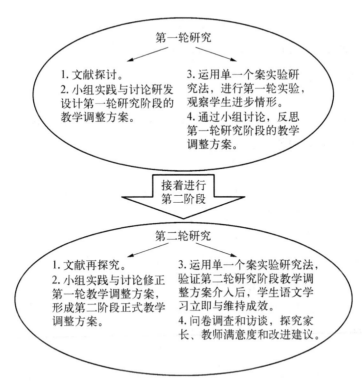

图 3-1 研究架构

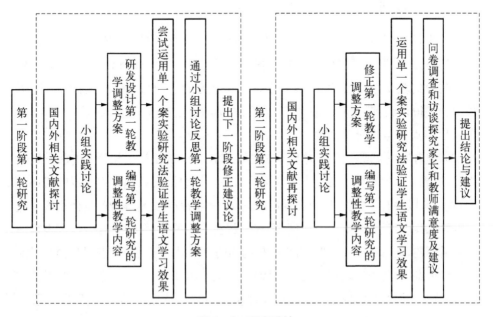

图 3-2 研究设计

了 10 次小组讨论，大部分放在学生放学后进行，有时也会根据情况灵活调整，基本每两周一次，一次时长约为两个小时。期间研究者对教师们讨论的内容重点进行记录，填写"语文教学调整方案小组研讨记录"。通过小组讨论与小组实践交替的方式，初步发展出培智学校语文教学调整方案。方案包含研发目标、研发内容和研发特色，其中研发内容又包含了教学调整的方法和可供教师配套使用的 3 个表件，以及编写的调整性教学内容。

2. 验证本阶段学生学习效果

运用单一个案实验研究法进行 12 周的教学实验，尝试验证第一轮教学调整方案介入后学生的语文学习效果。本实验的自变量是指介入第一轮语文教学调整方案的教学；本实验的因变量是指每一次对学生施以"第一轮研究阶段的学生语文能力评量表"后的得分。在个案班级方面，记录九（2）班 9 名学生每次施测得分，分析全班平均的进步情形，并将全班学生以低分组和高、中分组来观察，并进一步分析高、中分组中的 S03 学生，以及低分组中的 3 名学生 S07、S08、S09，4 名学生的结果单独以个案的形式加以说明。

3. 反思与展望

通过小组讨论，反思这一阶段的教学调整方案，并提出下一阶段修正的建议。

二、第二阶段——第二轮研究

首先，研究者通过文献再探讨、小组实践讨论，修正第一阶段第一轮研究的教学调整方案，形成第二轮研究的方案；然后，运用个案实验研究法，验证第二轮研究阶段的教学调整方案介入后，学生语文学习的立即与维持成效；最后，对家长、教师进行问卷调查和访谈，探究家长、教师满意度和改进建议。

1. 形成第二轮研究方案

研究者通过文献再探讨、小组实践讨论修正第一阶段第一轮研究的教学调整方案，形成第二轮研究方案。小组讨论是由高年级组语文教师为主形成的研讨小组，这一阶段共有 4 名教师，大家共同讨论出教学调整方案里涉及的具体内容。这一阶段总共进行了 10 次小组讨论，大部分放在学生放学后进行，有时也会根据情况灵活调整，基本每两周一次，每次时长约为两个小时。期间研究者对教师们讨论的内容重点进行记录，填写"语文教学调整方案小组研讨记录"。通过小组讨论与小组实践交替的方式，修正第一轮语文教学调整方案，发展出第二轮研究阶段的教学调整方案。方案包含研发目标、研发内容和研发特色，其中研发内容又包含了教学调整方法和可供教师配套使用的 3 个表件,以及编写的调整性教学内容。

2. 验证本阶段学生学习效果

运用单一个案实验法进行 17 周的教学实验,验证第二轮研究阶段教学调整方案介入后学生的语文学习效果。本实验的自变量是指介入正式语文教学调整方案的教学;本实验的因变量是指每一次对学生施以"第二轮研究阶段的学生语文能力评量表"后的得分。在个案班级方面,记录九(2)班 9 名学生每次施测得分,分析全班平均的进步情形,并将全班学生以低分组和高、中分组来观察,进一步分析高、中分组中的 S03 学生,以及低分组中的 3 名学生 S07、S08、S09,4 名学生的结果单独以个案的形式加以说明。

3. 进行问卷调查

对家长、教师进行问卷调查和访谈,探究家长、教师的满意度和改进建议。

三、结论阶段

研究者进行研究结论与建议的归纳和撰写。

第二节　语文教学调整方案
第一轮研究设计

第一轮研究中,所涉及的具体过程为:首先,经小组实践与讨论研发设计出初步的教学调整方案;然后,取九(2)班为个案班实施第一轮单一个案实验介入以探究学生的语文学习效果。

一、小组讨论与实践初步研发方案

正如研究者在研究动机中所述,本校的教师在现阶段大多都已经有了对每一位学生应该要根据不同的程度给予调整过的学习内容,以进一步帮助其理解的概念,也尝试过自己调整。但是实际上究竟教师们调整的对不对,是否只是从自己的角度出发,把自己的想法强加到学生身上却并不得知。因此在第一轮研究中,研究者运用小组讨论与实践两种方式交替,进行了初步方案的研发。

小组讨论是由高年级组语文教师为主形成的研讨小组,这一阶段共有 5 名教师,大家共同讨论出教学调整方案里涉及的具体内容。这一阶段总共进行了

10 次，大部分放在学生放学后进行，有时也会根据情况灵活调整，基本每两周一次，每次时长约为两个小时。期间研究者对教师们讨论的内容重点进行记录，并在之后加以整理归纳。10 次讨论的主要议题有"要调整教学内容应该从哪一个关键点来切入？""整个流程和步骤如何？""编制的调整性教学内容是否适宜？""如何为学生选择调整性教学内容并实施教学？"等一系列问题。此部分采用小组讨论的方式，是基于教学调整这一主题的特殊性。正如第二章文献探讨中所述，在融合教育场域中，课程调整模式施行较多，也有较多的方式方法可供参考，但是现在涉及特殊学校这一领域，则实在更有探究的必要性与价值性。

小组实践是由小组讨论的教师们在现场负责将每一次讨论得到的重要信息进行试做。通过小组讨论与小组实践交替的方式，初步发展出培智学校语文教学调整方案。下面就对第一轮研究阶段的教学调整方案作一介绍，具体关于教学方案的描述详见本章第五节。

（一）第一轮研究阶段语文教学调整方案研发的目标

该方案的目标一是为了提供能初步满足培智学校不同需求学生的语文教学；二是希望整套方案可以为教师教学提供便利；三是希望教师对"简化""减量""分解""替代""重整"等调整教学内容的做法有一个初步的了解。

（二）第一轮研究阶段语文教学调整方案研发的内容

该方案的内容包含教学调整的方法、配套可供现场教师填写使用的表件，以及调整后的语文教学内容等。

1. 第一轮研究阶段教学调整的方法

（1）班级教学目标结合学生能力进行评估。

（2）依据班级学生的能力编写出调整性教学内容。

（3）基于每位学生的实际语文能力水平去选择合适的调整性教学内容。

（4）进行教学。

2. 第一轮研究阶段教学调整方案的配套表件

（1）"语文教学调整方案的教学目标评估表"。该表用于对班级教学目标的评估，以初步判断教学内容对每一名学生的难度如何，用于教学调整的第一个步骤。

（2）"语文教学调整方案的调整性教学内容选用汇总表"。教师根据教学目标评估表的情况结合学生情况描述，初步判断学生大概需要使用哪一种调整性教学内容，此表用于对全班教学内容选用的汇总记录，用于教学调整的第三个步骤。

（3）"语文教学调整方案的调整性教学内容选用记录表"。此表清楚记录了每一名学生的具体调整情况，会呈现教学内容的原课文内容，以及选择的调整性教学内容和说明，可以和"语文教学调整方案的调整性教学内容选用汇总表"搭配使用，用于教学调整的第三个步骤。

3. 第一轮研究阶段调整后的语文教学内容

调整后的语文教学内容包括简化性教学内容、分解性教学内容、替代性教学内容及重整性教学内容。4套调整性教学内容是借鉴文献综述部分提到的"简化""减量""分解""替代""重整"等做法，取《辅读学校实用语文学本》高年段10篇课文编写而成，总计40篇，加上原教材，共有50篇，作为第一轮研究阶段教学调整方案的调整性教学内容示例，供实验教师根据学生实际情况选择使用。这一过程在本阶段教学调整方案的第二个步骤。

（1）简化性教学内容。是指将文本难度降低和（或）文本内容减少（含减量策略）。

（2）分解性教学内容。是指将教学内容的目标细分为较小的目标，让其逐步学习。

（3）替代性教学内容。是根据课文内容以多媒体电子书的方式呈现的调整性教学内容，文本中的内容配以语音报读，字词、图片闪现的方式呈现。

（4）重整性教学内容。是指将原文改写，内容符合原文含义，内涵更符合学生的生活经验。

（三）第一轮研究阶段语文教学调整方案研发的特色

该阶段语文教学调整方案的特色主要如下。

（1）该套方案能初步满足不同学生的需求。

（2）该套方案的配套表件具有很强的可操作性，对一线教师来说是较好的工具。

（3）该套方案调整后的教学内容能让教师对"简化""减量""分解""替代""重整"等调整做法形成一个初步概念，可让教师之后参考使用，也为下一阶段精进方案打下基础。

二、评估第一轮研究阶段教学调整方案的学生语文学习效果

方案初步研发后，研究者就尝试运用单一个案实验法进行教学实验，以验证第一轮研究阶段的教学调整方案对学生语文学习的效果。下面从实验设计与实

验材料两个部分说明单一个案的实验研究过程。

(一) 实验设计

在这里研究者采用 AB 实验设计来尝试验证教学调整方案介入后学生的语文学习效果。在个案班级方面，记录九（2）班 9 名学生每次施测得分，分析全班平均的进步情形，并将全班学生以低分组和高、中分组来观察，进一步分析高、中分组中的 S03 学生，以及低分组中的 3 名学生 S07、S08、S09，4 名学生的结果单独以个案的形式加以说明。这一阶段设计的实验架构如图 3-3 所示。

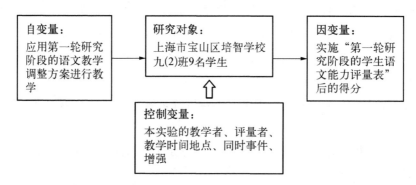

图 3-3　第一轮研究阶段的语文教学调整方案介入实验架构图

依据上述实验架构，本实验的自变量是指介入第一轮语文教学调整方案的教学；本实验的因变量是指每一次对学生施以"第一轮研究阶段的学生语文能力评量表"后的得分，在整个班级上，是以 9 位学生的平均得分来表示，在 4 名个案上，则是每次施测的得分；本实验的控制变量是指本实验的教学者、评量者、教学的时间与地点、同时事件及增强，如教学者是学生熟悉的班级语文教师，评量者也由学生熟悉的班级语文教师和助教一起担任，教学的时间是平时的语文课，地点在学生自己的教室，且在实验阶段并不会进行其他的语文教学，也没有特别施以增强措施等。

这一阶段的实验教学设计包括基线期和处理期。

1. 基线期（4 周）

基线期不运用教学调整方案进行教学调整，学生使用原教材进行学习，为期约 4 周，由该班的语文教师一周 5 天，每天进行 1 节语文课。施测于每周二、四的语文课后，施以"第一轮研究阶段的学生语文能力评量表"，让全班 9 名学生进行测试，以便建立语文能力的基准线。基线期阶段共进行 8 次测试。基线期呈现稳定状态后进行介入实验。

2. 处理期(8 周)

处理期进行语文教学调整方案的实验教学介入，为期 8 周，由该班的语文教师一周 5 天，每天进行 1 节语文教学调整方案介入的语文教学，施测于每周二、四的语文课后，施以"第一轮研究阶段的学生语文能力评量表"，让全班 9 名学生进行测试，计算每名学生的得分情况，了解介入期学生语文能力的变化。处理期阶段共进行 15 次测试。

为避免学生因情境变化(陌生教师的进班)而受影响或者因不同施测者导致不同评量技巧或个人特质造成的实验结果误差，在第一轮研究中，个案班级的语文教师为授课教师，施测者即由该名教师和助教共同担任，评分由另外两名华东师范大学特教系毕业的教师承担，研究者负责监督整个过程。教学时间放在每周 5 天，一天 1 节的语文课，地点为个案最熟悉的自己班级教室，评量时间放在午休时间。此外，在实验期间，教学者、评量者以及个案班级均不接受其他语文课程的介入。

(二) 实验材料

1. 第一轮研究阶段的语文教学调整方案

如前所述，第一轮研究阶段的教学调整方案是通过将班级教学目标结合学生能力进行评估，基于每位学生的实际语文能力水平去选择合适的调整性教学内容，也有配套的表件供教师使用。本阶段单一个案实验的自变量是指介入第一轮语文教学调整方案的教学，即指通过第一轮研究阶段的调整方法和配套表件选择合适的调整性教学内容给学生进行教学，所以此调整方案为本阶段重要的实验材料之一。在这一阶段，教学的课文共有 10 篇，具体见表 3-1。

表 3-1　第一轮研究阶段教学内容汇总表

序　号	课　题	文　体
第 1 课	《生物角》	状物类记叙文
第 2 课	《我的同学》	记人类记叙文
第 3 课	《菜场》	状物类记叙文
第 4 课	《邻里之间》	叙事类记叙文
第 5 课	《爱心小天使》	叙事类记叙文

续　表

序　号	课　题	文　体
第6课	《晚霞》	写景散文
第7课	《我的影子》	叙事类记叙文
第8课	《两只小狮子》	童话故事
第9课	《环卫工人》	记人类记叙文
第10课	《神奇的电脑》	状物类记叙文

以上10篇课文经过小组讨论与实践，分别将其编写为简化性教学内容、分解性教学内容、替代性教学内容、重整性教学内容。如前所述，简化性教学内容是指将文本难度降低和（或）文本内容减少（含减量策略）；分解性教学内容是指将教学内容的目标细分为较小的目标，让学生逐步学习；替代性教学内容是根据课文内容以多媒体电子书的方式呈现，文本中的内容配以语音报读，字词、图片闪现的方式呈现；重整性教学内容的内容符合原文含义，内涵更符合学生的生活经验。

这些调整性教学内容加上原课文一共是50篇，作为此阶段教学调整方案的调整性教学内容，还有供教师使用的此阶段的调整方法和表件，根据学生实际情况选择后提供给学生进行教学。具体各套调整性教学内容的详细描述见本章第五节。

2. 第一轮研究阶段的学生语文能力评量表

在实验设计中，研究者也在思考：究竟什么样的试题才能真正测试到学生的语文学习效果？在这里研究者和实践讨论小组成员共同讨论，明确基于教学内容的评估才能了解对于实际教学的效果。所以《第一轮研究阶段的学生语文能力评量表》的内容是取自这一阶段的教学内容。

通过前期文献查阅发现，语文课标中，学生需要培养的语文基本能力主要是围绕听、说、读、写这4块进行。实践讨论小组的成员们从教学目标出发，结合这一阶段十篇课文的课后练习编制测试题。第一阶段题库共包含10篇课文的514道试题，我们将所有试题按照听、说、读、写4个部分分别纳入Word题库管理与组卷系统中，按照听、说、读、写分别占25%的比例，通过随机分层抽样抽取基线期、介入期阶段的评量表。每张评量表共 40 题,听、说、读、写各占 10 题,每题 1 分,满分 40 分。涉的题型有口试和笔试,笔试部分包含选择、抄写、填空、造句等。每一课在事前都进行了答案和计分标准的统一。

评量时,先单独测试 9 名学生试题中的听力部分,听力部分结束后,再进行笔试部分的测验。同时由教师接续单独测试每一名学生的口语部分,测验的结果由两名评分者分别独立打分,本阶段共测试 23 次。许天威(2003)认为,由于学业的考题属于行为的成品,只要有标准答案来跟任何一位评分者的结果核对,往往就可以了解阅卷评分的正确性,无需多费功夫核计评分的一致性。本阶段研究者与实践讨论小组明确了每一题的正确答案和评分标准,所以在这一阶段评分者不一致情况出现的次数仅有 6 次,都是因为学生书写的汉字难以辨识而造成的。

第三节　语文教学调整方案 第二轮研究设计

第二轮研究中,所涉及的具体过程为由小组实践与讨论修正第一轮教学调整方案,根据九(2)班学生情况对教学内容进行调整并实施单一个案实验介入以探究语文学习立即与维持成效,最后用问卷调查和访谈的形式询问家长和参与教师对方案的满意度和改进建议。

一、小组讨论与实践修正方案

第二轮研究中,研究者还是运用小组讨论与实践两种方式交替进行来修正第一轮语文教学调整方案。这一次的小组讨论是围绕上一阶段研究中反思的问题而展开的,共进行 10 次,大部分放在学生放学后进行,有时也会根据情况灵活调整,基本每 2 周一次,一次时长约为 2 个小时。其间研究者对教师们讨论的重点内容进行记录,并在之后加以整理归纳。这个阶段的主要议题包含有:"如何修正语文教学调整方案中的教学调整策略?""如何弹性灵活使用教学调整策略?""如何精进教学?"等一系列问题。此阶段配合小组实践修正了教学调整的方法与配套的表件,调整了教学内容,形成了正式的调整方案。下面就此阶段的主要内容作一介绍,具体关于方案的描述详见本章第五节。

（一）修正教学调整的策略及弹性灵活使用

在第二轮研究阶段，通过讨论，我们决定把依每名学生需求选择调整性教学内容，修正为根据学生情况选择调整策略。在策略的修正上，首先，沿用第一轮研究阶段教学调整的"简化（含减量）""分解""替代""重整"策略；其次，扩大本研究中"替代"策略的内涵，除了电子课本外，增加一些辅助的替代性内容，给学生提供适合且能接受的一些支持帮助他们达到更好的学习效果。另外，还加入"无需调整"也作为选项。在调整策略的使用上，明确弹性、灵活地选择，根据学生的需求，可以选择一种策略，也可以选择多种策略。上述调整策略定义如下。

1. 无需调整

无需调整是指课文内容符合学生的能力，不需要调整。

2. 简化

简化是指将文本难度降低和（或）文本内容减少（减量）的一种调整教学内容策略。

3. 分解

分解是指将文本中的内容或目标细分，降低难度，让其逐步学习的一种调整教学内容策略。

4. 替代

替代是指将学习的内容以多媒体电子书的方式呈现，呈现时配以语音报读，字词、图片闪现；另提供学生在学习过程中的支持，包括放大和（或）变色重要字词、文章脉络梳理、提供关键图片、提供拼音等各种适宜方式，以帮助学生达到最近发展区。

5. 重整

重整是指将文本重写，内容符合原文含义，内涵更符合学生的生活经验，更为功能化的一种调整教学内容策略。

（二）修正教学调整方案的调整方法

在这一阶段的修正中，教师们提出了分析教学内容这一调整过程中的关键点，所以经过这一阶段的教师实践讨论，形成了第二轮研究阶段教学调整方案的调整方法，具体① 班级教学目标结合学生能力进行评估；② 依据学生大概情况描述，灵活弹性选择其所需要的教学调整策略；③ 分析教学内容并结合学生的实际语文能力水平做教学调整；④ 进行教学。

同时搭配这一阶段的教学调整方案，实践讨论小组的教师们还对第一轮研究中研发的配套表件进行了修改。

首先,保留第一轮研究的"语文教学调整方案的教学目标评估表",该表用于对班级教学目标的评估,以初步判断教学内容对其的难度,用于教学调整的第一个步骤。

其次,修正第一轮研究中第二个表件"语文教学调整方案的调整性教学内容选用汇总表"为"语文教学调整方案的调整策略汇总表",该表是通过教学目标评估表的结果,结合学生情况描述,进行教学调整策略的选择,用于教学调整的第二个步骤。

最后,修正第一轮研究中第三个表件"语文教学调整方案的调整性教学内容选用记录表"为"语文教学调整方案的调整内容记录表",该表是结合上一阶段的调整策略汇总表的策略选择结果,在教学内容分析的基础上,对学生的教学内容做调整,呈现有原课文内容和调整后的课文内容,以及具体说明,用于教学调整的第三个步骤。

(三) 调整教学内容

依据第二轮研究阶段的教学调整方法和表件为班级学生做教学调整,一共形成调整性教学内容 60 篇,加上还有 2 名学生是"无需调整",即使用原教学内容,一共是 70 篇。

该阶段研究所修正的教学调整方案能更有针对性满足不同学生的需求,同时该套方案的配套表件具有很强操作性,对教师来说是较好的工具。此外,经过这一阶段的教学调整方案,教师已经可以灵活掌握教学调整的方法。

二、评估第二轮研究阶段教学调整方案的学生语文学习效果

方案修正后,研究者就运用单一个案实验研究进行教学实验,以验证第二轮研究阶段教学调整方案对学生语文学习的立即与维持成效。下面从实验设计与实验材料两个部分说明单一个案实验研究过程。

(一) 实验设计

在这里研究者采用 ABA 倒返实验设计来验证教学调整方案介入后的语文学习效果。在个案班级方面,记录九(2)班 9 名学生每次施测得分,分析全班平均的进步情形,并将全班学生以低分组和高、中分组来观察,进一步分析高、中分组中的 S03 学生,以及低分组中的 3 名学生 S07、S08、S09,4 名学生的结果单独以个案的形式加以说明。这一阶段设计的实验架构如图 3-4 所示。

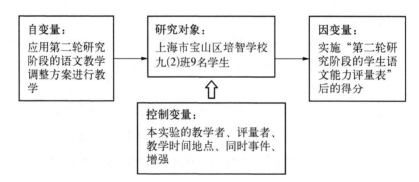

图 3 - 4　第二轮研究阶段的语文教学调整方案介入实验架构图

依据上述实验架构,本实验的自变量是指介入第二轮研究阶段语文教学调整方案的教学;本实验的因变量是指每一次对学生施以"第二轮研究阶段的学生语文能力评量表"后的得分,在整个班级上,是以9位学生的平均得分来表示,在4名个案上,则是每次施测的得分;本实验的控制变量是指本实验的教学者、评量者、教学的时间与地点、同时事件、增强,如教学者是学生熟悉的班级语文教师,评量者也是由学生熟悉的班级语文教师和助教一起担任,教学的时间是平时的语文课,地点在学生自己的教室,且在实验阶段并不会进行其他的语文教学,也不特别施以增强措施等。

这一阶段的实验教学设计包括基线期、处理期及维持期。

1. 基线期(3 周)

基线期不运用教学调整方案进行教学调整,学生使用原教学内容进行学习,为期 3 周,由该班的语文教师一周 5 天,每天进行一节语文课。施测于每周一、三、五的语文课后,施以"第二轮研究阶段的学生语文能力评量表",让全班 9 名学生进行测试,以便建立语文能力的基准线。基线期阶段共进行 9 次测试。基线期呈现稳定状态后进行介入实验。

2. 处理期(11 周)

处理期进行语文教学调整方案的实验教学介入,为期 11 周,由该班的语文教师一周 5 天,每天进行 1 节语文教学调整方案介入的语文教学,施测教师于每周二、四的语文课后,施以"第二轮研究阶段的学生语文能力评量表",让全班 9 名学生进行测试,计算每名学生的得分情况,了解介入期学生语文能力的变化。处理期共进行 22 次测试。

3. 维持期(约 3 周)

维持期不再做实验教学介入,只是继续维持对全班 9 名学生进行分层随机抽取测试题测试,施测教师于每周二、四的语文课后,施以"第二轮研究阶段的学生语文能力评量表",让全班 9 名学生进行测试,计算每名学生的得分情况。此阶段由于学校正值儿童节庆典,故有一周两次测试暂停,加上最后一周的后半周学生放假,所以共进行 3 次测试。

为避免学生因情境变化(陌生教师的进班)而受影响或者因不同施测者导致不同评量技巧或个人特质造成的实验结果误差,因此在第二轮研究中,个案班级的语文教师即为授课教师,施测者即由该名教师和助教共同担任,评分则由另外两名华东师范大学特教系毕业教师承担,研究者则负责监督整个过程。教学时间放在每周 5 天,一天 1 节的语文课,地点为个案最熟悉的自己班级教室,评量时间放在午休时间。此外,在实验期间,教学者、评量者以及个案班级均不接受其他语文课程的介入。

(二)实验材料

1. 第二轮研究阶段的语文教学调整方案

第二轮研究阶段的教学调整方案的具体步骤为:① 通过将班级教学目标结合学生能力进行评估;② 依据学生大概情况描述灵活弹性选择他所需要的教学调整策略;③ 分析教学内容并结合学生的实际语文能力水平做教学调整;④ 进行教学。同时,方案也有配套的表件供教师使用并进行教学调整。第二轮研究阶段单一个案实验的自变量是指介入第二轮语文教学调整方案的教学,即指通过第二轮研究阶段的调整方法和配套表件,调整教学内容给学生进行教学,所以此方案为本阶段重要的实验材料之一。第二轮研究阶段教学的课文共有 10 篇,具体见表 3 - 2。

表 3 - 2 第二轮研究阶段教学内容汇总表

序 号	课 题	文 体
第 1 课	《兴趣活动》	叙事类记叙文
第 2 课	《天安门广场》	状物类记叙文
第 3 课	《地铁》	状物类记叙文
第 4 课	《夏日荷花》	状物类记叙文
第 5 课	《参观动物园》	叙事类记叙文
第 6 课	《最可爱的人》	叙事类记叙文

续　表

序　号	课　题	文　体
第 7 课	《故乡的杨梅》	状物类记叙文
第 8 课	《外公》	记人类记叙文
第 9 课	《忙碌的周末》	叙事类记叙文
第 10 课	《要下雨了》	童话故事

以上 10 篇课文经过小组讨论与实践，依据学生大概情况描述灵活弹性选择策略，分析教学内容并结合学生的实际语文能力水平进行调整。该阶段使用到的调整性策略如下。

（1）无需调整。是指课文内容符合学生的能力，不需要调整。

（2）简化。是指将文本难度降低和（或）文本内容减少（减量）的一种调整教学内容策略。

（3）分解。是指将文本中的内容或目标细分，降低难度，让其逐步学习的一种调整教学内容策略。

（4）替代。是指将学习的内容以多媒体电子书的方式呈现，呈现时配以语音报读，字词、图片闪现；另提供学生在学习过程中的支持，包括放大和（或）变色重要字词、文章脉络梳理、提供关键图片、提供拼音等各种适宜方式，以帮助学生达到最近发展区。

（5）重整。是指将文本重写，内容符合原文含义，内涵更符合学生的生活经验，更为功能化的一种调整教学内容策略。

在调整策略的使用上，弹性灵活选择，根据学生的需求，可以选择一种策略，也可以选择多种策略。

依据第二轮研究阶段的教学调整方案，为班级 7 名学生做上述 10 课教学调整后，一共形成调整性教学内容 60 篇，加上还有 2 名学生使用的是原教学内容，一共是 70 篇，作为此阶段教学调整方案的教学内容，供教师提供给学生进行教学。具体各课调整后的教学内容详细描述见本章第五节。

2. 第二轮研究阶段的学生语文能力评量表

"第二轮研究阶段的学生语文能力评量表"的内容是取自这一阶段的教学内容。研究者根据这一阶段的教学内容编制题库，第二轮研究阶段的题库共包含

10 篇课文的 923 道试题,每一次的评量表则是在题库中,根据简单题 30％、一般难度的题 40％、难的题 30％的比例,结合识记水平 50％、理解水平 30％、应用水平 20％这 3 个维度,分层随机抽取每一次测试的 70 题形成的。每题 1 分,满分 70 分。涉及的题型有口试和笔试,每一份测试口试的题型占比相似,均为 35％～40％,笔试部分包含选择、抄写、填空、听写、连线、判断、造句、缩句、圈画、简答,内容涵盖了语文的听、说、读、写。每一课在事前都进行了答案和计分标准的统一。具体评量表的详细描述见本章第五节。

评量时,先单独测试 9 名学生试题中的听力部分,听力部分结束后,再进行笔试部分的测验,同时由教师接续单独测试每一名学生的口语部分。测验的结果由两名评分者分别独立打分。值得一提的是,这一阶段评量表虽然有 70 题,考试时间长达 1 小时,但实际上,测试的难度并不大,且中间因为有听力、有口试,学生和教师之间有互动产生,所以进行得很顺利。且因为评量表有 70 题,这一数量相较于第一轮研究阶段的 40 题而言,教师也便于进一步了解第二轮研究阶段学生的进步情况。本阶段共测试 34 次。本阶段不一致性出现的次数为 4 次,也是因为学生书写的汉字难以辨识而造成的。

三、对家长、教师的调查与访谈

在整个研究过程中,家长也是本次研究的研究对象之一,家长问卷共有 10 题,第 1、2 题是关于家长对孩子教学调整的内容了解程度的基本调查,其余 8 题是针对语文教学调整方案的有效性进行调查,让家长填写,并辅以半结构化的访谈,访谈家长对调整后教学内容的有效性反馈,以及改进与建议。此外,对此次参与实践讨论小组的 4 名教师也进行了半结构化访谈,获取她们对语文教学调整方案在学生语文学习上的有效性、便利性反馈,并听取她们对方案改进与推广建议的反馈。具体调查表、访谈提纲的重点主要是在于语文教学调整方案对学生语文学习是否有效,对哪些方面有效,有哪些不足之处,如果今后需要推广有什么建议,这部分述于本章第五节。

第四节　研究参与者

依据本研究的研究设计,其研究参与者有两阶段的讨论与实践小组成员、个案班级、家长、专家团队。本节介绍对象选取的考量原则。

一、现场讨论与实践小组成员

现场讨论与实践小组成员见表3-3。

表3-3　现场讨论与实践小组成员情况

阶　段	编号	性别	年龄	教龄	特教背景	职称	任教班级
第一轮研究阶段	T01	女	28	5	特教学士	二级教师	九(2)
	T02	女	27	5	特教资格证	二级教师	九(1)
	T03	女	27	2	特教硕士	二级教师	八(1)
	T04	女	24	1	特教学士	二级教师	七(1)
	T05	女	24	2	培智校本培训	代课教师	五(1)
第二轮研究阶段	T01	女	28	5	特教学士	二级教师	九(2)
	T02	女	27	5	特教资格证	二级教师	九(1)
	T03	女	27	2	特教硕士	二级教师	八(1)
	T06	女	29	1	特教硕士	二级教师	五(1)

由于选择的是九(2)班的学生作为实验班级，且学生随着年龄增长差异越大这一问题主要是中高年级体现得较为明显，所以第一轮研究阶段现场实践与讨论小组的主要成员由七至九年级的T01、T02、T03、T04共4名高年级语文教师组成，另外为了听取不同背景、不同视角教师的看法，还加入了一名从普校转入本校的代课教师T05，这一阶段的参与教师共有5名。

第二轮研究阶段，由于T04、T05教师教授班级出现了变动，且另有其他的研究内容，故不再加入，T06教师是从华东师范大学特教系毕业的硕士研究生，指导教授主要研究领域在实验心理学和评量范畴，且教师自身表示对这一领域有极大的兴趣，第一轮研究阶段已经有一些较细小的事务在参与，故第二轮研究阶段的成员为4人，T01、T02、T03、T06。T01教师为本次实验班级的授课教师，教龄5年，其教学表现颇为优秀，曾为全国多地来访的特殊教育教师进行公开课程展示教学，多媒体课件的制作技术获得过上海市特殊教育资源最佳资源奖,宝山区中小学校师生电子作品展评活动教育教学资源三等奖。更为重要的是,该教师对教育教学和科研充满热情,非常愿意接受与学习新的教学方法与教学变革。此外,为避免在单一个案实验的时候,因不同施测者导致不同评量技巧或个人特质造成的实验结果误差,以及教学者和评量者避免为同一人的研究伦理,因此在第一轮和第二轮研究中 T01 为授课教师,施测者由 T01 教师和助教共同担任,评分由 T03 和 T06 教师承担,研究者则负责每一个环节的监督工作。

二、个案班级、家长

本研究选取九(2)班作为个案班级,在第一轮和第二轮研究阶段都被施以单一个案实验以观察学生在介入教学调整方案后语文学习效果的进步情况。表3-4 为调查方案介入的个案班级基本情况,包括由上海市精神卫生中心对该班学生中高年级转衔进行智商鉴定复测时韦氏智力量表所测得的智商分数、婴儿—初中学生社会生活能力量表(S-M)所测得的社会适应分数及障碍类型等汇总。

表3-4 调整方案介入的个案班级基本情况

学生	性别	年龄	智 商		社会适应等级	障碍类型
			分数	级别		
S01	女	13	57	轻度	边缘	智障/脑瘫
S02	女	14	50	轻度	轻度	智障
S03	男	14	48	中度	轻度	智障/脑瘫
S04	女	15	42	中度	轻度	智障
S05	男	14	41	中度	轻度	智障
S06	男	16	35	中度	重度	智障/孤独症
S07	男	16	33	重度	重度	智障/孤独症
S08	男	16	33	重度	重度	智障/孤独症
S09	女	16	33	重度	重度	智障

个案班级共有学生 9 人，男生 5 人，女生 4 人。其中单纯智力障碍学生 4 人，多重障碍学生 5 人。由此可见，班级学生智力水平有较大的差异，研究者通过任课教师了解到，在平时的语文教学中，教师根据学生的语文能力现状及学习情况，会在心中按程度将他们分为 3 组。

A 组有 3 名学生，为 S01、S02、S03。其中 S01 有很好的听、说、读、写能力，因此在各领域能力表现都较好，而且学习主动性强，能够自行预习复习课文内容，能够通过课堂的讲解理解课文内容，掌握相关知识。在写作方面需要教师提供一定的指导。S02 各领域能力都较好，其中阅读、写作和口语交际方面相对弱势，需要辅导和提示，课堂上学习主动性尚可，能够通过教师的讲解理解课文内容，基本掌握相关知识，有较好的听、说、读、写能力。S03 各领域能力都较好，其中阅读和写作相对弱势；由于斜视、手指灵活度不高等生理原因，导致阅读和书写速度较为缓慢；能够理解课文的内容，通过学习基本掌握相关的知识，有较好的听、说、读、写能力。

B 组有 3 名学生，为 S04、S05、S06。其中 S04 有较好的非口语交际能力，其他方面均处于中等水平，其中阅读和写作方面能力相对较弱；对于课文的阅读存在一定困难，需要教师提供较多的辅助，缺乏自主的思考。听的能力较好，有一定的说、读、写的能力。S05 有较好的非口语交际能力，写作能力较差，其他各方面均处于中等水平；在课文的学习上需要提供较多的指导，对于课文中一些字词理解存在困难；有一定的听、说、读、写的能力，由于伴随构音障碍，因此说和读的能力受到一定程度的影响。S06 各方面的能力都处于中等水平，由于记忆力较好，识记类的知识相对掌握较好，而理解性的知识较难掌握，因此在课文理解上存在一定的困难，需要图片、影片等材料辅助理解；有一定的听、说、读、写能力，其中听的能力较好，由于伴随构音障碍，说和读的能力受到一定程度的影响；偶有情绪行为问题。

C 组有 3 名学生，为 S07、S08、S09。其中 S07 各方面的能力都处于中等偏下水平；具有一定的识字和朗读能力，能够在引导下认识单幅图片，也能够理解简单的句子；对于复杂句，能够在教学后进行朗读，但无法达到正确和流利，且并不能完全理解句子的含义；学习缺乏主动性，需要教师较多的提醒和辅助；有一定的听、说、读、写能力，其中听、读的能力相对好一些。S08 各方面的能力都比较弱，能够识记一些与生活相关性高的字词，能跟说词语，但很少主动表达；能在指导下抄写词句，有一定的识图能力，能理解一些与生活相关的知识；课堂上需要在较多的辅助下参与学习,缺乏学习的主动性。S09各方面的能力都比较弱,有一定的识字能力,能够正确认读部分词语,不会书写汉字但能够用手指描摹生字,能用笔书写简单符号;对课文的理解存在较大的困难,但有一定的识图能力,能够借助图片理解字词;能够用简单的词语、短句表达自己的需求;课堂上反应较为迟缓,对操作型的教学内容比较感兴趣。

此外,学生家长主要提供在单一个案实验介入后,对方案具体成效、改进问题与建议的意见,本班共有9人,最后研究阶段排除不需要教学调整的2名学生后,7名参与本研究的九(2)班学生的家长为本研究调查的对象。表3-5为个案班级的学生家长基本情况。

表3-5 个案班级的学生家长基本情况

学生	家长	称谓	家长年龄	文化水准
S03	P03	母亲	38	中专
S04	P04	祖父	74	初中
S05	P05	母亲	47	初中
S06	P06	父亲	43	初中
S07	P07	母亲	50	本科
S08	P08	母亲	46	本科
S09	P09	父亲	48	本科

三、专家团队

本研究专家团队介入给予意见共有两次:第一次是在第二轮研究阶段中,学生语文能力评量题库编制的部分;第二次是在第二轮研究阶段整个语文教学调整方案修正后、实验介入之前,请专家对整个方案进行了最终确认。这样两次介入的目的一是为确保实验时使用工具的可靠性,二是在整个语文教学调整方案确定后由专家来确认这一方案的适宜性。在专家团队的人数上,张芳全(2014)建议,专家评定的人数宜在6~10名,太少不好,过多专家学者的意见也往往会让研究者在整理意见时无所适从。所以在这一部分,研究者选取了6名专家,具体情况见表3-6。包含上海市区教研员2名，上海市特殊教育正高级教师1名，上海市特殊教育高级教师1名，华东师范大学特教系教授1名，宝山区培智学校语文教研组长1名。两位教研员中，一名是本区特殊教育教研员，另一名是定期指导本校语文教研组教师语文教学的外区教研员，可以说对本区、本校的课程与语文教学较为了解。两位正高级和高级教师中一位是宝山区培智学校校长，另一位是原宝山区特教中心主任，在上海市特殊教育界有着较高的声望，更重要的是两位均在培智学校课程与教学上硕果累累，曾引领本校教育改革项目获得基础教育国家级教学成果奖、上海市基础教育教学成果特等奖。一名华东师范大学特教系教授，曾参与《上海市辅读学校实用语文课程指导纲要》编订工作，可以说对培智学校的语文和教学内容相当专业与了解。此外，培智学校语文教研组长是工作在一线的语文教师，她的意见也对实际的实施有着重要的作用。

表3-6 专家团队的成员情况

序号	姓　名	职　称	特教背景
Z01	华东师范大学特教系	教授	特教学者
Z02	外区教育学院	高级教师	特教教研员
Z03	本区教育学院	高级教师	特教教研员
Z04	宝山区特教指导中心	正高级教师	特教中心主任
Z05	宝山区培智学校	高级教师	特教学校校长
Z06	宝山区培智学校	一级教师	特教系毕业

第五节　研究材料与工具

本研究所涉及的工具与材料，包含第一轮研究阶段语文教学调整方案、第二轮研究阶段语文教学调整方案、学生语文能力评量表、"语文教学调整方案小组研讨记录""培智学校语文教学调整方案的家长问卷""培智学校语文教学调整方案的家长访谈提纲""培智学校语文教学调整方案的教师访谈提纲"。

一、第一轮研究阶段语文教学调整方案

第一轮研究阶段的教学调整方案是通过教师实践讨论而来的,方案包含研发目标、研发内容和研发特色,其中研发内容又包含了教学调整的方法和可供教师配套使用的 3 个表件,以及编写的供教师选择使用的调整性教学内容。

(一)第一轮研究阶段语文教学调整方案研发的目标

该方案的目标一是为提供能初步满足培智学校不同需求学生的语文教学,二是希望整套方案可以为教师教学提供便利;三是希望教师对"简化""减量""分解""替代""重整"等教学调整的做法有一个初步的了解。

(二)第一轮研究阶段语文教学调整方案研发的内容

该方案的内容包含教学调整的方法、配套可供现场教师填写使用的表件,以及调整后的语文教学内容等。

1. 第一轮研究阶段教学调整的方法

第一轮语文教学调整方案的教学调整方法具体步骤如下。

(1)将本学期班级教学目标结合学生能力进行评估,确定每一名学生对班级教学目标可能掌握的程度。

(2)依据班级学生的水平编写调整性教学内容,包含简化性教学内容、分解性教学内容、替代性教学内容和重整性教学内容。

(3)基于每位学生的实际语文能力水平,选择合适的调整性教学内容。

(4)教师实施教学调整。

2. 第一轮研究阶段教学调整方案的配套表件

为了配合上述调整方法,研究者研发了 3 个表件供教师使用,分别为"语文教学调整方案的教学目标评估表""语文教学调整方案的调整性教学内容选用汇总表""语文教学调整方案的调整性教学内容选用汇总表"。

(1)"语文教学调整方案的教学目标评估表",见表 3-7。该表用于教学调整的第一个步骤,即对班级教学目标的评估。第一、二行需要填写的是班级、学科、教学内容来源、第几册等一些基本信息,这样的设计为将来推广到其他学科或使用其他教学内容进行调整提供便利。第三行的左边填写本学科这一学期的班级教学目标,根据实际情况可以自己增加或删除教学目标的行数,第三行的右边,则是每一名学生的姓名,"S"代表学生,这里也可以根据班级人数的多少来自行增加或删除列数。在"语文教学调整方案的教学目标评估表"中每个学生对应

的每条班级目标评估情况有所不同,用"√""—"和"/"表示每个学生每条班级目标评估的结果。其中"√"表示该学生学习这一目标没有难度,能够很好地达成该目标。"—"则表示学生在学习这条目标上存在一定的困难,需要教师对该目标作降低难度的处理后才能够达成,如将"会认、读、写、用"降低为"会认、读"或"会认",将"朗读"降低为"跟读"等。"/"则表示该条目标即便降低学生也无法达成,建议暂时对这些目标作延迟教学处理。需要说明的是,因为本研究的重点主要在教学内容的调整,暂不以教学目标的调整为重,故这里教学目标的评估只先作为学生是否能掌握教学目标的初评,为后续的教学调整打下基础,所以并未把5个调整策略全部考量进去。

表3-7 语文教学调整方案的教学目标评估表

班　级					学　科				
教学内容来源					册　数				
教学目标	S01	S02	S03	S04	S05	S06	S07	S08	S09
1.									
2.									
3.									
4.									
5.									
6.									
7.									
8.									

备注:"√"表示一般来说经过教学学生可以达到该条目标;"—"表示如果降低目标要求,如将"会认、读、写、运用"降低为"会认、读"或"会认"等,将"朗读"降低为"跟读""指读"等,经过教学学生可以达到该条目标;"/"则表示该条目标即便降低学生也无法很好完成。

(2)"语文教学调整方案的调整性教学内容选用汇总表",见表3-8。该表用于教学调整的第三个步骤,基于每位学生的实际语文能力水平去选择适合他们的调整性教学内容。该表的第一、二行,用来填写班级、学科、教学内容来源、册数等基本信息,第三行的第一列填写学生的姓名,可以根据班级人数进行增加或删减。第三行的右侧是教学内容选用,这里罗列了含原教学内容和调整性教学内容在内的一共 5 套教学内容。第三行的第二列是学生情况分析,这里需要教师根据教学目标评估表的情况结合学生的实际情况对学生情况做一描述,可以是重点的概括性的词汇描述。

表 3-8 语文教学调整方案的调整性教学内容选用汇总表

班　级		学　科				
教学内容来源		册　数				
姓　名	学生情况描述	教学内容选用				
		原教学内容	简化性教学内容	分解性教学内容	替代性教学内容	重整性教学内容
S01						
S02						
S03						
S04						
S05						
S06						
S07						
S08						
S09						

(3)"语文教学调整方案的调整性教学内容选用记录表",见表 3-9。该表也是用于教学调整的第三个步骤,和前表搭配使用,是每一名学生个人的调整性教学内容选用记录表,可以放入学生的成长档案,也可以让授课教师清楚每一名学生的具体调整情况。此表除了填写班级、学科、教学内容来源、册数、课题、姓名等基本信息外,主要是呈现教学内容的原课文内容,以及选择的调整性教学内容,另有具体说明的栏目描述调整的具体内容,能对学生的调整前和调整后的教学内容一目了然。

表3-9 语文教学调整方案的调整性教学内容选用记录表

班级		学科		教学内容来源	
册数		课题			
姓名	教学内容选用				
	原教学内容	简化性教学内容	分解性教学内容	替代性教学内容	重整性教学内容
原教学内容					
调整性教学内容					
说明					

3. 第一轮研究阶段调整后的示例语文教学内容

此阶段方案实施的过程中需要教师事先编写好调整性教学内容，在这里，研究者会就一篇课文进行4套调整性教学内容示例，实际这一阶段教师选用后的教学内容见附录一。

（1）简化性教学内容示例。简化性教学内容是将文本难度降低和（或）文本内容减少（含减量策略）。该教学内容主要运用了对原教学内容进行简化减量的策略，在不改变教学内容原意和原文框架的情况下将原教学内容中抽象、不易理解且不常见的词进行删除或者替换，将文中的长句作了减量处理，缩短了长句。第一轮研究阶段的简化性教学内容示例见表3-10。

表3-10 第一轮研究阶段的简化性教学内容示例（第9课《环卫工人》）

原教学内容	简化性教学内容
9. 环卫工人 　　每天天不亮，环卫工人就开始了一天的工作。无论是酷暑寒冬，还是风雨雷鸣，他们都从不"缺席"。 　　艳阳高照的夏天，当人们在凉爽的空调房间里时，环卫工人在道路上清扫垃圾，汗水浸湿了他们的工作服，留下了斑斑汗渍。寒风凛冽的冬天，当人们还在温暖的被窝里时，	9. 环卫工人 　　每天天不亮，环卫工人就开始了一天的工作。无论是酷暑寒冬，还是风雨雷鸣，他们都从不"缺席"。 　　夏天，当人们在凉爽的空调房间里时，环卫工人在道路上清扫垃圾，汗水浸湿了他们的工作服。冬天，当人们还在温暖的被窝里时，街道上已经出现了环卫工

续　表

原教学内容	简化性教学内容
寂静的街道上已经出现了环卫工人的身影。刺骨的寒风钻进了他们的衣领,冻红了他们的双手。如果遇到台风,他们还得加班加点清理被风刮落的树枝,保持道路的清洁。 　　他们是城市的美容师,是值得我们尊敬的人。	人的身影。寒风吹进了他们的衣领,冻红了他们的双手。如果遇到台风,他们还得加班清理树枝。 　　他们是城市的美容师,是值得我们尊敬的人。

说明: 第一小节不作更改;第二小节删减学生难以理解的"艳阳高照""留下了斑斑汗渍""寒风凛冽""刺骨的""加点",删减学生难以认读的"被风刮落的""保持道路的清洁",缩短句子长度,易于学生理解;第三小节不作更改。本课原生字是"作""雷""温""领",简化后,生字不变,难度降低了。

（2）分解性教学内容示例。分解性教学内容是将教学内容的目标细分为较小的目标,让其逐步学习。在这里,研究者与教师们根据班级学生的情况选择将较长的句子作分句处理,将较难的目标做分解处理,尤其是针对阅读段落内容存在阅读障碍的智力障碍学生,通过理解短句来帮助其更好地理解长句或者段落的意思。第一轮研究阶段的分解性教学内容示例见表3-11。

表3-11　第一轮研究阶段的分解性教学内容示例(第9课《环卫工人》)

原教学内容	简化性教学内容
9. 环卫工人 　　每天天不亮,环卫工人就开始了一天的工作。无论是酷暑寒冬,还是风雨雷鸣,他们都从不"缺席"。 　　艳阳高照的夏天,当人们在凉爽的空调房间里时,环卫工人在道路上清扫垃圾,汗水浸湿了他们的工作服,留下了斑斑汗渍。寒风凛冽的冬天,当人们还在温暖的被窝里时,寂静的街道上已经出现了环卫工人的身影。刺骨的寒风钻进了他们的衣领,冻红了他们的双手。如果遇到台风,他们还得加班加点清理被风刮落的树枝,保持道路的清洁。 　　他们是城市的美容师,是值得我们尊敬的人。	9. 环卫工人 　　每天天不亮, 　　环卫工人就开始了一天的工作。 　　无论是 　　酷暑寒冬, 　　还是 　　风雨雷鸣, 　　他们都从不"缺席"。 　　艳阳高照的夏天, 　　当人们在凉爽的空调房间里时, 　　环卫工人在道路上清扫垃圾, 　　汗水浸湿了他们的工作服, 　　留下了斑斑污渍。 　　寒风凛冽的冬天, 　　当人们还在温暖的被窝里时,

续　表

原教学内容	简化性教学内容
	寂静的街道上已经出现了 环卫工人的身影。 刺骨的寒风钻进了他们的衣领， 冻红了他们的双手。 如果遇到台风， 他们还得加班加点 清理被风刮落的树枝， 保持道路的清洁。 他们是城市的美容师， 他们是值得我们尊敬的人。

说明：首先，句子较长，先分解成小目标。然后，在第一小节中，"无论是……还是……"的句型比较难掌握，所以把"无论是"和"还是"单独分解，便于学生理解；第二小节第二句和第四句过长，所以除逗号外，再进行分解。最后，对其中最后一小节分解后增加主语"他们"，以帮助学生理解。

（3）替代性教学内容示例。替代性教学内容是根据原教学内容以不同学习策略的方式呈现的调整性教学内容。本研究中这套教学内容是使用"appMaker"软件进行制作的，这个软件是一款市面上常用的多媒体编辑器。在这一阶段的研究中，替代性教学内容是通过使用这个多媒体编辑器进行制作的，以电子书的形式呈现原教学内容。文本中的内容配以语音报读、字词、图片闪现的方式呈现，且版面之间可以切换。这套教学内容可以在 Android 上运行。在本研究中，我们是在给学生配备的 Pad 上使用。第一轮研究阶段的替代性教学内容示例如图 3-5 所示。

本篇课文要掌握的四会生字是"作""雷""温""领"。较为重要的词语有"环卫工人""夏天""清扫""冬天""街道""衣领""树枝"。所以在这里给全文配以语音报读，生字配以语音报读、颜色闪现，词语配以图片、语音报读、颜色闪现。

（4）重整性教学内容示例。重整性教学内容符合原教学内容含义，内涵更符合学生的生活经验。该教学内容主要适用于班级中学习能力较弱的学生。对这类学生而言，他们所能掌握的更多是一些功能性的生字、词语和句子，对于一些复杂抽象的内容，实际上很难掌握和理解。因此重整性教学内容通常是对原文内容的改写，呈现与学生生活密切相关的课文内容。第一轮研究阶段的重整性教学内容示例见表 3-12。

图3-5 第一轮研究阶段的替代性教学内容示例(第9课《环卫工人》)

表3-12 第一轮研究阶段的重整性教学内容示例(第9课《环卫工人》)

原教学内容	重整性教学内容
9. 环卫工人 每天天不亮,环卫工人就开始了一天的工作。无论是酷暑寒冬,还是风雨雷鸣,他们都从不"缺席"。 艳阳高照的夏天,当人们在凉爽的空调房间里时,环卫工人在道路上清扫垃圾,汗水浸湿了他们的工作服,留下了斑斑汗渍。寒风凛冽的冬天,当人们还在温暖的被窝里时,寂静的街道上已经出现了环卫工人的身影。刺骨的寒风钻进了他们的衣领,冻红了他们的双手。如果遇到台风,他们还得加班加点清理被风刮落的树枝,保持道路的清洁。 他们是城市的美容师,是值得我们尊敬的人。	9. 环卫工人 每天天不亮,环卫工人就开始了工作。 夏天,环卫工人在道路上清扫垃圾,流了很多汗。冬天,环卫工人在道路上清扫垃圾,风吹在身上很冷。遇到台风,他们还要清理树枝。 他们是城市的美容师,是值得我们尊敬的人。

说明:第一小节第一句话删减"一天的",第二句话学生难以理解,整句删减;第二小节将重点内容直接写出来,把描写夏天、冬天和遇到台风时环卫工人的工作情况用学生能理解的话写清楚,删减修饰性的词语;第三小节不作更改。重整后,需要学习的生字为"作"。

(三)第一轮研究阶段语文教学调整方案研发的特色

该阶段语文教学调整方案的特色如下。

(1)该套方案能初步满足不同学生的需求。

(2)该套方案的配套表件具有很强的操作性,对教师来说是较好的工具。

（3）该套方案调整后的教学内容能让教师对"简化""减量""分解""替代""重整"等调整做法有一个初步概念，可让教师参考使用，也为下一阶段精进方案打下基础。

二、第二轮研究阶段语文教学调整方案

此阶段教学调整方案是通过教师实践讨论而来的，方案包含研发目标、研发内容和研发特色，其中研发内容又包含了教学调整的方法和可供教师配套使用的 3 个表件，以及通过方法和表件调整后的教学内容。

（一）第二轮研究阶段语文教学调整方案的研发目标

该方案的目标，一是为了能更有针对性地为培智学校不同需求的学生提供语文教学；二是希望整套方案可以为教师教学提供便利；三是希望教师对"简化""减量""分解""替代""重整"等教学调整做法有更进一步的了解，并能灵活弹性使用。

（二）第二轮研究阶段语文教学调整方案的研发内容

该方案的内容包含教学调整的方法、配套可供现场教师填写使用的表件，以及经过方案和表件调整的语文教学内容。

1. 第二轮研究阶段教学调整的方法

第二轮研究阶段语文教学调整方案的教学调整方法如下。

（1）将本学期班级教学目标结合学生能力进行评估，确定每一名学生对班级教学目标可能掌握的程度。

（2）依据学生情况描述，灵活弹性地选择其所需要的教学调整策略，可以单选，也可以多选，策略包含"无需调整""简化""分解""替代""重整"。

（3）分析教学内容，并结合学生的实际语文能力水平做教学调整。

（4）教师实施教学。

2. 第二轮研究阶段教学调整方案的配套表件

为了配合上述调整方法，研究者研发了 3 个表件供教师使用，分别为"语文教学调整方案的教学目标评估表""语文教学调整方案的调整策略汇总表""语文教学调整方案的调整内容记录表"。

（1）"语文教学调整方案的教学目标评估表"。该表件为第一轮研究阶段研发的"语文教学调整方案的教学目标评估表"，此表在本阶段可以延续使用，不做修正，以确定每一名学生对班级教学目标可能掌握的程度。

（2）"语文教学调整方案的调整策略汇总表"，见表3－13。该表用在这一阶段教学调整的第二个步骤，依据学生情况描述，灵活弹性选择其所需要的教学调整策略。"无需调整"是指课文内容符合学生的能力，不需要调整；"简化"是指将文本难度降低和（或）文本内容减少（减量）的一种调整教学内容策略；"分解"是指将文本中的内容或目标细分，降低难度，让其逐步学习的一种调整教学内容策略；"替代"是指将学习的内容以多媒体电子书的方式呈现，呈现时配以语音报读、字词、图片闪现，另提供学生在学习过程中的支持，包括放大和（或）变色重要字词、文章脉络梳理、提供关键图片、提供拼音等各种适宜方式，以帮助学生达到最近发展区；"重整"是指将文本重写，使内容更符合原文含义，内涵更符合学生的生活经验，更为功能化的一种调整教学内容的策略。

表3－13　语文教学调整方案的调整策略汇总表

班　级		学　科				
教学内容来源		册　数				
姓　名	学生情况描述	策 略 选 择				
		无需调整	简化	分解	替代	重整
S01						
S02						
S03						
S04						
S05						
S06						
S07						
S08						
S09						

该表的第一、二行，用来填写班级、学科、教学内容来源、册数等基本信息，第三行的第一列填写学生的姓名，可以根据班级人数进行增加或删减。第三行的

右侧是策略选择。第三行的第二列是学生情况分析,这里需要教师根据教学目标评估表的情况结合学生的实际情况对学生情况做出描述,可以是重点的、概括性的词汇描述。

（3）"语文教学调整方案的调整内容记录表",见表3-14。该表用于第二轮研究阶段教学调整的第三个步骤,分析教学内容并结合学生的实际语文能力水平做教学调整。该表的第一、二行,用来填写班级、学科、教学内容来源、册数、课题等基本信息,第三行的第一列填写学生的姓名,第三行的右侧是教学调整策略选用。第五行为教学内容分析,这里需要教师结合学生的实际情况对教学内容做出分析,可以是教学重难点、关键词语等的分析,也可以是有关文章脉络的分析。基于文本分析,调整出适合每个学生的教学内容。另设有具体说明的栏目,描述调整的具体内容,一目了然地知道学生的调整前和调整后的内容。

表3-14 语文教学调整方案的调整内容记录表

班 级		学 科		教学内容来源		
册 数		课 题				
姓 名	策 略 选 择					
	无需调整	简 化	分 解	替 代	重 整	
教学内容分析						
原教学内容						
调整后教学内容						
说 明						

3.第二轮研究阶段调整后的语文教学内容

此阶段,基于篇幅考量,研究者会就教师在这一阶段对S06学生的一篇课文最终调整后的样子进行示例,其余详见第五章及附录二。

S06学生是班级中属于语文能力一般的学生。通过教师填写的"语文教学调整方案的教学目标评估表"发现S06在14条目标中,有3条可以达成,10条需要降低难度,1条需要延迟教学。可见,如果使用原教学内容,对学生来说会有困难，所以需要进行调整。

　　通过教师对学生情况的描述，可以发现 S06 语文能力一般。在较多的引导和辅助下能大致理解课文内容，朗读方面存在一定困难，有一定的图片阅读能力，借助图片能够更好地识记和理解字词。基于 S06 教学目标的评估以及学生能力情况的描述，教师认为对他可能需要简化和替代的策略支持。但是因为通过以往的教学发现，由于学生自主学习的能力有限，需要教师提供足够的支持，简化教学内容并没有起到较好的学习效果，而且该学生倾向于模仿同伴，会与较好的学生进行比较，不同的课文内容会降低学生的学习兴趣和观察学习的机会，而使用原教学内容学生学到的知识反而更多，因此替代的策略更适合该名学生。经过教师的日常工作观察，学生对于放大加粗的字体更加敏感，更容易识记，对于颜色并没有特别的喜好，因此放大加粗文本脉络相关的词语、短句来凸显课文脉络，从而进行教学调整。对于课文内容中学生缺乏实际经验或需要仔细观察的内容可以配图帮助理解。到此，教师填写完毕"语文教学调整方案的调整策略汇总表"。

　　之后，教师分析教学内容，以第一课《兴趣活动》为例，本篇课文重点是要理解课文中描写的 4 个地点开展的兴趣活动，所以需要先把文本重点词语，即各个兴趣活动相关的地点和活动成员以及归纳这些活动的词语"各种""丰富多彩"凸显出来，以整理文本脉络，让学生可以更好地理解课文内容。再插入本篇课文描写的兴趣活动相关图片帮助学生理解。到此，教师填写完毕"语文教学调整方案的调整内容记录表"。

　　学生 S06 第二轮研究阶段的调整后教学内容示例见表 3－15。

表 3－15　学生 S06 第二轮研究阶段的调整后教学
内容示例（第 1 课《兴趣活动》）

原教学内容	调整后教学内容
1. 兴趣活动 　兴趣活动时间到了。同学们在老师的带领下，开始了各种有趣的活动。 　看，舞蹈房里，舞蹈队的同学们伴随着音乐，跳着优美的舞蹈。瞧，美术室里，画画兴趣	1. 兴趣活动 　兴趣活动时间到了。同学们在老师的带领下，开始了**各种**有趣的活动。 　看，**舞蹈房**里，**舞蹈队** 的同学们伴随着音乐，跳着优美的舞蹈。瞧，**美术室**里，**画画兴**

原教学内容	调整后教学内容
小组的同学们把一张张白纸变成了一幅幅美丽的图画。听，从哪里传来"咚咚"的声音？哦，原来是腰鼓队的同学们在音乐室里打腰鼓，他们伴随着音乐的节奏，用鼓槌在鼓面上敲出阵阵鼓声。最热闹的是操场，同学们有的在跑步，有的在投篮，还有的在老师的带领下做游戏。 　　我们的兴趣活动真是丰富多彩！	**趣小组** 的同学们把一张张白纸变成了一幅幅美丽的图画。听，从哪里传来"咚咚"的声音？哦，原来是**腰鼓队** 的同学们在**音乐室**里打腰鼓，他们伴随着音乐的节奏，用鼓槌在鼓面上敲出阵阵鼓声。最热闹的是**操场** ，同学们有的在跑步，有的在投篮，还有的在老师的带领下做游戏。 　　我们的兴趣活动真是**丰富多彩**！

说明：先将与文本脉络相关的词语放大加粗，再插入本篇课文描写的兴趣活动相关图片帮助学生理解。本教学内容调整后给 S06 使用。

（三）第二轮研究阶段语文教学调整方案研发的特色

该阶段语文教学调整方案的特色如下。

（1）该套方案能更有针对性地满足不同学生的需求。

（2）该套方案的配套表件具有很强的可操作性，对教师来说是较好的工具。

（3）经过这一阶段的教学调整方案，教师们已经更进一步明确了教学调整的策略，并可以灵活掌握教学调整的方法。

三、学生语文能力评量表

在整个研究设计中，研究者在两个阶段研究中都运用单一个案实验研究，观察学生的语文学习效果，测量工具就是各阶段的学生语文能力评量表，内容取自各个阶段的教学内容。

（一）第一轮研究阶段学生语文能力评量表

这一阶段，研究者尝试以单一个案实验研究的方式来观察学生的语文学习效果，通过前期文献查阅发现，在语文课纲中，学生需要培养的语文基本能力主要是围绕听、说、读、写这 4 块进行，研究者根据第一轮研究阶段的教学内容，与实践讨论小组的教师们商量，以教学目标结合 10 课课文的课后练习编写试题、形成题库。第一阶段题库包含 10 篇课文的共 514 道测试题,见表 3－16。我们将所有试题按照听、说、读、写 4 个部分分别纳入 Word 题库管理与组卷系统,按照听、说、读、写分别占 25%的比例,通过随机分层抽样抽取基线期、介入期阶段的评量表。每张评量表包含 40 道题,听、说、读、写各占 10 题,每题 1 分,满分 40分。涉及的题型有口试和笔试,笔试部分包含选择、抄写、填空、造句。每一课在事前都进行了答案和计分标准的统一。

表 3－16 第一轮研究阶段的学生语文能力评量题库细目

课文	试 题 类 型					合计
	口试	选择	抄写	填空	造句	
一	23	23	5	6	2	59
二	22	20	9	6	3	60
三	22	16	10	6	2	56
四	27	18	12	8	2	67
五	27	18	10	6	1	62
六	22	15	9	5	0	51
七	16	10	8	5	1	40
八	12	7	5	3	1	28
九	19	16	11	5	1	52
十	15	10	9	4	1	39
合计	205	153	88	54	14	514

(二) 第二轮研究阶段学生语文能力评量表

第二轮研究阶段,研究者依然是根据各阶段的教学内容编制试题,形成题库,每一次的评量表则是在题库中,根据简单题 30%,一般题 40%,难题 30%的比例,结合识记水平 50%、理解水平 30%、应用水平 20%这 3 个维度,分层随机抽取每一次测试的 70 题形成的,每题 1 分,满分 70 分。以下就第二轮研究阶段题库的形成作详细介绍。

1. 设计双向细目表

既然是对教学调整方案的学生语文学习成效进行评价,就应以教学内容本身的教学目标是否达成作为评价的角度之一,所以研究者及现场实践讨论教师团队根据两个阶段各 10 篇课文的教学目标出发，将每课教学目标分成多个细化目标，并以此来编制试题。比如掌握生字"京""伟""英""念""祖"这一教学目标，可以细化为 5 条目标：① 认识这 5 个生字；② 正确朗读这 5 个生字；③ 正确书写这 5 个生字；④ 能够运用这 5 个生字组词；⑤ 能默写这 5 个生字。试题的编制就可以围绕这 5 条细化目标来进行。

布鲁姆教育目标分类法将教育目标分为认知、情感和动作技能三大领域，其中认知目标划分法中将测试目标分为识记、理解、应用、分析、评价和创造（洛林·W.安德森等，2009）。本研究在此理论基础上，结合培智学校学生的认知和心理发展特点，通过小组讨论确定中重度智力障碍学生语文能力评量的目标更多地应该从识记、理解、应用 3 个水平来考量，并明确将细化目标所编制的试题，以识记约占比 50%、理解约占比 30%、应用约占比 20% 的比例去进行每课的编制，形成题库，以全面综合地考察学生的语文能力。第二轮研究阶段的学生语文能力评量题库双向细目表见表 3-17。

表 3-17　第二轮研究阶段的学生语文能力评量题库双向细目表

课文	试题类型											测试水平			合计
	口试	选择	抄写	填空	听写	连线	判断	造句	缩句	圈划	简答	识记	理解	应用	
一	39	18	6	13	4	7	2	2	4	0	0	49	24	22	95
二	52	26	12	13	10	5	2	0	0	1	0	66	27	28	121
三	33	19	5	16	7	4	4	5	0	0	1	47	27	20	94
四	33	15	8	18	4	4	1	3	0	2	0	52	18	21	91
五	51	24	8	15	6	4	2	2	0	2	1	63	29	23	115
六	33	16	6	12	5	6	1	2	0	0	0	46	19	15	80
七	34	16	6	15	4	8	4	2	0	1	2	45	26	21	92
八	25	22	6	12	5	4	4	2	0	0	0	46	22	12	80
九	33	19	8	14	6	6	1	0	0	1	0	52	20	16	88
十	26	14	3	7	7	5	0	5	0	0	0	35	15	17	67
合计	359	188	68	135	61	53	21	23	4	6	5	501	227	195	923

第二轮研究阶段 10 篇课文形成的题库共有 923 道试题，均是根据每一课的教学目标一一编写，其中识记、理解和应用水平的试题数分别为 501 道题、227

道题和 195 道题。涉及的题型有口试和笔试,笔试部分包含选择、抄写、填空、听写、连线、判断、造句、缩句、圈画、简答,内容涵盖了语文的听、说、读、写。口试的题型占总题库的 38.89%。

2. 确定计分标准

每道试题共 1 分,全对计 1 分,部分回答正确则根据测试计分标准给分,由研究者与现场实践讨论团队的教师共同协商制定评分细则。评量表计分标准样例见表 3-18。

表 3-18　评量表计分标准样例

题型	样　例	计分情况说明
口试	朗读词语:祖国　北京 朗读句子: 看,舞蹈房里,舞蹈队的同学们伴随着音乐,跳着优美的舞蹈。	答对一个计 0.5 分,共 1 分 全部读对计 1 分, 读错一个字即计 0 分
	根据《兴趣活动》课文内容说一说:兴趣活动时间,操场上的同学们在做什么?	答案为:跑步、投篮、做游戏; 全部说对计 1 分,说对一个或两个计 0.5 分,全部错误计 0 分
填空	根据《兴趣活动》课文内容填空: 看,舞蹈房里,舞蹈队的同学们伴随着音乐,跳着优美的_____。瞧,美术室里,美术兴趣组的同学们把一张张白纸变成了一幅幅_____。	答案为:舞蹈;(美丽的)图画; 答对一个计 0.5 分,共 1 分
造句	用"有的…有的…还有的…"造句。	用词正确、逻辑通顺计 1 分, 用词错误、逻辑有问题或写错别字均计 0 分
简答	根据《天安门广场》的课文内容说说节日里的天安门广场是什么样子的?	关键点:花团锦簇、姹紫嫣红,两个词语答对一个即为回答 正确,计 1 分

3. 专家审核

为了保证编制试题的科学性和有效性,研究者邀请了多名专家对第二轮研究阶段编制的试题进行审查。在审查过程中,若发现试题不适合,研究者则请专家对试题进行修改或提出修改意见,教师们再根据专家提出的意见进行修改,在这里,专家会填写"学生语文能力评量题库的专家意见表",该表是让专家在有疑问的试题后面,记录下自己的意见,然后由研究者与实践小组的教师们整理归纳,进行试题的修正,附录七为研究者整理的部分样例。

在第一轮研究阶段的题库专家评审中,专家认为:首先,基于教师们丰富的教学经验,在试题与细化目标匹配方面都做得较好;其次,在试题表述方面,本测试中绝大多数试题表述清晰,但还是有个别试题的题干表述不完整,容易引起歧义;另外,对一些题目应增加示例,以进一步帮助学生理解等。

除了对试题的审查外,专家还对我们每一次的抽题方式提出了建议。专家认为,为了尽可能保证每一份试题的难中易水平,应将原来研究者采取的笼统的随机抽样方式调整为分层随机抽样,尽可能保证每张试卷中均有困难的、一般的、比较容易的3种试题,以适应每一个层次的学生。因此,专家提出,教师所编制的每课试题要根据班级学生的情况进行难中易的区分,并建议每次抽题可以根据简单题占比30%,中等题占比40%,有一定难度的题占比30%的比例来考虑。

4. 明确试题的难中易水平

根据专家的意见,研究者与实践讨论小组对每一道试题的难中易水平进行了区分,将适合班级能力较弱的 C 组学生的题目确定为比较容易的题目,将适合班级中等能力水平 B 组学生的题目确定为难度一般的题目,将适合班级 A 组学生的题目确定为有点难度的题目。

第二轮研究阶段的学生语文能力评量题库测试水平与难中易分类汇总表见表 3 - 19。

表 3 - 19　第二轮研究阶段的学生语文能力评量题库
测试水平与难中易分类汇总表

课　文	测 试 水 平			难 中 易 水 平			合计
	识记	理解	应用	难	中	易	
第 1 课	49	24	22	13	52	30	95
第 2 课	66	27	28	16	86	19	121
第 3 课	47	27	20	21	48	25	94
第 4 课	52	18	21	18	53	20	91
第 5 课	63	29	23	19	61	35	115

课 文	测 试 水 平			难中易水平			合计
	识记	理解	应用	难	中	易	
第6课	46	19	15	10	47	23	80
第7课	45	26	21	12	57	23	92
第8课	46	22	12	10	42	28	80
第9课	52	20	16	13	47	28	88
第10课	35	15	17	22	27	18	67
合 计	501	227	195	154	520	249	923

第二阶段共923道测试题,按难、中、易3类水平分类,"难"的题目有154道,"中"的题目有520道,"易"的题目有249道。

5.抽题

在形成了题库后,我们将所有试题按照不同难度水平和不同测试水平分别纳入Word题库管理与组卷系统,通过随机分层抽样分别抽取基线期、介入期和维持期3个阶段的评量表。

因为在单一个案实验研究中,3个阶段的基础水平需相等,换句话说,需使用共同的测量标准(亦即同一张评量表),所以通过小组讨论,结合专家建议,在具体抽题的过程中,亦以分层抽题的方式来形成3个阶段的评量表。在各个阶段的每张试卷中均有70道题,在这70题中,以30%的比例抽出21题来考量C组学生的能力,以40%的比例再抽出28题考量B组学生的能力,最后以30%的比例再抽出21题考量A组学生的能力,如此组成每次测试的试卷。

而在C组21题、B组28题及A组21题的抽题方式上,研究者也充分考虑了学生的能力,分别在难、中、易的题目分类中抽选。原则上,在抽取C组的21道题目时,会以识记与理解的题目为主,避免因学生能力低弱,遇到困难题目就放弃作答,所以都在"易"的题目中抽选。而经与实践教师讨论,决定C组的21题中采用识记占60%、理解占40%的比例抽取,而且都是"易"的题目。在抽取B组28道题目时,因考虑到B组学生能力稍好一点,所以可做一些难度属于"中"的题目,经与实践教师讨论,决定B组的28题中采用以识记水平占50%、理解水平占 30％、应用水平占 20％的比例随机抽取试题，而且兼顾"中、易"难度的题目。最后，在抽 A 组 21 道题目时，因 A 组学生能力较好，能够达成所有的教学目标，也未对其进行任何教学内容的调整，所以可做些"难"的题目，经与实践教师讨论，决定 A 组的 21 题中一样采用识记水平占 50％、理解水平占 30％、应用水平 20％的比例随机抽取试题，但是兼顾"难、中、易"的题目。

综合上述，3 个阶段的每次 70 道题测试，原则上难中易水平在"易"的题目会稍多，而且会稍偏以识记和理解的题型为主，这主要也是考虑到让 B、C 组学生能做较多的填答。而难中易水平在"中"的题目会有一些，难中易水平在"难"的题目会较少，且属于应用的题型也会较少。最后形成的 70 题中，涉的题型有口试和笔试。每一份测试中，口试的题型占比相似，均为 35％～40％。

可以说，虽然这样的一份评量表题量有 70 题，考试时间长达 1 小时，但实际上，测试的难度并不大，且中间因为有听力、有口试，学生和教师之间有互动产生，所以进行顺利。并且因为评量表有 70 题这一数量，相较于第一轮研究阶段的 40 题而言，也便于教师更进一步了解第二轮研究阶段学生的进步情况。

四、教学调整方案的专家意见表

该表用在本研究第二阶段，方案修正后、实验介入前进行，以作为整套教学调整方案的最后确认。该意见表针对教学调整方案的调整方法、配套表件以及调整后的教学内容分别进行审核，专家对"不适合""有些适合""比较适合""非常适合"4 个选项进行意见勾选，并提出修改意见。详见附录六。

五、语文教学调整方案小组研讨记录

本研究共有 20 次小组讨论，此表主要是用于记录教师现场讨论过程中的重点。在整个表格上包括了两个部分，一是现场实践过程中大家通过讨论、统一确认的内容，需做好记录，以备之后回溯研究使用；二是重点工作布置，即教师回去需要实践的内容也做好记录。详见附录五。

六、培智学校语文教学调整方案的家长问卷

研究者与一线教师团队共同讨论编制了本调查问卷，问卷共有 10 题，第 1、2 题是关于家长对孩子教学调整的了解程度的基本调查，其余 8 题是针对语文教学调整方案的有效性进行调查。10 题中 3 题为多选题，7 题为单选题。基本

调查的两题是围绕家长对学生的教学内容"是否进行了调整？是如何调整的？"来进行的。这是想了解家长对学生学习情况的了解程度,以判定问卷信息来源的有效性。在其余8题的调查上,则围绕"是否需要这样的调整？对调整后的教学内容总体是否满意？认为调整后的教学内容和原内容哪个更适合学生的学习？是否支持老师上课的时候运用这样的调整策略？对家庭辅导是否有用？有哪些用处？在语文的哪些方面为孩子的学习提供了帮助？"等来进行。详见附录八。

七、培智学校语文教学调整方案的家长访谈提纲

除了问卷调查以外,还对家长进行了访谈,家长访谈提纲涉及以下4个问题(附录九)。

（1）您觉得调整后的教学内容对孩子的学习帮助大吗？

（2）请具体说明调整后的教学内容在语文的哪些方面为您孩子的学习提供了帮助？

（3）您觉得教学调整哪些地方还有待改进？请举例说明。

（4）您对我们调整教学内容这一举措还有什么建议？

八、培智学校语文教学调整方案的教师访谈提纲

此外,对此次参与的教师也进行了访谈,教师访谈提纲涉及以下5个问题(附录十)。

（1）您觉得教学调整方案的方法是否合理？策略是否有效？整个教学调整方案是否在实践现场便于执行？

（2）您觉得教学调整方案对学生的语文学习帮助大吗？如果觉得有帮助,请具体说明在语文的哪些方面为学生的学习提供了帮助？

（3）在整个教学调整方案研发设计的过程中,就您个人而言,有何感受？

（4）您觉得教学调整方案哪些地方还有待改进？请举例说明。

（5）您觉得教学调整方案如果要进行推广,您还有什么建议？

第六节　实　施　步　骤

本研究从构思、具体行动到总结,整体历时约两年时间,其中进行教学实验

的两个阶段分别持续 3 个月、4 个月的时间。整个研究分 4 个阶段进行,分别为构思准备阶段、具体实施阶段、资料分析阶段及总结完成阶段。

一、构思准备阶段

(一)研究方向的确认与资料收集

研究者 2009 年从华东师范大学特教系硕士毕业后,一直在教学现场担任教学工作,对课程与教学有着很深入的了解。工作十余年来,研究者一直从事培智学校的语文教学工作,担任过语文教研组长、培智学校教导主任、培智学校校长办公室主任等多职,工作内容涉及课程与教学指导、带领学校研究团队做好课程与教学改革等多项工作,推动学校在教育教学上不断发展。在工作期间研究者还曾带领全校语文教师,在华东师范大学专家教授的指导下,以《上海市辅读学校实用语文课程指导纲要》为依据编写了一到九年级共十八册《辅读学校实用语文学本》,该项目也被教育部立项为教育部青年课题。可以说研究者整个十余年的工作经历都围绕着语文的课程与教学。

研究者学校的学生绝大多数都是中重度智力障碍学生,有的还伴有脑瘫、孤独症等,可以说障碍程度重、个体差异大,所以如何为这一群体提供最适当的课程与教学是本校一直研究的问题。所以,研究者确定了研究的初步方向,就是培智学校语文的课程与教学调整。然而,到底要将研究主轴置于哪个部分,确实是一个难题,此部分经过了很长期的酝酿,研究者在这一过程中也阅读了诸多课程调整的文献,从中去思考、消化,以期能缩小研究的范围,最后总算理出头绪,朝教师们的需求及遭遇到的问题与困难着手,也朝着研究者与背后研究团队最熟悉的领域着手,解决之后在使用部编版教材时如何调整从而适应每一名学生的需求问题。

(二)研究对象的思考与确认

之前也有提到,培智学校的教材本身就是一套实用性教材,理论上来说适应绝大多数培智学校的学生,但是实际上,教师们在教学中发现,随着年级的增长,学生的差异会越来越大,到了中高年级,语文教学的长度和难度可能会对一部分学生造成理解上的困难,由于中年级的语文教学属于从拼音教学、识字教学到阅读教学的转换阶段,所以研究者在搜集文献的过程中,把这一研究设计的教授对象选定为较为稳定的高年级学生。至于为什么要选择九(2)班,有以下几点考量:首先,这一班级的学生全勤率是全校最高的,加上班级的学生家长整体配合度较好,较能接受新的思想;其次,这个班级的语文教师是华东师范大学特殊教育专业毕业,有较为扎实的特教理论作为研究基础,且非常愿意学习新知识;最后,由于九年级学生会参加特殊教育中招评估,对于其他一些活动任务会较少参与,可以更专注于学科学习。所以研究者确定九(2)班为实验班级,教学实施者为该班的语文教师。研究者还邀请了以执教高年级为主的语文教师组成现场实践与讨论小组。专家团队邀请了 6 名特教专家与学者。研究者也都征求了研究对象的初步意见,均表示同意参与。

二、具体实施阶段

(一) 第一轮研究阶段

1. 研发第一轮研究阶段的教学调整方案

研究第一轮研究阶段的教学调整方案这一阶段为期 4 个月。研究者首先组织了 10 次小组讨论,配合小组实践,确定了第一轮教学调整方案的方法和配套表件,并一起对 10 篇课文编写了配套的简化性教学内容、分解性教学内容、替代性教学内容以及重整性教学内容。

2. 确定第一轮研究阶段的语文能力评量题库

确定第一轮研究阶段的语文能力评量题库这一阶段为期 2 个月。实践讨论小组的教师们对教学内容中的教学目标逐　确定,根据教学目标结合课后练习进行了第一轮研究阶段语文能力评量题库的编写,并抽取了每一次的学生语文能力评量表。

3. 实施教学实验

实施教学实验这一阶段为期 3 个月。兹新学期一开学,研究者就与团队成员一起开始了第一轮研究阶段 12 周的单一个案实验,在此阶段研究者每周对个案班级的语文课进行一次观课。

(二) 第二轮研究阶段

1. 研发第二轮研究阶段的教学调整方案

研发第二轮研究阶段的教学调整方案这一阶段为期 3 个月。自大家对修正的内容达成共识后,研究者就开始着手准备第二阶段的研究,在为期 3 个月的时间里,研究者又组织了十次小组讨论,加以实践,修正了第一轮教学调整方案,并对这一阶段的十篇课文进行了调整。

2. 确定第二轮研究阶段的语文能力评量题库

确定第二轮研究阶段的教学调整方案,这一阶段为期 3 个月。由于题库的编写需要花费较长的时间，所以这一阶段的题库编写，我们进行了 3 个月的时间，并邀请专家对测试进行了专家检验，抽取了每一次的学生语文能力评量表。

3. 实施教学实验

实施教学实验这一阶段为期 4 个月。兹新学期一开学，研究者就与团队成员一起开始了第二轮研究阶段 17 周的单一个案实验，在此阶段研究者每周对个案班级的语文课进行一次观课。

4. 家长、参与教师问卷调查与访谈

家长、参与教师问卷调查与访谈这一阶段为期 1 个月。在实验维持期的时候，研究者对家长进行问卷调查与访谈，了解对调整后教学内容的满意度、改进的问题与建议，对实践讨论小组的教师进行访谈，以了解整个方案的有效性、便利性以及改进的问题与建议。

三、资料分析阶段

其实从研究者着手这一研究开始，就一直在做资料的整理。

（一）分析教学调整方案研发过程中的质性资料

从第一次小组讨论开始，研究者就对每一次的讨论会议做好记录，并对里面的重点内容做好编码，以便于整体的分析。

（二）完成评量表的编制

在语文能力评量表的编制过程中，尤其是正式阶段，研究者与团队花了大量的精力与时间细化目标、编写试题、抽题，形成每一次的评量卷。

（三）在两个阶段的研究中持续进行数据分析

两个阶段的教学实验开始以后，研究者又每周两次对数据进行记录，同时也一直通过分析数据在思考第一轮研究的不足之处。

（四）分析家长、教师调查和访谈的资料

至于最后，在问卷和访谈工作全部完成后，研究者对所有访谈的内容加以整理并进行分析。

四、总结完成阶段

研究者在进入第二轮研究阶段后，就开始对文献部分加以修正，对质性材料进行整理，并慢慢着手开始进行研究结果、讨论、总结与建议的撰写，并于第二轮研究结束后，完成了初步的研究报告，历时两个多月的讨论与修正，最终完成报告。

第七节 资料处理与分析

本研究因涉及多种研究方法的使用，故在资料的获得与整理分析上各有差异，所以基于本研究的主要方法，分别说明如下。

一、语文教学调整方案

在建构两个阶段的培智学校语文教学调整方案的过程中，主要是通过现场教师讨论与实践进行的。实践小组讨论时，研究者先将讨论过程中的重点，加以记录在"语文教学调整方案小组研讨记录"，以免遗漏部分细节。各个探讨的问题，在经过参与者充分讨论、交换意见后，再由研究者进行资料整理、处理与分析。两个阶段小组讨论的主题详见附录五。因本研究的小组讨论皆是在主题引导下进行的，不适用于扎根理论的资料编码方式（张芬芬，2010），且从整个讨论来看，教师们的讨论大多涉及教学调整的内容和教学调整的方法两个方面。本研究的小组讨论资料编码示例说明见表 3-20。

表 3-20 小组讨论资料编码示例说明

资料类别	实际编码	编	码 说 明	
小组讨论	组 T030412 内容	第一阶	"组"表示小组讨论	整体表示小组讨论中 T03 教师针对"教材内容"发言的重点摘录；参与的教师最多 6 位，因此不会有编号 T07 及之后的教师。教师反映的面向则包括"内容"及"方法"
		第二阶	T03 表示编号为 T03 的教师	
		第三阶	0412 表示日期	
		第四阶	"内容"表示教师反映的面向	

最后，将分析摘要发给教师们复阅，以再次确认资料的正确性，而此过程亦配合研究者多次在实践现场的观察，以确认所有讨论资料的可信度。

在第二轮研究阶段，方案研发完成后、实验介入前，让专家对方案进行审核，由专家在听取研究者对整个方案的汇报后，填写"教学调整方案的专家意见表"，意见表由专家针对第二轮研究阶段教学调整方案的调整方法、配套表件以及调整后的教学内容分别进行审核，专家对"不适合""有些适合""比较适合""非常适合"4 个选项进行意见勾选。研究者对审核表的结果进行百分比的计算。

二、两阶段单一个案实验资料处理

两阶段单一个案实验研究的数据是根据"学生语文能力评量表"的得分而来的。研究者将这些数据进行分析。

（一）目视分析

根据各曲线图整理出各阶段内（基线期、介入期、维持期）变化摘要表进行目视分析，分析重点为阶段内变化分析及相邻阶段间变化分析。

1. 阶段内变化分析

（1）趋向预估。为资料路径的斜度，本研究使用资料点中分法（许天威，2003）得出阶段内的估计趋向。

（2）趋向稳定。由趋向线再算出趋向稳定，趋向稳定是以趋向线为标准，并算出落在此范围内的资料点百分比，若百分比大于 85％，则该趋向可视为具稳定性。

（3）水平稳定。计算出该阶段资料的算术平均值，以此算术平均值为水平线，水平稳定是指阶段中各个资料点在水平线上、下变动的情形。一般而言，若百分比大于 85％，则该趋势可视为具有稳定性。

（4）水平范围。指阶段内最大值与最小值的范围。

（5）水平变化。阶段内水平变化是指同一阶段中最后一次资料与第一次资料相减。

2. 相邻阶段间变化分析

（1）趋向方向。指相邻阶段间趋势走向的变化。

（2）平均值变化效果。在本研究中是指相邻两阶段间的平均分数之差，在本研究是指介入期的平均值减去基线期的平均值；维持期的平均值减去介入期的平均值。

（3）水平变化。阶段间水平变化是指相邻阶段中，后一阶段的第一次资料减去前一阶段的最后一次资料，本研究中是指介入期的第一次资料减去基线期最后一次资料；维持期的第一次资料减去介入期最后一次资料。

（4）重叠百分比。指后一阶段有多少资料点，落在前一阶段的范围内。

(二) C 统计

本研究另以 C 统计辅助目视分析,来考验各阶段间点的变化趋势是否达到显著水平。各阶段间的数据分析统计是将基线期、介入期及维持期的资料分别合并后,以 C 统计处理,若达到显著性便能验证处理效果,基线期及介入期合并后的 Z 值则可以看出实验介入效果是否达到统计显著性;介入期及维持期合并后的 Z 值则可以看出介入效果是否保留显著性。

三、家长、教师访谈提纲及家长问卷

第二轮研究阶段实验维持期开始后,研究者对参与教师进行访谈,并对学生家长进行问卷调查与访谈。"培智学校语文教学调整方案的家长问卷"是根据每一题选择的百分比进行统计呈现,访谈的内容则是根据"培智学校语文教学调整方案的家长访谈提纲""培智学校语文教学调整方案的教师访谈提纲"进行,访谈过程全程录音,转成逐字稿后加以整理,并做内容归纳分析。这些主要是为了解此方案对学生的有效性、适当性、满意情况、改进问题及建议等方面的看法,以确定本研究教学调整方案的被肯定情形。同样,半结构化的访谈并不适用于扎根理论。本研究的访谈资料编码示例说明见表 3 - 21。

表 3 - 21　访谈资料编码示例说明

资料类别	实际编码	编 码 说 明	
家长访谈	访 P03060201	第一阶	"访"表示访谈资料
		第二阶	P03 表示编号 P03 家长
		第三阶	0602 表示日期
		第四阶	01 表示访谈提纲中的第一题
教师访谈	访 T01053002	第一阶	"访"表示访谈资料
		第二阶	T01 表示编号 T01 教师
		第三阶	0530 表示日期
		第四阶	02 表示访谈提纲中的第二题

编码说明栏右侧附加说明：

家长访谈：整体表示对 P03 家长回答访谈提纲中第一个问题的重点内容摘录;参与的家长有 7 位,编号为 P03～P09

教师访谈：整体表示对 T01 教师回答访谈提纲中第二个问题的重点内容摘录;参与的教师最多 6 位,编号为 T01～T06

第四章　语文教学调整方案
第一轮研究结果

　　第一轮研究是先通过为期近 4 个月的小组现场讨论与实践,形成了初步的语文教学调整方案,再结合 3 个月的单一个案实验研究,进一步做分析与反思,为后一阶段教学调整方案的改进提供了参考。这一章节就对这一阶段的整个研究历程与内容作出完整呈现。

　　本章分为 4 节,第一节为第一轮研究阶段的教学调整方案研发结果,这一节主要是就教师在这一阶段研究中讨论的关键问题逐一归纳厘清,并发展出第一轮研究阶段的语文教学调整方案;第二节为第一轮研究阶段的个案班级教学调整方案,这一节是就个案班级九(2)班来对教师调整教学内容的过程进行举例说明;第三节为第一轮研究阶段单一个案实验结果与讨论,这一节主要是将这一阶段教学调整方案在九(2)班的实验结果加以呈现与分析;第四节为第一轮研究阶段教学调整方案的反思与建议,这一节主要就这一阶段教学调整方案进行反思,并提出下一阶段的修改建议。

第一节　第一轮研究阶段的教学
调整方案研发结果

　　在第一阶段的第一轮研究中,总共进行了 10 次小组讨论,并且配以教师们的实践,而这一切都是为了要研发设计出这一阶段的语文教学调整方案。现就这一阶段小组讨论中的几个关键性问题作出呈现。

一、语文教学调整方案研发设计的必要性

根据特殊儿童的需要和差异开展个别化教学,是特殊教育的本质特征。近年来,由于特殊儿童间的个别差异越来越大、障碍类型越来越复杂以及障碍程度也越来越重,教师已开始非系统式地尝试对智力障碍学生当前的学习内容做相应的调整,根据他们的不同能力水平为每个学生提供调整后的学习内容,使其更加有效地参与课堂,促进他们语文能力的逐步提升。所以,在研究伊始,研究者就先与参与教师确定了以下关键问题:① 根据当前培智学校课程与教学现况来看,大家认为对语文教学进行调整有没有必要? ② 面对班级中不同能力水平的智力障碍学生,教师们自己曾经做过哪些调整来帮助他们?

(一) 语文教学调整的必要性讨论

当研究者提出是否要进行语文教学的调整这一问题后,实践讨论小组教师们的观点还是比较一致的,都认为基于个别化的原则,需要调整学生的教学内容来适应他们的学习需求,但是也有教师提出了自己的疑问:"现在的内容是根据纲要专门为这些学生编制的,应该说适合这一群体的学生,那真的还需要做调整吗? (组 T030412 内容)",对于这一疑问,教师们也都给予了回应,研究者兹将实践讨论小组教师们就这一问题的想法与建议归纳如下:

因为有个别化原则,所以不能说特教学校的教材就不能调整,就适合每个人,还是要根据学生的情况来调整才符合特教的精神(组 T020412 内容)。

在平时教学研判的时候,大家都有谈到自己如何对教学目标做调整,但是目标如果调整后,教材不进行调整,对学生来说还是充满困难(组 T040412 内容)。

实际上目标的调整虽能让教师心里对每个学生有一个大致的了解,但是在上课的时候因为要顾及上课还要顾及学生的反应,有时候还是会忘记不同学生要学会的不同内容,如果真的可以把教材也进行调整的话,我看到他们的教材也会知道这个学生要学习的重点在哪里,可能会对我的教学也有所帮助(组 T010412 内容)。

T05 教师是一名代课教师,从她的角度来看,她对如若能发展出一套教学调整方案是持非常肯定的态度的:

每个学生的程度都不一样,我也正在慢慢摸索着进行教学,如果真的可以有这样一个方案让我们可以按照步骤来进行调整,对我来说会很有帮助的(组 T050412 内容)。

结合上述的一些讨论，研究者认为从当时的情形来看，在教学内容需不需要调整上面，教师们实际上已经达成了共识，那就是在特殊教育学校，就算使用的是实用语文教材，但实际上因为学生的差异很大，还是会有不同的需求，加上教师们本身每个学期的教学研判都有说明自己对教学目标做调整，所以现在的教学内容如果不进行调整，实际上不仅对学生而言达不到实际的教学效果，对教师而言，目标调整也只是做表面功夫而已。

（二）教师已有教学调整经验分享

实际上，面对这些学生，大多数的教师都尝试去做过一些调整。所以教师们也都把自己的做法跟大家进行了分享：

> 班中大部分孩子在阅读方面，理解能力是较差的，教师有时候会找来一些图片，配合着课文来辅助他理解，当他无法找到课文内容时，他也能够指指图片，表达出他的理解，而教师也能够再辅助他用句子去理解（组 T03T040510 方法）。

> 班级中有个孩子能够理解简短的句子，但高年级课文中的句子对他来说太复杂、太难了，他能够读出来，但是并不理解意思。我尝试着每节课把一些句子缩短，去掉一些难懂的词语，他能够理解这样的短句，而且一段时间下来学到的知识更多（组 T020510 方法）。

研究者综合上述这些讨论，发现教师在日常的教学过程中实际上已有一些非系统的教学调整的做法，但是当研究者询问教师这些做法是否完整、系统的时候，绝大多数教师都表示是从自己的经验出发，所以可以发现实际上究竟教师们调整的对不对，到底应该依据什么进行恰当的调整都是不得而知的。大多数的教师在教学现场的调整都是从自己的角度，把自己的想法加到一些学生身上。因为有了这样的讨论，所以教师们内心也有了疑惑，甚至有教师追问："那特殊教育的本质到底是什么？（组 T030510 内容）"。但确定的一点是，从小组讨论中，研究者认为教师们对是否可以发展出一套完整的、可以简单操作的教学调整方案表示认同，也觉得这是她们现在实际正迫切需要的。

二、语文教学调整方案第一步—评估教学目标

从上一次的小组讨论来看，尽管教师对班级中不同能力水平学生的学习内容作了不同程度的调整，但是总体上这种调整的做法更多的还是依据教师自己主观的教学经验判断，严谨性不够且缺乏一定的依据。因此，又产生了小组讨论的另一个重点话题，那就是如果要发展出一套完整的、可以简单操作的教学调整

方案,应该从哪一个关键点来切入?

(一) 教学调整方案的关键切入点讨论

针对这一问题,实践讨论小组的教师们也展开了深入的探讨,并获得了较为一致的看法,研究者兹将实践讨论小组教师们就这一问题的想法与建议归纳如下:

教学是要围绕教学目标的,所以要评估这些学生是不是能完成这些教学目标,这应该是首先要做的事情(组 T04T050517 方法)。

教学目标的调整是大家本身在教学研判的时候就会做的,每一名教师都会结合学生的能力判断教学目标是否合理,从而调整教学目标,教学调整也应该从这一个环节切入(组 T010517 方法)。

班级里的学生有一些是能力很强的,如果目标都能达到,那实际上就不需要调整,有一些学生达不到目标,就应该要调整,所以现在要做的就是从教学目标入手,结合学生能力进行评估,从而作为判断教学内容是否适合的依据(组 T030517 方法)。

至于要如何将教学目标评估这一过程记录下来,教师们也基于教学研判时的经验谈了自己的看法:

当我们对班级中的每个学生进行本学期教学目标的评估时,有时候会发现有的学生在制定的 10 条教学目标中只能达成 5 条目标,那对无法达成的目标我们就会做降低难度的标记(组 T020517 方法)。

除了降低难度以外,还有一些目标可能是远远超过有些学生的能力的,但是其他学生是可以学习的,针对这样的目标,我们就会考虑做延迟处理,就是这一目标对他现阶段不做要求(组 T010517 方法)。

降低难度、延迟处理是我们经常使用的方法,还有一种就是可以达成目标,无需做调整,这样的学生每个班级中也有几个(组 T040517 方法)。

的确,每个班级都有部分学生是不需要调整的,但是每个班级也都有需要调整的学生。作为一名特殊教育教师,如何判断教学目标是否适合学生并不困难,也是本校教师已具备的技能。所以研究者综合讨论结果来看,在这一个关键问题上,教师们对进行教学调整达成了共识,就是从教学目标结合学生的能力进行评估来入手,也在这里确定了学生可能出现的 3 种情况,即目标可以达成、需要降低目标、目标无法达成。

(二) 实践编写教学目标评估表

经过几次讨论后,实践讨论小组的教师们就进行了实践,制订出了"语文教学调整方案的教学目标评估表"。该表用于对班级教学目标的评估，通过列明教学目标，并根据能达到目标、需要降低目标、目标无法达成这 3 个标准大概判断出学生能完成多少教学目标，有多少是需要降低要求的，有多少是可能学生能力无法达成的，需要延迟教学。表件包含了基本信息和教学目标填写的栏目，并对 3 个标准进行备注，用"√""—"和"/"表示，其中"√"表示该学生学习这一目标没有难度，他能够很好地达成该目标。"—"则表示学生在学习这条目标上存在一定的困难，需要教师对该目标作降低难度的处理后才能够达成，如将"会认、读、写、用"降低为"会认、读"或"会认"，将"朗读"降低为"跟读"等。"/"则表示该条目标即便降低难度学生也无法达成，建议暂时对这些目标作延迟教学处理。以上备注可供教师填写时参考。因为本研究的重点主要在教学内容的调整，暂不以教学目标的调整为重，故这里教学目标的评估只先作为学生是否能掌握教学目标的初评，为后续的教学调整打下基础，所以并未把 5 个调整策略全部考量进去。

三、语文教学调整方案第二步——编写调整性教学内容

在明确了教学调整的第一步要做什么以后，研究者与实践讨论小组的成员们又继续探讨了下一个关键问题：在评估完班级教学目标后，我们下一步要进行的操作是什么？

（一）如何编写调整性教学内容的讨论

对于此问题，实践讨论小组的教师们根据以往我们学校编写教学内容的经验，提出了她们的看法，研究者将其整理后，归纳如下：

教师们现在教学调整的方法还不熟悉，是否可以先调整成几种不同策略的教学内容，也好知道教学调整的大概做法是怎么样的（组 T02T050524 方法）。

如果能够把一册原教学内容分别调整为几个不同的版本，对我们之后的研究也有帮助，不知道怎么调整的教师就可以参考这些教学内容了（组 T01T030524 方法）。

所以基于教师们的看法，在这一个阶段，大家都认为应该先编写出调整性教学内容，让教师们先熟悉这些调整的做法，那究竟要调整为哪些版本呢？教师们将研究者文献综述中提及的实证做法，结合教学目标评估表的内容，提出了以下的观点：

在我们目标评估的表上有 3 种评估判断，第一种是学生可以达到这一目标，

第二种是学生需要降低难度才能达成,可见降低难度的教学内容是需要有一套的,加上我国台湾地区也有简化、减量的做法,所以这样的做法是我们需要掌握的(组 T020524 方法)。

降低难度是一种做法,实际上有的内容对学生来说句子太长,数量太多,也是问题。最弱的学生,可能都应该把这些课文改成他们能听懂的话语来呈现,会比较好(组 T030524 内容)。

那对于有的学生来说,是不是还有一种类似安装在平板电脑上的软件可以呈现课文,那她也会比较有兴趣,课文最好可以语音报读,生字最好还要有颜色,有些词语如果配有图片和动画就再好不过了(组 T060524 内容)。

所以综合上述教师的观点,大家认为可以尝试把一整册的教学内容调整为几个不同的版本。至于有哪些版本,大家也都把问题聚焦为降低难度、降低数量、句子分解、软件呈现等几种做法。

(二)实践编写调整性教学内容

在之前的多次讨论中,首先达成了教学调整的必要性共识,并明确了教学调整方案应该结合学生能力从评估教学目标入手。其次,大家统一了要编写不同版本的教学内容给这些学生使用。对此,由研究者与小组成员共同讨论,做出《春姑娘的日记》这一篇示例,然后由小组成员的教师们以第一轮研究阶段的 10 篇课文为蓝本进行了实践调整,分别是简化性教学内容、分解性教学内容、替代性教学内容及重整性教学内容,在这一阶段,教师们将这些教学内容的定义如下。

(1)简化性教学内容。简化性教学内容是将文本难度降低和(或)文本内容减少(含减量策略)。该教学内容主要运用了对原教学内容进行简化减量的策略,在不改变教学内容原意和原文框架的情况下将原教学内容中抽象、不易理解、又不常见的生字词进行删除或者替换,将文中的长句做了减量处理,缩短了长句,将课文中难以理解的句子调整为较为通俗易懂的内容。

(2)分解性教学内容。分解性教学内容是将教学内容的目标细分为较小的目标,将较难的目标进行分解,让其逐步学习。尤其是针对阅读段落内容存在阅读障碍的智力障碍学生,帮助其更好地理解段落的意思。

(3)替代性教学内容。替代性教学内容是根据课文内容以多媒体电子书的方式呈现的调整性教学内容,本研究中这套教学内容是使用一款市面上常用的多媒体编辑器"appMaker"进行制作,以电子书的形式呈现原文的内容。文本中的内容配以语音报读，字词、图片以闪现的方式呈现，且版面之间可以切换。这套教学内容可以在安卓平台上运行。在本研究中，是在给学生配备的平板电脑上使用。

（4）重整性教学内容。重整性教学内容是指内容符合原文含义，内涵更符合学生的生活经验。该教学内容主要适用于班级里语文能力较弱的学生。对这类学生而言，所能掌握的更多是一些功能性的生字、词语和句子，对于一些复杂抽象的内容实际上是很难掌握和理解的。因此重整性教学内容通常是对原教学内容的改写，呈现与学生生活密切相关的教学内容。

在这一个阶段编写的这 4 套调整性教学内容共 40 篇课文，加上原教学内容，一共五十篇，可供 T01 教师在实际教学的时候，结合学生的情况选择使用或修改后使用。

四、语文教学调整方案第三步——选择调整性教学内容

在进行了简化性教学内容、分解性教学内容、替代性教学内容及重整性教学内容的实践后，教师们又针对如何为学生选择调整性教学内容进行了讨论。

（一）如何选择调整性教学内容的讨论

在确认了几套教学内容之后，有教师提出了这样一个疑问："怎么确定学生需要哪一种教学内容呢？（组 T04T050607 内容）"。在这一问题上，因为有了之前的教学目标评估讨论的经验，所以教师们都认为还是要从学生的能力入手。

我们可以根据之前教学目标评估表的结果来看，我认为全部可以达成目标的学生可以使用原教学内容。如果一个学生 10 条目标中有几条是需要降低难度的，就要考虑简化性教学内容，处理掉课文中难以理解的词语、句子（组 T030607 内容）。

分解性教学内容我认为需要教师根据学生对复杂句和目标的理解程度来做出判断，还是要从学生的实际情况出发，结合教学目标评估表一起来看（组 T020607 内容）。

我认为重整性的教学内容应该是给能力最弱的学生来使用的。替代性的教学内容我们现在是用电子书的形式出现，所以我认为应该给那些注意力不集中，或不愿意参与课堂，且喜欢操作的学生来使用（组 T010607 内容）。

所以综合上述教师的观点，大家认为在教学内容的选择上，可以根据之前设计的评估表结合学生情况进行选择，此外也确定了下一步的实践就是要再制作

表件让教师们可以去记录选择的调整性教学内容。

（二）实践讨论编写调整性教学内容选择汇总表与记录表

实践讨论小组的教师们结合前几次的讨论，又继续探讨了这一次编写表件中的几个要点。T01 教师认为这张表格上除了要有几套调整性教学内容外，还应要包含学生能力情况的大概描述。这样的话，从教学目标评估情况，结合学生能力情况的大概描述，就可以大致做一判断。T02 教师认同这一看法："如果只是凭心里的感觉，就会容易混淆。有学生能力情况描述，比照着选择就能一目了然（组 T020621 方法）"。T03 教师认为现在对学生选择的调整性教学内容表格可以放入学生的成长档案，万一更换班级的语文教师，也可以对班级学生之前的教学有一个非常好的了解，同时还建议可以做两个表件，一个是全班学生的情况汇总，另一个是学生个人的调整情况。

所以，根据小组内的讨论，大家编写了"语文教学调整方案的调整性教学内容选用汇总表"（简称"汇总表"）和"语文教学调整方案的调整性教学内容选用记录表"（简称"记录表"）。"汇总表"是对班级所有学生选择哪一种调整性教学内容的汇总，需要教师根据教学目标评估表的情况结合学生的实际对学生情况做出描述后进行判断，学生情况描述可以是重点的概括性的词汇描述。"记录表"是用于学生个人的，可以放入学生的成长档案，也可以让授课教师清楚每一名学生的具体调整情况。此表除了填写班级、学科、教学内容来源、册数、课题、姓名等基本信息外，主要是呈现教学内容的原课文内容，选择的调整性教学内容，以及调整说明。在这两个表件设计过后，实践小组也分别用自己的班级进行试做，发现表件操作简易，教师也很容易理解。

五、如何运用第一轮研究阶段语文教学调整方案实施教学

在第一轮研究阶段语文教学调整方案初步设计结束后，实践讨论小组成员们又发现了新的讨论焦点，那就是如何运用这一调整方案实施教学。

在这一问题上，T04 教师有一些担忧与疑问："但是一节课就 35 分钟，一会儿呈现这个教学内容，一会儿呈现那个教学内容，教师会无暇顾及的（组 T040704 方法）"。对于这一问题，大家也表示赞同，大家认为对低年级的学生来说，内容少，文本短，每一套教学内容都呈现并讲解一下，可能问题还不大。但是对于高年级的教师来说，文本的内容本来就是比较多的，现在还要每个版本都呈现，可能会让教师的教学进度被拖慢。T02 教师从学生的角度进行了补充：

如果都呈现这些教学内容，除了刚才说的教师自己会混乱，进度可能被拖慢以外，我认为对学生来说，可能我在教授简化性教学内容的时候，使用原教学内容的学生觉得太简单，但是对使用分解性、替代性和重整性的学生来说又太难，同样的情况也会出现在教授其他版本的调整性教学内容的过程中。这个问题又该如何解决（组 T020704 内容）。

其他教师在思考后提出了自己的看法：

如果我们换一种思路，在课堂上分组学习呢？教师先把这节课中重要的内容讲解完，然后分小组让他们用自己的教学内容分别做巩固。因为本来教师上课时就会在心中对学生进行分组，对他们有不一样的要求，那现在就可以把使用同一种调整性教学内容的学生放在一组，教师先讲本节课重要的教学内容，然后他们分别用自己的内容再学习巩固就好（组 T030704 方法）。

如果用分组的方式，我们就要让助教把能力较差的两组学生放在她的身边，她随时进行辅导，才可能有好的效果（组 T040704 方法）。

如果这样的做法可行，那我们可以来想一下具体的环节，比如语文课中会经常要学生一起看着屏幕读课文，那这个时候怎么办呢？读哪个版本的？（组 T010704 内容）。

我们可以分屏呈现课文，比如左半边屏幕是原教学内容，右半边是简化性教学内容。要求学生朗读的时候可以分组朗读。这样的做法虽然不是全班齐读原文，但是没有读的学生也一直在聆听其他学生读，也是一种学习（组 T020704 方法）。

经过了这一场讨论，大家最后确定为如果碰到一定要一起做的任务环节，可以花费一些时间让学生分别进行，也让其他学生观摩学习。因为事实上，以往教师要求大家一起读的时候，能力较弱的学生并没有办法跟着一起读，也只是在混日子而已，所以不如花更多的时间在他们分组的学习上。

所以经过了这一次的讨论，研究者综合大家的意见，在第一轮研究阶段教学调整方案的介入上，采用重点内容教师先集体教学，然后根据不同版本的调整性教学内容分组教学，同时以助教辅助的方式进行。可以说经过了近 4 个月的时间，教师们充分肯定了第一轮研究阶段教学调整方案中的做法，并形成了先从班级教学目标结合学生能力进行评估，再编写调整性教学内容，最后基于每位学生的实际水平去选择适合的调整性教学内容进行教学这一完整的、可以操作的语文教学调整方法。第一轮研究阶段语文教学调整方案的实施流程如图 4-1 所示。

图 4 - 1 第一轮研究阶段语文教学调整方案的实施流程

第二节 第一轮研究阶段的个案班级教学调整方案

在上一节,通过多次的研究小组实践讨论,确定了第一轮研究阶段教学调整方案,包括教学调整的方法和可供教师配套使用的 3 个表件,以及编写的调整性教学内容。调整性教学内容加上原教学内容,一共是 5 套,共有 50 篇课文可供教师根据班级情况选择后或修改后使用。九(2)班是本研究的个案班级,所以在本节,研究者将以某一课为例,进行个案班级第一轮研究阶段的教学调整过程呈现。

一、个案班级学生教学目标评估

在这里,个案班级的语文授课教师 T01 先将本学期班级教学目标填入评估表,再根据每一名学生的能力做勾选,填写"语文教学调整方案的教学目标评估表"。个案班级第一轮研究阶段的教学目标评估表见表 4 - 1。

表 4 - 1 个案班级第一轮研究阶段的教学目标评估表

班　级	九(2)					学科	语文		
教学内容来源	《辅读学校实用语文学本》					册数	第十五册		
教学目标	S01	S02	S03	S04	S05	S06	S07	S08	S09
1. 会认、读、写、运用部首"冖""乙"	√	√	√	√	√	—	—	—	—
2. 会认、读、写、运用"真""鸡""乱"等 30 个四会生字,能正确读出多音字"爪""夹"的音	√	√	√	√	√	√	—	—	—

续　表

教　学　目　标	S01	S02	S03	S04	S05	S06	S07	S08	S09
3. 会认、读"讨""禽""蔬"等 29 个二会生字	√	√	√	√	√	√	√	—	—
4. 会认、读、写、运用"绿油油""红彤彤"等 30 个词语	√	√	√	—	—	—	—	—	—
5. 能仿照课文，用恰当的修饰词扩写句子	√	√	√	—	—	—	/	/	/
6. 能理解课文内容	√	√	√	—	—	—	—	—	—
7. 正确、流利地朗读课文	√	√	√	—	—	—	—	—	—
8. 能用词语"兴高采烈""一直""发现""好像""刻苦"造句	√	√	√	—	—	—	/	/	/
9. 能用句式"因为…所以…""…像…""无论…都…""虽然…但是…"造句	√	√	√	—	—	—	—	/	/
10. 体会课文所表达的情感	√	√	√	√	√	√	—	—	—
11. 背诵指定课文段落	√	√	√	—	—	—	—	/	/
12. 掌握人物外貌描写的方法	√	√	√	—	—	—	—	/	/

备注："√"表示一般来说经过教学，学生可以达成该条目标；"—"表示如果降低目标要求，如将"会认、读、写、运用"降低为"会认、读"或"会认"等，将"朗读"降低为"跟读""指读"等，经过教学，学生可以达成该条目标；"/"则表示该条目标即便降低，学生也无法很好完成。

　　由表 4-1 可见，S01、S02、S03 经过教学能够达成所有教学目标，不需降低目标要求。S04、S05、S06 有 3～4 条目标经过教学能够达成，其余目标降低要求后也均能够达成。S07 有一条目标经过教学能够达成，大部分目标在降低要求后能够达成，有 4 条目标即便降低也无法很好完成。S08、S09 大部分目标降低要求后才能达成，部分目标即便降低也无法很好完成。

二、个案班级学生调整性教学内容选择

　　在评估了班级学生目标后，教师 T01 这时心里已经大概对每一名学生本学期的教学目标匹配度有了大概的了解，然后 T01 教师填写选用汇总表里的学生情况描述，结合评估表的结果和学生能力对每一名学生使用哪一套调整性教学内容进行判断。个案班级第一轮研究阶段的调整性教学内容选用汇总表见表 4-2。

表 4-2　个案班级第一轮研究阶段的调整性教学内容选用汇总表

班　级	九(2)		学　科		语文
教学内容来源	《辅读学校实用语文学本》		册　数		第十五册
姓　名	学生情况描述	教学内容选用			
		原内容	简化性	分解性	替代性	重整性
S01	语文能力在班中最好，能够自主学习课文，通过教学能够掌握相关知识	√				
S02	语文能力较好，通过教学能够基本掌握相关知识	√				
S03	语文能力较好，通过教学能够基本掌握相关知识	√				
S04	语文能力尚可，能够在引导下大致理解课文内容，但对于课文中部分较难的词语难以理解		√			
S05	语文能力尚可，能够在引导下大致理解课文内容，但对于课文中部分较难的词语难以理解，在朗读方面也存在一定困难		√			
S06	语文能力一般，在较多的引导和辅助下能大致理解课文内容，能理解简短的句子，但对于复杂的句子内容较难掌握，朗读方面也存在一定困难		√			
S07	语文能力一般，在较多的引导和辅助下能大致理解课文内容，能够理解简短的句子，但长句较难掌握		√			

续　表

姓　名		学生情况描述	教学内容选用				
			原内容	简化性	分解性	替代性	重整性
S08		语文能力较弱，能在指导、辅助下初步理解与生活经验相关性高的课文内容					√
S09		语文能力较弱，平时上课时反应比较缓慢，对操作型的教学内容比较感兴趣					√

　　S01 是班中语文学习能力最强的学生，能够自主预习、复习、学习课文内容，也能够较好掌握已学的知识。从教学目标评估来看，经过教学能够达成所有教学目标，因此不需要调整，使用原教学内容即可。S02 语文各项能力较好，能够认真、主动地参与课堂学习，理解学习内容，从教学目标评估来看，经过教学能够达成所有教学目标，因此不需要调整，使用原教学内容即可。S03 语文各项能力良好，能够较好地完成课堂学习的内容，也有自己阅读课文的能力，从教学目标评估来看，经过教学能够达成所有教学目标，因此不需要调整，使用原教学内容即可。

　　班中 S04、S05 及 S06 这 3 名学生的语文能力较前 3 位学生的语文能力稍弱，他们在课文理解方面均表现出不同程度的困难。比如 S04 在阅读和理解句、段方面存在一定的困难，需要教师辅助，从教学目标评估情况来看也是如此，词语的理解和运用、课文的朗读和理解等目标都需要降低才能够达成，因此需要将教学内容进行简化，使用简化性教学内容。S05 尽管有一定的课文理解能力，能理解课文的大致内容，但还缺乏对于课文内容前后关联性的理解以及段落整体的理解，对于课文中部分字词的认读和理解也存在困难，从教学目标评估情况来看，词语的理解和运用、课文的朗读和理解等目标也都需要降低才能够达成，因此需要将教学内容进行简化，使用简化性教学内容。S06 相比 S04、S05 两名学生能力更弱一些，虽然从教学目标评估情况来看情况相近，但是在教学的过程中教师需要提供更多的引导和辅助，对于简单的句子经过讲解基本能够理解并正确朗读，而较为复杂的句子理解起来则存在较大的困难，因此需要将教学内容进行简化，使用简化性教学内容。

S07 的记忆力较好,有认读句子的能力,但理解方面存在困难,现阶段学习的内容较难掌握,如果提供简短的句子尚能够理解。从目标评估情况来看,学生字词的认读和理解、课文的朗读和理解等目标都需要降低才能够达成,而对于词语和句式的运用、扩写句子等目标即使降低也无法达成,因此教师认为也需要将教学内容进行简化,使用简化性教学内容。S08 和 S09 两名学生在班中语文能力属于最弱,对目前大多数课文内容的学习存在较大的困难,且与其生活关系不大,但能够认读图片,识记字词,在教师的指导下初步理解、跟读一些简单的短句。从目标评估情况来看,大部分目标都需要降低才能够达成,部分目标即使降低,学生也无法达成。结合学生情况和目标评估情况,重整性教学内容更符合其现有的能力,与学生的生活经验关联性更大,因此更适合使用重整性教学内容。

三、个案班级学生调整性教学内容示例

在填写了调整性教学内容选用汇总表后,教师 T01 就会根据每一名学生的情况填写"语文教学调整方案的调整性教学内容选用记录表",以作为教学资料保存。表 4 - 3～表 4 - 5 分别为以一课为例呈现的个案班级学生各类调整性教学内容选用记录表。

表 4 - 3　S01、S02、S03 语文教学调整方案的调整性教学内容选用记录表

班　级	九(2)	学科	语文	教学内容来源	《辅读学校实用语文学本》		
册　数	第十五册	课题	3.《菜场》				
姓　名	教　学　内　容						
	原内容	简化性	分解性		替代性	重整性	
S01/S02/S03	√						
原教学内容	3. 菜场 　　星期六,我和姐姐一起到菜场去买菜。菜场里人来人往非常热闹,吆喝声、讨价还价声响成一片。 　　菜场里的菜真多呀!家禽区有鸡,有鸭,还有大白鹅。蔬菜区有绿油油的菠菜,有红彤彤的西红柿,还有穿着紫袍的茄子。水产区有活蹦乱跳的鱼虾,有张牙舞爪的螃蟹,还有缩着脑袋的甲鱼。 　　我们拎着满满一篮子的菜,高高兴兴地回家了。						

表 4－4　S04、S05、S06、S07 语文教学调整方案的
调整性教学内容选用记录表

班　级	九(2)	学科	语文	教学内容来源	《辅读学校实用语文学本》
册　数	第十五册	课题	3.《菜场》		

姓　名	教　学　内　容				
	原内容	简化性	分解性	替代性	重整性
S04/S05/S06/S07		✓			

原教学内容	3. 菜场 　　星期六,我和姐姐一起到菜场去买菜。菜场里人来人往非常热闹,吆喝声、讨价还价声响成一片。 　　菜场里的菜真多呀! 家禽区有鸡,有鸭,还有大白鹅。蔬菜区有绿油油的菠菜,有红彤彤的西红柿,还有穿着紫袍的茄子。水产区有活蹦乱跳的鱼虾,有张牙舞爪的螃蟹,还有缩着脑袋的甲鱼。 　　我们拎着满满一篮子的菜,高高兴兴地回家了。
简化性 教学内容	3. 菜场 　　星期六,我和姐姐一起到菜场去买菜。菜场里人来人往非常热闹。 　　菜场里的菜真多呀! 家禽区有鸡,有鸭,还有大白鹅。蔬菜区有绿油油的菠菜,有红彤彤的西红柿,还有穿着紫袍的茄子。水产区有鱼虾,有螃蟹,还有甲鱼。 　　我们拎着满满一篮子的菜,高高兴兴地回家了。

说明：第一小节删除学生难以理解和认读的"吆喝声、讨价还价声响成一片"；第二小节删除学生难以理解和认读的"活蹦乱跳的""张牙舞爪的"和"缩着脑袋的"这些修饰性的词语；第三小节不作更改。本课原生字是"真""鸡""乱",简化后,需要学习的生字为"真""鸡"。该教学内容适合班级中 S04、S05、S06、S07 这 4 名学生。

表 4－5　S08、S09 语文教学调整方案的调整性教学内容选用记录表

班　级	九(2)	学科	语文	教学内容来源	《辅读学校实用语文学本》
册　数	第十五册	课题	3.《菜场》		

姓　名	教　学　内　容				
	原内容	简化性	分解性	替代性	重整性
S08、S09					✓

续 表

原教学内容	3. 菜场 星期六,我和姐姐一起到菜场去买菜。菜场里人来人往非常热闹,吆喝声、讨价还价声响成一片。 菜场里的菜真多呀! 家禽区有鸡,有鸭,还有大白鹅。蔬菜区有绿油油的菠菜,有红彤彤的西红柿,还有穿着紫袍的茄子。水产区有活蹦乱跳的鱼虾,有张牙舞爪的螃蟹,还有缩着脑袋的甲鱼。 我们拎着满满一篮子的菜,高高兴兴地回家了。
重整性 教学内容	3. 菜场 我和姐姐去买菜。 菜场里有鸡,有鸭,还有大白鹅。菜场里有菠菜,有西红柿,还有茄子。菜场里有鱼虾,有螃蟹,还有甲鱼。 我们买了菜,高兴地回家了。

说明:第一小节删除学生难以理解的内容,保留最主要的"我和姐姐去买菜";第二小节简明写出菜场里有什么,区分学生难以理解的也进行删减,因此改成三句"菜市场里有…有…还有…";第三小节用生活化、易于理解的句子改写,"拎着满满一篮子菜"重整为"买了菜","高高兴兴"缩减为"高兴"。重整后,需要学习的生字为"鸡"。该教学内容适合班级中 S08、S09 两名学生。

第三节 第一轮研究阶段单一个案
实验结果与讨论

在为个案班级的 9 名学生进行好教学调整后,研究者就开始进行实验研究,整个过程历时 12 周,全班 9 名学生从基线期到介入期共收集 23 次测量数据,每一笔数据见附录十二。下面就将数据结果加以呈现,并进行讨论。

一、实验结果

(一) 第一轮研究阶段全班学生语文学习效果的立即及维持成效分析

1. 全班学生语文学习效果的曲线图变化分析

第一轮研究阶段全班学生语文学习效果曲线如图 4-2 所示。由图可以看出,介入第一轮研究阶段教学调整方案后,其语文学习效果资料点的分布范围比基线期高,且有持续升高的趋势,各评量分数的平均值亦增加。因为教学内容本身是功能性的教学内容,所以基线期的平均得分为 18.56,介入阶段的平均分从

18.56 增长至 21.70，增加了 3.14，显示方案介入确实提高了班级平均分，但可能是由于处在试验性阶段，学生在学习上的提升效果还表现得并不明显。

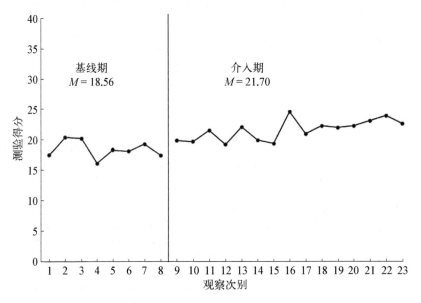

图 4-2 第一轮研究阶段全班学生语文学习效果曲线

2. 全班学生语文学习效果的目视分析

（1）阶段内变化分析。第一轮研究阶段全班学生语文学习效果的阶段内目视分析结果摘要见表 4-6。

表 4-6 第一轮研究阶段全班学生语文学习效果的
阶段内目视分析结果摘要

阶段顺序	A/1	B/2
评量次数	8	15
趋向估计	↘ （一）	↗ （＋）
趋向稳定性	多变 75.00％	多变 73.33％
水平范围/分	16.22～20.56	19.33～24.67
阶段平均值/分	18.56	21.70

<table>
<tr><td></td><td colspan="2" align="right">续　表</td></tr>
</table>

水平变化	17.56～17.67 —0.11	22.78～20.00 2.78
水平稳定性	多变 62.50%($C=15\%$)	多变 60.00%($C=15\%$)

注：A代表基线期；B代表方案介入期。

可以看到，在基线期（A）的评量分数范围为 16.22～20.56，阶段平均值为 18.56，在取 15% 为稳定性决定值的条件下，趋向及水平虽均呈多变，但考虑到这是一个中重度智力障碍的群体，研究者又将基线期的 8 次数据进行 C 统计，Z 值为—0.50，未达显著水平，可见，在这个阶段整体平均的表现并没有太大的差异，所以研究者进入了方案介入期（B）。

在方案介入期（B），其评量得分随之升高，分数范围处于 19.33～24.67，呈现上升趋势，阶段平均值为 21.70。在取 15% 为稳定性决定值的条件下，趋向预估呈升高趋势，趋向多变，水平多变，由此可以看出方案介入期（B）资料点的水平范围较基线期（A）资料点的水平范围高，得知经第一轮研究阶段教学调整方案的介入实施，确实提高了班级学生语文学习的平均分，使得介入期（B）的改善成效，与基线期（A）有不同，并使得全班的平均分在介入期（B）比基线期（A）的评量得分更高，但是过程并不稳定，呈现波动。

（2）相邻阶段间趋向资料分析。第一轮研究阶段全班学生语文学习效果的阶段间趋向分析摘要见表 4-7。

表 4-7　第一轮研究阶段全班学生语文学习效果的阶段间趋向分析摘要

阶段比较	A/B	
趋向方向	↘ （—）	↗ （＋）
趋向稳定性变化	从多变到多变	
平均值变化/分	21.70～18.56 3.14	
水平间变化	20.00～17.56 2.44	

续　表

重叠百分比	20.00％
C 值	0.49
S_c 值	0.20
Z 值	2.48**

** 表示 $p < 0.01$。

从中可以看出，第一轮研究阶段教学调整方案介入的进步幅度虽然不多，但确实提高了班级平均分。在基线期进入介入期时(B/A)，班级平均分提高了 3.14，阶段间水平变化由 17.56 提高至 20.00，提高了 2.44，趋向稳定性从多变到多变；重叠百分比为 20.00％，显示两阶段间存在差异，代表介入教学调整方案后，全班语文学习效果有升高的趋势。由 C 统计的 Z 值为 2.48，达到极其显著水平。

3. 全班学生平均得分情况

进一步列出 9 名学生第一轮研究阶段的平均得分情况，见表 4-8。

表 4-8　全班 9 名学生在第一轮研究阶段平均得分情况

学　生	基　线　期		介　入　期	
	平均值	标准差	平均值	标准差
S01	34.25	1.48	36.33	1.96
S02	32.13	2.03	34.47	2.39
S03	22.00	2.78	27.27	3.91
S04	22.50	1.87	24.67	2.57
S05	20.38	3.24	22.33	3.48
S06	18.75	2.17	20.07	3.77
S07	7.88	3.66	12.93	2.59
S08	6.00	2.00	10.20	2.88
S09	3.13	1.83	7.07	1.81

从中可以看出,基线期和介入期 S01、S02 都可以得到很好的分数。S03 和 S01、S02 能力差不多,也一直属于教师心目中的 A 组,但发现其平均分和 S01、S02 有一定差距。从 S04、S05、S06 这 3 名学生得分中可以发现,他们基线期和介入期的得分均有 2 分左右的提升,提升的幅度并不大。S07、S08、S09 这 3 名学生的得分较低,但介入期和基线期相比,得分均大约有 4～5 分的提升。应该说若以高、中分组和低分组为划分来看全班情况的话,S01、S02、S03、S04、S05、S06 这 6 名学生为高、中分组学生,S07、S08、S09 这 3 名学生为低分组学生。为使本研究的整体结果有更详细的说明,研究者选取班级高、中分组中得分和其能力并不匹配的 S03 学生,以及低分组 3 名学生的结果作为个案单独分析。

(二) 第一轮研究阶段学生 S03 语文学习效果的立即及维持成效分析

1. 学生 S03 语文学习效果曲线分析

第一轮研究阶段 S03 语文学习效果曲线如图 4-3 所示。

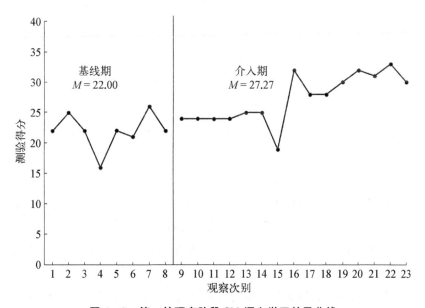

图 4-3　第一轮研究阶段 S03 语文学习效果曲线

S03 作为班级中语文能力较强的学生,经过教学目标评估结合学生语文能力分析,是不需要使用调整性教学内容的,所以他使用的是原教学内容。从图 4-3 中可以看出,其语文学习效果资料点的分布范围比基线期高,并有持续升高的趋势,评量分数的平均值也有所增加,从 22.00 增加为 27.27,增加了 5.27 分,显示方案介入确实提高了其平均分。

2. 学生 S03 语文学习效果的目视分析

（1）阶段内变化分析。第一轮研究阶段 S03 语文学习效果的阶段内目视分析结果摘要见表 4－9。

表 4－9　第一轮研究阶段 S03 语文学习效果的阶段内目视分析结果摘要

阶段顺序	A/1	B/2
评量次数	8	15
趋向估计	↗ （＋）	↗ （＋）
趋向稳定性	多变 62.50％	多变 66.67％
水平范围/分	16.00～26.00	19.00～33.00
阶段平均值/分	22.00	27.27
水平变化	22.00～22.00 0	30.00～24.00 6.00
水平稳定性	多变 62.50％（$C＝15％$）	多变 13.33％（$C＝15％$）

注：A 代表基线期；B 代表方案介入期。

在基线期（A）的评量分数范围为 16.00～26.00，阶段平均值为 22.00，在取 15％为稳定性决定值的条件下，趋向及水平稳定呈多变，但考虑到这是一个中重度智力障碍的学生，研究者又将基线期的 8 次数据进行 C 统计，Z 值为－0.21，未达显著水平，可见，在这个阶段 S03 的表现并没有太大的差异，所以研究者进入了方案介入期（B）。

在方案介入期（B），S03 的评量得分随之升高，水平范围在 19.00～33.00，呈现上升趋势，阶段平均值为 27.27。在取 15％为稳定性决定值的条件下，趋向预估呈上升趋势，趋向多变，水平多变，由此可以看出方案介入期（B）资料点的水平范围较基线期（A）资料点的水平范围更高，得知经第一轮研究阶段教学调整方案的介入实施，确实提高了 S03 语文学习的平均分，使得介入期（B）的成效改善，与基线期（A）有不同，并使其在介入期（B）比基线期（A）的评量得分更高，但是过程并不稳定，呈现波动。

（2）相邻阶段间趋向资料分析。第一轮研究阶段 S03 语文学习效果的阶段间趋向分析摘要见表 4-10。

表 4-10　第一轮研究阶段 S03 语文学习效果的阶段间趋向分析摘要

阶段比较	A/B	
趋向方向	↗ （＋）	↗ （＋）
趋向稳定性变化	从多变到多变	
平均值变化/分	27.27～22.00 5.27	
水平间变化	24.00～22.00 2.00	
重叠百分比	6.67％	
C 值	0.56	
S_C 值	0.20	
Z 值	2.83**	

** 表示 $p < 0.01$。

从中可以看出，第一轮研究阶段教学调整方案的介入确实提高了 S03 的平均分，效果明显。在基线期进入介入期时（B/A），平均分提高了 5.27，阶段间水平变化由 22.00 提高至 24.00，提高了 2.00，趋向稳定性从多变到多变；重叠百分比为 6.67％，显示两阶段间存在差异，代表介入教学调整方案后，S03 的语文学习效果有升高的趋势。由 C 统计的 Z 值为 2.83，达到极其显著水平。

（三）第一轮研究阶段学生 S07 语文学习效果的立即及维持成效分析

1. 学生 S07 语文学习效果曲线分析

第一轮研究阶段 S07 语文学习效果曲线如图 4-4 所示。

S07 属于班级中语文能力较弱的学生，是教师眼里的 B 组，在这一阶段使用的是简化性教学内容。从图 4-4 中可以看出，介入第一轮研究阶段教学调整方案后，其语文学习效果资料点的分布范围比基线期高，且有持续升高的趋势，评量分数的平均值也随之增加，从 7.88 增加为 12.93，提高了 5.05 分，显示方案介入确实提高了其平均分。

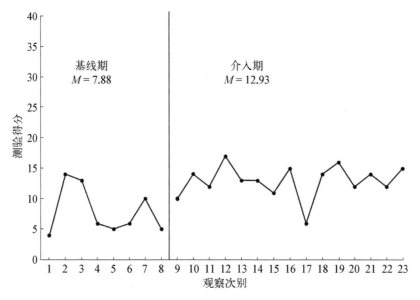

图 4-4　第一轮研究阶段 S07 语文学习效果曲线

2. 学生 S07 语文学习效果的目视分析

（1）阶段内变化分析。第一轮研究阶段 S07 语文学习效果的阶段内目视分析结果摘要见表 4-11。

表 4-11　第一轮研究阶段 S07 语文学习效果的阶段内目视分析结果摘要

阶段顺序	A/1	B/2
评量次数	8	15
趋向估计	↘ （—）	↗ （＋）
趋向稳定性	多变 37.50％	多变 40.00％
水平范围/分	4.00～14.00	6.00～17.00
阶段平均值/分	7.88	12.93
水平变化	5.00～4.00 1	15.00～10.00 5
水平稳定性	多变 0％（C＝15％）	多变 33.33％（C＝15％）

注：A 代表基线期；B 代表方案介入期。

在基线期（A）的评量分数范围为 4.00～14.00，阶段平均值为 7.88，在取 15％为稳定性决定值的条件下，趋向及水平稳定呈多变，但考虑到这是一个中重度智力障碍学生，研究者又将基线期的 8 次数据进行 C 统计，Z 值为 0.31，未达显著水平，可见，在这个阶段 S07 的表现并没有太大的差异，所以研究者进入了方案介入期（B）。

在方案介入期（B），其评量得分随之升高，水平范围在 6.00～17.00，呈现上升趋势，阶段平均值为 12.93。在取 15％为稳定性决定值的条件下，趋向预估呈上升趋势，趋向多变，水平多变，由此可以看出方案介入期（B）资料点的水平范围较基线期（A）资料点的水平范围高，得知经第一轮研究阶段教学调整方案的介入实施，确实提高了 S07 的语文学习平均分，使得介入期（B）的成效改善，与基线期（A）有不同，并使得其在介入期（B）比基线期（A）的评量得分更高，但是过程并不稳定，呈现波动。

（2）相邻阶段间趋势资料分析。第一轮研究阶段 S07 语文学习效果的阶段间趋向分析摘要见表 4 - 12。

表 4 - 12　第一轮研究阶段 S07 语文学习效果的阶段间趋向分析摘要

阶段比较	A/B	
趋向方向	↘ （—）	↗ （＋）
趋向稳定性变化	从多变到多变	
平均值变化/分	12.93～7.88 5.05	
水平间变化	10.00～5.00 5.00	
重叠百分比	6.67％	
C 值	0.30	
S_c 值	0.20	
Z 值	1.48	

可以看出，第一轮研究阶段教学调整方案的介入虽然提高了 S07 的语文平均分，但效果不明显。在基线期进入介入期时（B/A），平均分提高了 5.05，阶段

间水平绝对变化由 5.00 提高至 10.00，提高了 5.00；重叠百分比为 6.67%，显示两阶段间少许差异，代表介入教学调整方案后，学生 S07 语文学习效果稍有升高的趋势，趋向稳定性变化从多变到多变。由 C 统计的 Z 值为 1.48，没有达到显著水平，显示其语文学习效果并不具有显著成效。

（四）第一轮研究阶段学生 S08 语文学习效果的立即及维持成效分析

1. 学生 S08 语文学习效果曲线分析

第一轮研究阶段 S08 语文学习效果曲线如图 4－5 所示。

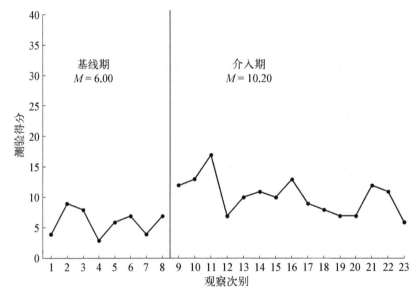

图 4－5　第一轮研究阶段 S08 语文学习效果曲线

S08 学生是班级中语文能力偏弱的学生，在这一阶段使用的是重整性教学内容，在第一轮研究阶段的教学调整方案介入后，他基线期和介入期的平均分范围都在班级平均分的范围之外，所以在这里也单独对他进行分析。从图 4－5 中可以看出，其语文学习效果资料点的分布范围比基线期高，且有持续升高的趋势，评量分数的平均值也有所增加，从 6.00 增加为 10.20，增加了 4.20 分，显示方案介入确实提高了其平均分。

2. 学生 S08 语文学习效果的目视分析

（1）阶段内变化分析。第一轮研究阶段 S08 语文学习效果的阶段内目视分析结果摘要见表 4－13。

表 4-13　第一轮研究阶段 S08 语文学习效果的阶段内目视分析结果摘要

阶段顺序	A/1	B/2
评量次数	8	15
趋向估计	↘ (－)	↘ (－)
趋向稳定性	多变 25.00％	多变 53.33％
水平范围(分)	3.00～9.00	6.00～17.00
阶段平均值(分)	6.00	10.20
水平变化	7.00～4.00 3.00	6.00～12.00 －6.00
水平稳定性	多变 12.50％($C=15$％)	多变 13.33％($C=15$％)

注：A 代表基线期；B 代表方案介入期。

在基线期(A)的评量分数范围为 3.00～9.00，阶段平均值为 6.00，在取 15％为稳定性决定值的条件下，趋向及水平稳定呈多变，但考虑到这是一个中重度智力障碍学生，研究者又将基线期的 8 次数据进行 C 统计，Z 值为 -0.76，未达显著水平，可见，在这个阶段 S08 的表现并没有太大的差异，所以研究者进入了方案介入期(B)。

在方案介入期(B)，其评量得分随之升高，水平范围在 6.00～17.00，呈现上升趋势，阶段平均值为 10.20。在取 15％为稳定性决定值的条件下，趋向多变，水平多变，由此可以看出方案介入期(B)资料点的水平范围较基线期(A)资料点的水平范围更高，得知经第一轮研究阶段教学调整方案的介入实施，确实提高了 S08 的语文学习得分，使得介入期(B)的成效改善，与基线期(A)有不同，并使得其在介入期(B)比基线期(A)的评量得分更高，但是过程并不稳定，呈现波动。

（2）相邻阶段间趋向资料分析。第一轮研究阶段 S08 语文学习效果的阶段间趋向分析摘要见表 4-14。

表 4-14　第一轮研究阶段 S08 语文学习效果的阶段间趋向分析摘要

阶段比较	A/B	
趋向方向	↘ （一）	↘ （一）
趋向稳定性变化	从多变到多变	
平均值变化/分	10.20～6.00 4.20	
水平间变化	12.00～7.00 5.00	
重叠百分比	6.67％	
C 值	0.38	
S_C 值	0.20	
Z 值	1.89*	

* 表示 $p < 0.05$。

从中可以看出，第一轮研究阶段教学调整方案的介入确实提高了 S08 的语文平均分，效果明显。在基线期进入介入期时（B/A），平均分提高了 4.20，阶段间水平变化由 7.00 提高至 12.00，提高了 5.00，趋向稳定性从多变到多变；重叠百分比为 6.67％，显示两阶段间存在差异，代表介入教学调整方案后，S08 的语文学习效果有升高的趋势。由 C 统计的 Z 值为 1.89，达到显著水平。

（五）第一轮研究阶段学生 S09 语文学习效果的立即及维持成效分析

1. 学生 S09 语文学习效果曲线分析

第一轮研究阶段 S09 语文学习效果曲线如图 4-6 所示。

S09 作为班级中语文能力最弱的学生，经过教学目标评估结合学生语文能力分析，需要使用重整性教学内容。从图 4-6 中可以看出，其语文学习效果资料点的分布范围比基线期高，且有持续升高的趋势，评量分数的平均值亦有所增加，从 3.13 增加为 7.07，增加了 3.94 分，显示方案介入确实提高了其平均分。

2. 学生 S09 语文学习效果的目视分析

（1）阶段内变化分析。第一轮研究阶段 S09 语文学习效果的阶段内目视分析结果摘要见表 4-15。

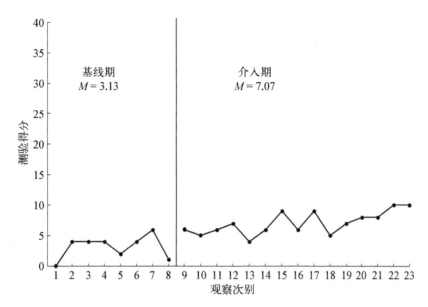

图 4‑6　第一轮研究阶段 S09 语文学习效果曲线

表 4‑15　第一轮研究阶段 S09 语文学习效果的阶段内目视分析结果摘要

阶段顺序	A/1	B/2
评量次数	8	15
趋向估计	↘ (一)	↗ (+)
趋向稳定性	多变 25.00%	多变 20.00%
水平范围/分	0～6.00	4.00～10.00
阶段平均值/分	3.13	7.07
水平变化	1.00～0 1.00	10.00～6.00 4.00
水平稳定性	多变 0%(C=15%)	多变 13.33%(C=15%)

注：A 代表基线期；B 代表方案介入期。

在基线期(A)的评量分数范围为 0～6.00,阶段平均值为 3.13,在取 15% 为稳定性决定值的条件下,趋向及水平稳定呈多变,但考虑到这是一个中重度智力障碍学生,研究者又将基线期的 8 次数据进行 C 统计,Z 值为 0.05,未达显著水平,可见,在这个阶段 S09 的表现并没有太大的差异,所以研究者进入了方案介入期(B)。

在方案介入期(B),其评量得分随之升高,水平范围为 4.00～10.00,呈现上升趋势,阶段平均值为 7.07。在取 15% 为稳定性决定值的条件下,趋向预估呈上升趋势,趋向多变,水平多变,由此可以看出方案介入期(B)资料点的水平范围较基线期(A)资料点的水平范围更高,得知经第一轮研究阶段教学调整方案的介入实施,确实提高了 S09 的语文学习平均分,使得介入期(B)的成效改善,与基线期(A)有不同,并使得其在介入期(B)比基线期(A)的评量得分更高,但是过程并不稳定,呈现波动。

(2) 相邻阶段间趋势资料分析。第一轮研究阶段 S09 语文学习效果的阶段间趋向分析摘要见表 4-16。

表 4-16　第一轮研究阶段 S09 语文学习效果的阶段间趋向分析摘要

阶段比较	A/B	
趋向方向	↘ (一)	↗ (+)
趋向稳定性变化	从多变到多变	
平均值变化/分	3.13～7.07 3.94	
水平间变化	6.00～1.00 5.00	
重叠百分比	0	
C 值	0.53	
S_C 值	0.20	
Z 值	2.68**	

** 表示 $p < 0.01$。

从中可以看出,第一轮研究阶段教学调整方案的介入确实提高了 S09 的语文平均分,效果明显。在基线期进入介入期时(B/A),平均分提高了 3.94,阶段间水平变化由 1.00 提高至 6.00,提高了 5.00,趋向稳定性从多变到多变;重叠百分比为 0,显示两阶段间存在差异,代表介入教学调整方案后,S09 的语文学习效果有升高的趋势。由 C 统计的 Z 值为 2.68,达到极其显著水平。

二、讨论

研究者呈现了单一个案实验研究中的数据结果,并对学生班级总体平均分以及 S03、S07、S08、S09 这 4 名学生的数据做了进一步分析。在这里,研究者就对这一阶段单一个案实验研究结合教师平时对学生语文表现的感受进行学生语文学习效果的讨论。

(一) 学生总体情况讨论

从总体来看,学生 S01、S02、S03 本身能力较好,使用原教学内容,基线期和介入期 S01、S02 都可以得到很好的分数。S03 和 S01、S02 能力差不多,也一直是老师心目中的 A 组,但发现其平均分和 S01、S02 有一定差距。S04、S05、S06 这 3 名 B 组的学生,阶段间平均分增长幅度不大,S07、S08、S09 这 3 名 C 组的学生,阶段间平均分增长幅度稍大一些。从班级来看,若以高、中分组和低分组为划分来看全班情况的话,S01、S02、S03、S04、S05、S06 这 6 名学生为高、中分组学生,S07、S08、S09 这 3 名学生为低分组学生。在第一轮研究阶段教学调整方案介入后,对全班学生提高语文学习水平有明显成效,达到显著水平。

(二) S03、S07、S08、S09 情况讨论

除了总体情况外,教师们也对 S03、S07、S08、S09 这 4 名学生的情况进行了深入探讨。S03 是班级中一名能力强的学生,从平时上课的情况来看,他的教学内容不需要调整,所以在他的教学调整方案中为他选择的是原教学内容,和 S01、S02 学生一样。但是从他上课时的学习表现和现在的分数来看,和 S01、S02 却存在一定的差距。S01 学生基线期的平均分是 34.25,介入期是 36.33;S02 学生基线期的平均分是 32.13,介入期是 34.47。但是同样属于语文能力较好的 S03 学生,其基线期的平均分是 22.00,介入期是 27.27,不论是基线期还是介入期,他的平均分都不如另两位高,且在介入期中的学习表现并不稳定,呈现高低起伏的状况。这让 T01 教师觉得非常困惑,而且 T01 教师也反映说,从上个学期开始他的小考和大考的成绩就一直不太理想,但是上课时对他的即时提问却反映出学生对所学习的内容都是理解和掌握的。所以 T01 教师和 S03 学生进行了深入的交谈,结果发现,原来 S03 学生的视力有持续下降的情况,黑板

和教师电脑上的字因为是放大的，且平时教师教学又习惯了用教师电脑播放多媒体课件来进行教学，所以上课的时候阅读没有困难。但是课本上的字太小了，所以回家做作业和预习复习就会有一定的困难，但是学生又不想和家长、教师说明这一情况，所以每一次读课文都会比较艰难，很多是因为几个课时后听得多了，可以背出来了，才一起跟着朗读的。

S07 学生介入期的平均分为 12.93，较基线期而言，提高了 5.05。虽然是高出基线期的平均分，但是从目视分析和 C 统计发现，介入教学调整方案后，学生 S07 的语文学习效果不明显，未达到显著水平。对于这一情况，实践讨论小组也进行了深入的探讨：T01 教师反映，虽然对这个学生来说选择了简化性教学内容，但实际上对于 S07 而言，还是有很大的难度，简化的教学内容还是远高于他的理解力水平，且课文中的大篇幅段落会降低他的阅读兴趣，影响他的理解能力，而简短的、在课堂上有图片出示过的内容理解起来相对容易。S04、S05、S06 学生也使用了简化性教学内容，T01 教师反映，从课堂和练习的情况来看，学生均有一定的进步，但是在课文理解方面的进步并不明显，课文简化了，本应更容易理解，但是由于课堂上分配到的针对性学习时间少，也就是教师提供讲解、支持的机会少，而学生又缺乏自主学习的能力，因此学生对于课文内容的理解并不到位。

S08 是班级中语文能力较弱的学生，介入期的平均分为 10.20，较基线期而言，提高了 4.20，但是整个语文两阶段的分数和班级总体相比差距太大，分数非常低。从目视分析和 C 统计发现，介入教学调整方案后，学生 S08 的语文学习效果虽在阶段间达到显著性差异，但波动非常大，趋向稳定性变化皆是从多变到多变。T01 教师反映，虽然对这个学生来说选择了重整性的教学内容，对教学内容进行了功能性的调整，但实际上对于 S08 而言，还是有很大的难度，课文中满页的汉字对他来说有困难，如果能有一些其他的辅助会更好。但是 T01 教师也认为这次对他的调整比起以往让他使用原教学内容还是要好很多，从他个体来看，还是有进步。

S09 是班级中语文能力最弱的学生，介入期的平均分为 7.07，较基线期而言，提高了 3.94，但是整个语文两阶段的分数和班级总体相比差距太大，分数非常低。从目视分析和 C 统计发现，介入教学调整方案后，学生 S09 的语文学习效果虽在阶段间达到显著性差异，但波动非常大，趋向稳定性变化皆是从多变到多变。T01 教师反映，虽然对这个学生来说选择了重整性的教学内容，对教学内容进行了功能性的调整，但实际上对于 S09 而言，句子的学习对他来说本来就有一定难度，而按段落划分的课文对他来说难度就更大，如果能将内容目标分解得更小或能有一些其他的辅助会更好。但是 T01 教师同样也认为这次对他的调整比起以往让他使用原教学内容还是要好很多，从他个体来看，有更高的课堂参与度，也还是有进步。

（三）教师对学生课堂表现的感受

T01 教师认为现在的方案与原来 9 名同学使用同一种原教学内容的上课情况相比，还是让她有一些体会的，尤其是重整性的教学内容让她感受到了教学调整的有效性。通过平时上课时对学生的观察，她认为，从课堂表现来看，班级学生都有不同程度的小幅度进步，并且每位学生在听、说、读、写这 4 种能力上也有不同幅度的增长。

S01：几乎能够达到班级的各个目标。听、说、读的能力一直维持在相对较高的水平，能够较好掌握教师上课时讲授的知识。

S02：几乎能够达到班级的各个目标。听和读的能力较好，说和写的能力相对进步缓慢一些，尤其对于词语、关联词的运用能力还有待进一步提高。

S03：经过教学，基本能达到班级的各个目标，平时学习时也展现出较好的听、说、读、写能力，但课堂上和课后练习中都发现学生容易读错、读漏，抄写时容易漏字、写错别字。这是由于课文字体较小，对其读、写都造成一定影响。

S04：从课堂表现情况来看，本学期较上学期更愿意主动举手回答问题，也就是读与说的主动性有所提高，也因此课堂上读、说的能力有所提高，但还需要教师提供辅助。

S05：听的能力进步较为明显，课堂上能够听懂教师的问题并积极回应。读、说的能力受到其言语障碍的影响，进步并不十分显著。写的能力还有待进一步提高。

S06：各方面能力都有所进步。由于理解能力有限，分组活动得到的支持还不足，因此提高并不明显，共同学习的重点内容掌握较好一些。

S07：听的能力有所进步，写方面由于一段时间的情绪问题影响，不太乐意写字，因此进步不大。朗读调整后的教学内容相比学习原文时更流利，在课文理解方面还存在较大困难。

S08：听、读这两个方面的能力相对有一些进步，其中读字、读词的能力进步更多。由于课文内容重整了，课堂上能够更完整地跟读句子。说和写的能力还有待进一步提高。

S09：写的能力依旧还未发展出来，但课堂上愿意跟着助教动手描一描，对字的识记效果更好一些，读字、读词的能力也有一定进步。但是由于课文句子对其来说理解起来还是有一定困难，因此读句方面没有进步。听的能力有所提高，说的能力有待进一步发展。

所以综合上述，研究者认为第一轮研究阶段的教学调整方案能对学生的语文学习效果起到一些作用，但是从单一个案实验的结果来看，虽然除 S07 外，全班平均分、S03、S08、S09 的阶段间差异均具有统计学意义，但是得分都不高，且就教师的感觉而言，可能教学调整方案还不能完全适合他们，所以方案本身仍有反思和进步的空间。

第四节　第一轮研究阶段教学调整方案的反思与建议

正如上节所言，在本研究的方案介入过程中，教师虽然觉得有效，比起之前使用统一的原教学内容有进步，但是也觉得有一些需要反思的地方。所以本节，实践讨论小组的教师也就这第一轮研究阶段教学调整方案本身与实施情况两方面进行了反思，并提出了下一阶段的修正建议。

一、对第一轮研究阶段教学调整方案本身的反思

在这里，实践讨论小组主要是对第一轮研究阶段教学调整方案中大家发现的两个问题进行了反思。研究者将实践讨论小组教师们的想法与建议进行归纳。

（一）对第一轮研究阶段调整性教学内容的反思

T01 教师首先对该阶段调整性教学内容提出了一些疑问：

S03 的分数比 S01、S02 差那么多是我没有想到的，虽然后来我知道了他的问题是视力，但是看看我们这些调整性教学内容中也没有一个适合他的可以选。S04、S05、S06 和 S07 学生使用的均是简化性教学内容，虽然简化了，但是好像帮助还不是很大，尤其对 S07 学生来说课文还是太难了，课文中较为复杂、较长的句子即使进行了讲解，学生也还是不太懂，我也曾经想过让他用分解性教学内容，但是内容又太难（组 T011203 内容）。

针对 T01 教师的疑问，T02 教师也有同感。T02 教师在整个参与的过程中，虽然不是个案班级的教师，但实际上 T02 教师也在自己的班级尝试过，发现的确有的学生没有办法就用一套调整性教学内容就能非常有效的学习。T03 教师认为："这样看来，单一使用某一种调整性教学内容好像不能满足学生多样化的需求（组 T031203 内容）。"T04 教师也认为，虽然进行了调整，但是可能是因为事先编好了调整性教学内容，然后为学生进行选择，也就是说每一名学生只能使用根据某一种调整策略而编制的教学内容，还是没能非常有针对性地按需设计。T01 教师是整个研究过程中最有体会的，她又补充了一些看法和意见：

实际上班级中学生的学习需求可能是双重，甚至是多重的，我们如果就给他们一套限定的教学内容，就无法综合地使用这些教学调整策略。那么这套教学调整方案是很难灵活地适应和满足每个学生差异化的学习需要的（组 T011203 内容）。

研究者综合上述教师的看法，认为在第一轮研究阶段，教师们对统一编写出 4 套调整性教学内容，然后为学生进行选择这一做法是有异议的。所以研究者进一步参见第二章文献探讨中我国台湾地区融合教育实践现场课程教学调整的做法，在学习内容调整上，强调课程要有弹性，要用与教材松绑的方式来决定教学内容，同时根据特殊学生的身心状况及能力进行内容的调整，采用简化、减量、分解、替代、重整的方式进行调整。

（二）对第一轮研究阶段教学调整策略的反思

此外，教师们除了单一使用调整性教学内容不能满足学生需求这一问题之外，还对这几套调整性教学内容中使用的策略进行了讨论。大家认为现在使用的简化（含减量）、分解、替代、重整的教学调整策略既容易理解也非常方便操作，应该沿用。此外，教师们还提出了更进一步的意见。研究者将这一问题的想法与建议归纳如下：

那对于 S03 这样的学生而言，语文能力良好，如果要给他做简化反而满足不了他的需求，是不是可以给他使用原课文，但是放大字体，提供一些辅助就好（组 T031203 方法）。

对 S04、S05、S06 学生来说，虽然简化了内容，但是好像对他们来说并不适合。因为在平时的讲解中，如果教师花大量的时间细致地教学，他们还是能掌握目前的课文内容的。只是由于课堂上分配到的针对性学习时间少，因此对课文的理解并不到位。但是如果要给他们做分解，也没有必要，因为实际上他们有理解复杂句的能力，只是可能在文本的整体内容理解上存在困难，如果我们能在文本的整体结构上提供给学生一定的提示，对他们有很大帮助（组 T011203方法）。

我觉得如果在使用分解、重整等策略的同时也能提供一些配图的协助，的确会对学生有很大的帮助（组 T061203 方法）。

我其实以前也碰到过这样的情况，每次看到班级中没有朗读课文能力的小C，总是觉得她眼神迷茫，而我也只能请她来跟读课文中的字词。后来我发现，当我提供图片的时候，她能够通过图片来理解词语，并能够应用于生活，于是我开始根据课文内容找出相关的图片，让她学习词语，这样她能更多地参与课堂了，也学到更多的知识（组 T021203 方法）。

对于替代性教学内容，也就是电子课本，我曾经也在实验开始前尝试过在课堂中使用，原以为对学生会更有吸引力，而且可操作，可以增加他们的注意力，但是实际发现，学生自己操作时经常会发生乱按的情况，发出的声音会影响到其他学生，不太适合在集体环境中使用，因此在这一阶段我没有使用（组 T011203方法）。

所以，综合上述教师的看法，研究者认为，还需要对现有的几种策略做进一步探讨，再一次查阅文献发现，根据前人的研究，除了电子课本的呈现外，替代还包括了各种各样的支持，如以图代文、以文带图、标红、放大、加大行距、加下划线等方式（简月美，2015），也可以给课文提供图片、加粗字体、加下划线、标红/标黄、加文本框、文本架构图、提供电子设备等（林素真，2013）。这进一步让研究者认识到在这一阶段我们只是提供电子课本这一替代策略不免有些狭隘。

二、对第一轮研究阶段教学调整方案实施的反思

T01 教师认为，对她而言，在备课的过程中，因为要将几种调整性教学内容有机融合，提炼出重点内容先进行集体教学，不仅对教师的要求很高，而且有的调整性课文调整后重点各有不同。此外，在制作多媒体课件的过程中也经常会遇到困难。在教学的时候，多套调整性教学内容在同一堂课上要融合也存在一定的难度。虽然有集体教学的时间来讲重点内容，但是大部分时间还是要将不同的调整性教学内容进行分组教学。她认为课堂割裂得太过分散，教学起来也缺乏整体架构，原本考虑可以让助教辅助，但实际上助教的语文专业水平和教师本人还有很大的差距，且 9 名学生的班级只配有 1 名助教，所以在实施的过程

中,教师和助教很难及时顾及每个小组。

从学生角度来说,T01 教师认为,虽然在集体教学的部分除了教师教授重点内容外,碰到类似齐读课文的任务时,按照原先的设想可以使用分屏学习的方式,让学生既可以阅读自己的内容,也可以学习其他小组的内容。但实际上,这些中重度智力障碍的学生看着不同版本的课文并不具备主动学习的能力。同样的问题还出现在分组教学的时候,由于教师无法一直兼顾到所有学生,所以往往还是会出现在教这一组学生的时候,其他学生无事可做的情况,原本 35 分钟的课堂对每一名学生而言可能分到的有效学习的时间并不多。

综合上述讨论,可以发现本方案还有反思的空间,且在实施上也有需要再精进的地方。

三、第一轮研究阶段语文教学调整方案的建议

从上述第一轮研究阶段对语文教学调整方案的反思中,研究者归纳教师们的看法,并通过文献再探究,提出了下一阶段的建议。

（一）弹性、灵活地进行教学调整

综合上述讨论,研究者认为采取单一策略编制调整性教学内容的这一做法并不可取,而是考虑应该使用不同的教学调整策略来调整适合每一名学生的教学内容。所以弹性、灵活地进行教学调整是第二阶段第二轮研究中要进行修改的地方。

（二）扩大本研究中"替代"策略的内涵

第一轮研究阶段我们只是提供了电子书作为"替代"策略,方式不够多元,且经过实践,T01 教师也认为在这一阶段研发的电子书并不太适合在其班级中使用。所以综合大家的看法,研究者认为在第二轮研究阶段可以在"替代"策略中,除电子书外,再增加一些替代性策略,给学生提供适合且能接受的一些辅助,来帮助学生更好地学习。

（三）更进一步精进教学

至于在教学的实施过程中,研究者也认为还有精进的必要。现在的教学并没有当初设想的那么顺利,一节课的时间大部分用来分组、进行个别教学会不够用,教师实施起来难度也比较大,所以下一阶段还是需要集合大家的智慧,想出更好的教学实施办法。

综上所述,经过了第一轮研究阶段,教师们都认可这一阶段的教学调整方案

对九(2)班的学生来说起到了一定的效果,看到了教学调整带来的部分成效,也肯定了这一阶段研究的价值,那就是让教师们初步熟悉了几种调整策略的做法,也从一次次的讨论实践中发现了教学调整的核心精神,有了一定的信心继续做下去。同时也对这整个过程中出现的问题进行了反思和检讨,并为下一阶段的第二轮研究提出了建议。

第五章　语文教学调整方案
第二轮研究结果

　　基于对第一轮研究阶段的反思,研究者又进一步对如何改进上一阶段的语文教学调整方案的不足,展开了第二轮研究。第二轮研究通过 3 个月的小组现场实践讨论,对教学调整方案进行了修正,并结合近 5 个月的单一个案实验研究,探究语文教学调整方案对学生语文学习的增进效果。

　　这一章节就对第二轮研究阶段整个研究历程与内容作一完整呈现。本章分为 4 节,第一节为第二轮研究阶段的教学调整方案研发结果,这一节主要是围绕教学调整策略的修正、教学调整策略的综合使用以及教学实施 3 个关键的问题进行反思、讨论、实践,形成正式的语文教学调整方案;第二节为第二轮研究阶段的个案班级教学调整方案,这一节就这一阶段以个案班级九(2)班来对修正后教学调整的过程进行举例说明;第三节为第二轮研究阶段的单一个案实验结果与讨论,这一节主要是将这一阶段的教学调整方案在九(2)班的实验结果加以呈现与分析;第四节为语文教学调整方案的家长与教师反馈,这一节,研究者主要是通过对家长问卷、访谈以及参与教师访谈来做出呈现、归纳。

第一节　第二轮研究阶段的教学
调整方案研发结果

　　在第二轮研究中,总共进行了 10 次小组讨论,并且配以教师们的实践,来修正第一轮研究阶段的教学调整方案,形成第二轮研究阶段的方案。现就这些内容的关键性问题作一呈现。

一、修正与使用语文教学调整方案的教学调整策略

事实上，教师们在得出了上一阶段的研究结果后，已经对这一阶段的研究有了大致的建议。所以研究者在讨论开始前就和参与教师确定了这一阶段的关键问题：如何修正并使用语文教学调整方案中的教学调整策略，真正做到为每个学生提供适宜的教学内容？研究者将实践讨论小组教师们就这一问题的想法与建议归纳如下。

（一）教学调整策略修正的讨论

考虑到很多特殊学生的学习需求可能是双重的，甚至是多重的，如果每个学生仅仅使用根据某一种策略编制的调整性教学内容，那么这其实是很难灵活适应和满足每个学生差异化的学习需要。所以首先，教师们针对教学调整策略的修正提出了新的看法。

1. 沿用第一轮研究阶段的"简化""分解""替代""重整"策略

T02、T03 教师认为在上一阶段虽然不够理想，但通过大家的讨论、研究者的示例，以及做出的几套可供选择、修正的调整性教学内容还是有很大帮助的，大家初步熟悉了教学调整的策略。虽然第一轮研究阶段单一个案实验的结果并不理想，但教师对教学调整的感受还是正向的：

学生在课堂上的表现有进步，说明调整是对的，我想我们可以尝试运用这些策略，去灵活调整每一篇课文来适应每一个孩子，而不是事先把课文都调好，然后再帮他们选（组 T021212 内容）。

使用不同的教学调整策略来调整教材，可以这个学生这样调，那个学生那样调，的确不能单纯提供给每个学生固定的事先编写好的某一套教学内容（组 T031212 内容）。

T01 教师也分享了自己的亲身体会：

我觉得简化、重整这两个方法都是好用的，分解虽然我在上一阶段没有使用，那是因为我是从单一策略的角度来考虑的，但是如果能够运用这些策略灵活调整的话，我觉得 S07 学生就很需要分解这一策略。至于替代这一策略，我们当时的讨论只是考虑到了电子书，忽略了其他替代的形式，所以并不是这一策略不好用，只是还需要修正而已（组 T011212 方法）。

T06 教师也赞同 T01 教师的看法："我也认为这里对教学调整的策略都可以使用，只是我们要灵活使用（组 T061212 方法）"。因此，这里研究者综合大家

的看法认为,应该使用教学调整策略去为每一个学生调整他的课文,而非使用某种单一调整策略编制出一套教学内容让学生去使用,这样才能灵活地适应和满足每个学生差异化的学习需要。此外,也确定了在第一轮研究阶段中几种调整性教学内容中的策略对学生的学习是有效的,可以在正式阶段沿用。

2. 扩大本研究中"替代"策略的内涵

从上一阶段的研究,大家也发现了,在培智学校,特殊学生使用的教学内容本身就含有一定的功能性,所以还是适合一部分学生的。根据实际情况来看,有些能力较好的学生确实能够学习和使用现有教材,但对类似 S03 这样的学生而言,可能简化教学内容对他来说是低估了他的能力,对 S04、S05、S06 这样的学生来说,虽然简化了内容,但是也没有达到很好的效果,如若给他们做分解、替代或者是重整,又没有必要,因为实际上他们有一定的语文学习能力,只是缺乏一个学习的支架。

因此,综合参与教师的看法与建议,研究者认为应该扩大本研究中"替代"策略的内涵,除了本研究之前使用的电子书形式外,增加一些辅助的替代性内容,给学生提供适合且能接受的一些支持,帮助他们达成更好的学习效果。至于 T01 教师反映的电子书在集体课堂并不好用的问题,研究者认为这是 T01 教师班级的情况,如果今后培智的语文课堂采取小班化教学或是给适合操控的学生,可能就可以使用,所以究竟要不要使用是根据学生的情况和需求而定的,还是要谨记"灵活"二字。至于我们在培智学校可以提供除电子书外的哪些替代策略来调整教学内容,对此,教师们结合已有的教学经验发表自己的看法,在此,研究者也将实践讨论小组教师们就这一问题的想法与建议归纳如下:

对于智力障碍学生来说,理解图片要比理解文字容易得多,但是原教学内容中又不可能把每个字词都放上图片,所以我会在上课的时候,在多媒体课件上呈现图片来帮助他们理解(组 T021217 方法)。

班级中一个语文能力一般的学生,从进入高年级学习之后越来越困难,尤其在句子、段落朗读上比较明显。考虑到他具有一定的图片阅读能力,因此我给他提供一些关键字词的图片,发现他能够借助图片更好地理解句子了(组 T031217 方法)。

T01、T06 教师也表示图片其实对学生的学习来说有非常大的帮助,很多语文的教学都要通过图片来让学生进一步理解。所以,综合大家的看法,图片辅助是我们要加入"替代"策略中的内容之一。此外,T01、T02、T03 这 3 名高年级的教师对语文中段落篇章的教学也有自己的看法。比如 T01 教师提到了自己班级中的例子：

　　为了培养我们班级学生的自学能力，也为了让他们更加清楚课文的脉络，我曾经指导他们把课文中关键的词句圈划出来，再帮他们梳理课文内容，这样他们对课文内容的把握更加清晰（组 T011217 方法）。

　　T02 教师也同意 T01 教师的看法，她认为到了中高年级，课文的重难点除了字词句以外，也延伸到了段和篇，段篇中难教的就是文章的组织架构："最清楚的就是你问一下班级学生这篇课文大概讲了哪些内容，没有一个学生能够概括出来的（组 T021217 方法）。"

　　这种的的确确对他们来说是最难的，其实真的简化一些内容、分解一些目标、做电子课本，或者重整为更口语化的文本，都没有问题，但不要忘记把课文段和篇的重难点给解决掉也是非常关键的（组 T031217 内容）。

　　T01、T02 教师还认为从她们教学高年级的经验来看，实际上班级里可能有这样一类学生，只需要给他们一个文本脉络，就能够提升他们的学习效果。

　　随着学习的课文篇幅越来越长，很多学生对课文的理解大多数都是零散的，也不能准确地去抓住每篇课文的关键、核心的内容，我就会对课文中那些关键的字词进行加红放大，对能够凸显课文结构的字词也进行放大加红，通过提供这样的辅助，帮助他能够关注到课文的脉络和重点（组 T011217 方法）。

　　我曾经也这样做过，就是对课文中的关键内容标红放大，学生的注意力就会关注在这些内容上，然后课堂上的提问就能回答出来了（组 T021217 方法）。

　　T03 教师也认为这是一个不错的方式："这样他们容易找到重点在哪里，不然眼睛扫来扫去也不知道看什么地方（组 T031217 方法）"。T06 教师也认为如果对于教学的重难点和文本脉络可以突出显示的话，和图片一样会是一个不错的协助。

　　除了图片和突出显示重难点以及文本脉络外，教师们也针对第一阶段的研究提出了另外几个替代的方式：

　　就对于 S03 这样的学生来说，语文能力良好，如果要给他做简化反而满足不了他的需求，提供图片和突出显示也解决不了问题，他有很好的理解能力，所以是不是可以给他使用原教学内容，但是全部放大字体，就能帮助他提升语文学习成效（组 T011217 方法）。

　　我们班级现在是八年级，有一些长句正在教学，因为好几个普校转来的学生学习过拼音,所以对有的学生来说,如果长句的学习有困难,其实也可以在现在的教学内容上,特别为他加注每一个字的拼音,让他在朗读上突破障碍(组T031217 方法)。

综合研究小组成员的讨论情况,可以看到,其实该阶段教师们的讨论都集中在要扩大本研究中"替代"策略的内涵,不仅是电子课本,还要提供增加图片、放大加红重点、放大课文字体、给文字注音等替代方式。所以在这里,研究者综合现在的实际情况,为了和电子课本加以区分,把本研究中的"替代"策略扩大定义为:包括电子书、放大和(或)变色重要字词、文章脉络梳理、提供关键图片、提供拼音等各种替代性的适宜方式,以帮助学生达到最近发展区。

(二)教学调整策略如何使用的讨论

在确认了策略后,这些调整策略应该如何使用,才能真正满足每个学生不同的学习需求呢?通过第一轮研究阶段实践后的反思,教师们都感受到单一使用一种调整性教学内容是很难满足每个学生的需求的。T01 教师认为:"班中每个学生能力不同,如果在策略上,我们还是限制只能选择一种,又会陷入上一阶段的僵局(组 T011226 方法)。"

我们班的一个同学他对复杂句的理解比较困难,如果使用简化的教学内容,还是难以较好地帮助他理解课文内容,所以我觉得可以对他使用两种策略,先简化再分解(组 T031226 方法)。

我们班一个学生与你说的这名学生相似,只是使用简化的教学内容学生还是难以较好地理解课文内容,但是她的复杂句理解得不错,只是对课文整体的理解有困难,需要帮她提炼出课文的脉络(组 T021226 方法)。

那对我们班级能力最弱的 S08、S09 来说,我觉得重整后的课文也比较有难度,最好还要分解句子,再帮他配上图片(组 T011226 方法)。

T06 教师总结说:

其实我认为我们应该可以综合使用这些策略,勾选一个也好,两个也好,甚至三个也可以,根据学生的情况来分析,他需要哪些策略就给他使用哪些策略来调整(组 T061226 方法)。

所以在这里,研究者综合上述教师的看法,将修正后的方案中的策略明确为根据学生的情况,灵活、弹性选用,可以单选,也可以多选。

(三)实践修正调整性教学内容选用汇总表

在对以上关键问题讨论确定后,小组成员们就开始进行实践。由于大家都对教学目标评估持肯定态度，所以实践讨论小组决定继续使用第一个表件"语文教学调整方案的教学目标评估表"，并将上一阶段第二个表件"语文教学调整方案的调整性教学内容选用汇总表"修正为"语文教学调整方案的调整策略汇总表"，原来的"教学内容选用"修正为"策略选择"。策略的部分分为 5 种，为了使教师理解，并容易操作，实践讨论小组将策略定义如下。

（1）"无需调整"。是指课文内容符合学生的能力，不需要调整。

（2）"简化"。是指将文本难度降低和（或）文本内容减少（减量）的一种调整教学内容策略。

（3）"分解"。是指将文本中的内容或目标细分，降低难度，让其逐步学习的一种调整教学内容策略。

（4）"替代"。是指将学习的内容以多媒体电子课本的方式呈现，呈现时配以语音报读，字词、图片闪现的一种调整教学内容策略；另提供学生在学习过程中的支持，包括放大和（或）变色重要字词、文章脉络梳理、提供关键图片、提供拼音等各种适宜方式，以帮助学生达到最近发展区。

（5）"重整"。是指将文本重写，内容符合原文含义，内涵更符合学生的生活经验，更为功能化的一种调整教学内容策略。

（四）实践讨论修正调整性教学内容选用记录表

就如何修正上一阶段第三个表件"语文教学调整方案的调整性教学内容选用记录表"上，实践讨论小组的教师们又开展了激烈的讨论，以下是研究者将其讨论的重点进行汇整呈现：

我觉得教学内容既然要调整，首先教师自己要熟悉教学内容，知道这篇课文里的重难点是什么，脉络是什么，那么教师才能够为每位学生调整出适合他们的教学内容（组 T020109 内容）。

在教学调整的过程中，我如何进行调整，本身就需要基于对教学内容的分析。比如对于我们班级的学生来说，我要对课文内的某一个词语进行简化的调整，我就必须要清楚，对这篇课文来说，这个词语是不是重点，是不是四会字的词语，那这些其实还是基于对教学内容的分析，而不是教师想怎么调整就怎么调整的（组 T030109 方法）。

在教学调整的过程中，分析教学内容，还不仅仅是分析该教学内容的重难点，还要结合学生的情况，去决定如何调整出适合学生的教学内容。比如对一名学生来说可能既要简化，又要分解。那么就要对教学内容进行分析以后来决定该如何调整（组 T010109 方法）。

T06 教师也认为，教学内容分析可以让教师对课文有更深刻的认识，理清教学思路，可以让教师挖掘学生的可能性，让教师更清楚学生已有的知识能力，然后与新课文的知识点进行结合："通过分析教学内容能将文本内容和学生能力、需求相对应起来，这样调整出来的教学内容才是真正适合学生的（组 T060109 方法）"。

因此从上述教师们的讨论中可以看到，第二轮研究阶段除了要沿用已有策略并扩大"替代"的内涵外，教学调整非常关键的一点是，还必须要对文本进行准确、深入的分析，这是为每位学生进行教学调整之前必须要做到的。因此，在第三个表件中，实践讨论小组将调整性教学内容选用记录表修正为"语文教学调整方案的调整内容记录表"。表格除了基本信息的填写外，教学调整策略选用罗列了无需调整、简化、分解、替代、重整 5 种。此外，增加了原本没有的教学内容分析，这里需要教师结合学生的实际情况对教学内容逐一分析，可以是教学重难点、关键词语等的分析，也可以是有关文章脉络的分析，基于文本分析调整出适合每个学生的教学内容。

上述两个表件修正过后，研究者也让个别教师用自己的班级进行试教，发现表件操作简易，教师也很容易理解。应该说，经过上述为期 2 个多月的教师小组实践讨论，已修正了第一轮研究所发展出的调整方案。在整个方案的流程上，教师们认为，先从学期班级教学目标，结合学生能力进行评估是正确的，之后应该弹性使用教学调整策略，并扩大本研究中"替代"策略的内涵，最后结合教学内容分析以及学生能力而调整出适合每个学生的学习内容，这样才能灵活地适应和满足每个学生差异化的学习需要。

三、如何精进第二轮研究阶段的教学实施的讨论

在修正完第二轮研究阶段的所有表件后，小组讨论又围绕如何精进教学，使得方案的介入更具成效而展开。研究者在此将这一主题的一些重点内容做一归纳整理：

我觉得先把重点的内容进行集体教学再大量时间分组进行的方式并不理想，因为学生没有我们想象的那么有能力，我和助教上学期两个人每一节课都在 9 名学生的 3 套教学内容中奔波，我觉得我自己讲的时间很少，分组教分到每个学生身上的时间是不够的（组 T010116 方法）。

对我们的学生来说，大量时间分组看上去是做到了个别化，实际上我们的人手根本不够，平时助教能管住那一两个最差的学生已经不错了（组 T060116 方法）。

T02、T03 教师也表示赞同，T03 认为助教的资质是幼儿园的保育员资质，和教师的专业还是有很大的差异，所以不能把助教当作教师来考虑。"课堂还是要依靠教师来把控，如果大量时间都是分组学习的话，的确会浪费许多学生的时间（组 T030116 方法）"。

所以在这里大家统一了思想，就是从现在的实际情况来看，教学还是要以教师的教为主，由教师进行讲授。的确，从研究者观察第一轮研究阶段 T01 的课堂来看，第一轮研究阶段的教学并没有想象的那么顺利。培智学校原本一贯的方式就是以集体教学为主，分组教学为辅，教师详细地讲解原课文的内容，然后花一小部分的时间给学生分组练习，这样教师的讲解会比较透彻。唯一的问题就是当时所有学生使用的都是原教学内容。如果现在，还是由教师详细讲解，学生使用方案调整出的教学内容，那对学生的难度就会比我们原来的教学要小很多，因为学生看的是符合他们能力的教学内容。

那教师教学的时候使用的是哪一种版本的教学内容呢？这又成为小组讨论中的另一个话题。研究者现将大家的看法汇总呈现：

如果是我的话，我会教学原课文，毕竟大家的教学内容都是根据原课文来调整的，重点的内容还是在原课文，再说班级里还有适用原课文的学生，所以我觉得用任何一名学生调整过的课文来教学都是不合适的，原文有原文存在的必要（组 T010121 内容）。

但是 T03 教师产生了疑问："那在多媒体课件上出示的是原课文，其他调整教学内容的学生还是看不懂（组 T030121 内容）"。在这个问题上，T01、T02 教师有了比较一致的观点：

在我上课之前，因为已经用我们这一阶段修好的方案对每一名学生的课文进行了调整，所以我其实对课文的重难点和每个学生难以理解的地方有了大概的了解，所以我课前就可以把这些重难点都制作在我的多媒体课件上（组 T010121 方法）。

如果这一篇课文我们进行了教学内容分析，也为每一名学生进行了调整，那其实在教学的时候就可以把这些内容在多媒体课件上也加以呈现，比如我为一名学生在一些重点词语上配了图，那我上课的时候对这一词语也会配图（组

T020121 方法）。

　　T06 教师也同意这样的做法，她认为可以把每个学生的难点都在教授原教学内容的过程中加以重点讲解，并在多媒体课件上呈现和学生相同的处理，比如有对学生的文本架构做放大加红字体的，在多媒体课件上也可以这样做，这样每一个学生都能在这堂课上学到自己能够学习的内容。T01 教师还补充说：

　　　　在我集体讲课之后也还是可以用小部分的时间进行分组练习巩固，这个时候学生因为已经学习过重点内容，分组只是练习巩固，而非让他们自学，时间也不会花太多，这也是可以尝试的（组 T010121 方法）。

　　所以经过了这次小组讨论，研究者综合大家的意见，在第二轮研究阶段教学调整方案的介入上，采用教师集体教学为主，并根据学生需求在多媒体课件上呈现学生调整的重点进行教学。T01 教师也在讨论之后，试做过一篇课文的多媒体课件，发现这种方式比第一轮研究阶段的教学难度更小，可以实施。在方案修订后，研究者也向专家汇报了整个研究方案，并请专家确认方案最终的合理性，在针对教学调整方法的部分，100％（6 名）专家都对教学调整的 4 个方法选择"非常适合"，即：① 班级教学目标结合学生能力进行评估；② 依据学生大概情况描述，灵活弹性选择他所需要的教学调整策略；③ 分析教学内容并结合学生的实际语文能力水平做教学调整；④ 进行教学。在针对方案中配套表件的部分，100％（6 名）专家对"语文教学调整方案的教学目标评估表""语文教学调整方案的调整策略汇总表""语文教学调整方案的调整内容记录表"3 个表件选择"非常适合"。在针对调整教学内容的部分，100％（6 名）专家对 S03、S04、S05、S06、S08、S09 调整后的教学内容表示"非常适合"，83.33％（5 名）专家认为 S07 调整后的教学内容"非常适合"，16.67％（1 名）专家认为 S07 调整后的教学内容"比较适合"，并且提出对其使用分解策略的句子"有时要注意句型不要太过小步骤"的修改建议，研究者也依据实际情况进行了部分修正。

　　可以说，经过了上述为期两个多月的教师实践讨论，教师们修正了第一轮研究阶段语文教学调整方案和其实施过程中发现的问题，并形成了第二轮研究的语文教学调整方案，即先从学期班级教学目标结合学生能力进行评估，再依据学生大概情况描述，灵活弹性选择他所需要的教学调整策略，然后分析教学内容并结合学生的实际语文能力水平做教学调整，最后进行教学这一完整的、可以简单操作的培智学校语文教学调整方案。第二轮研究阶段语文教学调整方案的实施流程如图 5-1 所示。

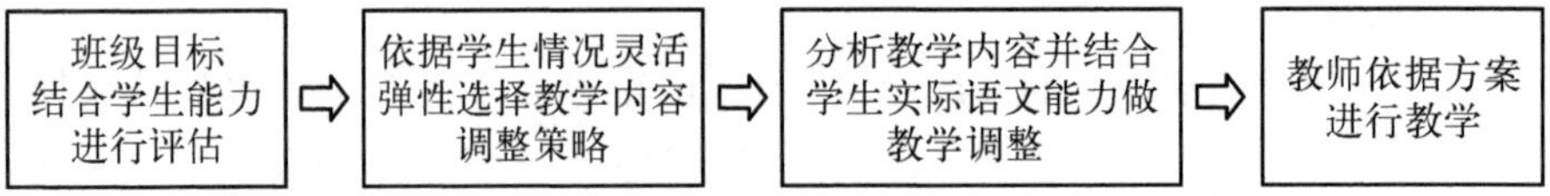

图 5-1　第二轮研究阶段语文教学调整方案的实施流程

第二节　第二轮研究阶段的个案班级教学调整方案

在上一节，通过研究小组 10 次的讨论，结合实践，对第一阶段语文教学调整方案进行了修正，确定了弹性使用"无需调整""简化""分解""替代""重整"5 种策略，并对"语文教学调整方案的调整性教学内容选用汇总表"和"语文教学调整方案的调整性教学内容选用记录表"两个表件均进行了修改，加入对教学内容的分析，并对如何精进教学有了构想。该阶段总结了上一阶段的经验，将对九（2）班的学生再次开展第二轮研究阶段的实验。所以在这一节，研究者将以某一课课文为例，将个案班级第二轮研究阶段的教学调整过程加以呈现。

一、个案班级学生教学目标评估

在这里，个案班级的语文授课教师 T01 根据每一名学生的能力填写了这一阶段"语文教学调整方案的教学目标评估表"，具体见表 5-1。

表 5-1　个案班级第二轮研究阶段的教学目标评估表

班　　级	九（2）					学科	语文		
教学内容来源	《辅读学校实用语文学本》					册数	第十六、十七、十八册		
教　学　目　标	S01	S02	S03	S04	S05	S06	S07	S08	S09
1. 会认、读、写、运用部首"皿"	√	√	√	√	√	—	—	—	—
2. 会认、读、写、运用"纸""京"等 25 个四会生字，能正确读出多音字"觉""难"的音	√	√	√	√	√	√	—	—	—

续　表

教　学　目　标	S01	S02	S03	S04	S05	S06	S07	S08	S09
3. 会认、读"优""宽""横"等 15 个二会生字	√	√	√	√	√	√	√	—	—
4. 会认、读、写、运用"小组""白纸""北京"等 21 个词语	√	√	√	—	—	—	—	—	—
5. 能积累"雄伟壮丽""花团锦簇"等 10 个词语	√	√	√	—	—	/	/	/	/
6. 能缩写句子	√	√	√	—	—	/	/	/	/
7. 能理解课文内容	√	√	√	—	—	—	—	—	—
8. 正确、流利地朗读课文	√	√	√	—	—	—	—	—	—
9. 能用词语"重要""快捷""故乡""连忙"造句	√	√	√	—	—	—	—	—	—
10. 能用句式"有的…有的…还有的…""…的时候,…""…正…""既…又…"造句	√	√	√	—	—	—	/	/	/
11. 体会课文所表达的情感	√	√	√	√	√	√	—	—	—
12. 背诵指定课文段落	√	√	√	—	—	—	—	—	/
13. 能看懂地铁换乘图	√	√	√	—	—	—	—	—	—
14. 学会抓住事物特征的描写方法	√	√	√	—	—	—	/	/	/

备注:"√"表示一般来说经过教学,学生可以达成该条目标;"—"表示如果降低目标要求,如将"会认、读、写、运用"降低为"会认、读"或"会认"等,将"朗读"降低为"跟读""指读"等,经过教学,学生可以达成该条目标;"/"则表示该条目标即便降低,学生也无法很好完成。

　　由表 5-1 可见,S01、S02、S03 经过教学能够达成所有教学目标,不需降低目标要求。S04、S05 有 4 条目标经过教学能够达成,其余目标降低要求后也均能够达成。S06 有 3 条目标经过教学能够达成,1 条目标即便降低要求也无法很好达成,其余目标降低要求后均能够达成。S07 有 1 条目标经过教学能够达成,大部分目标在降低要求后能够达成,有 5 条目标即便降低也无法很好完成。

S08、S09 大部分目标降低要求后才能达成,部分目标即便降低也无法很好完成。

二、个案班级学生教学调整策略选择

在评估了班级学生目标后,教师 T01 根据每一名学生的语文能力现状对每一名学生如何灵活弹性使用教学调整策略进行了初步判断,具体见表 5 - 2。

表 5 - 2　个案班级第二轮研究阶段的调整策略汇总表

班　级	九(2)		学　科		语文
教学内容来源	《辅读学校实用语文学本》		册　数		第十六、十七、十八册
姓　名	学生情况描述	策　略　选　择			
		无需调整	简化	分解	替代	重整
S01	语文能力在班中最好,能够自主学习课文,通过教学能够掌握相关知识	√				
S02	语文能力较好,通过教学能够基本掌握相关知识	√				
S03	语文能力较好,通过教学能够基本掌握相关知识;从最新的体检报告上发现他视力下降非常厉害,而且还伴有斜视的问题				√	
S04	语文能力尚可,能够在引导下大致理解课文内容,但缺乏理清文本脉络的能力,对于课文中部分较难的词语和复杂的句子需要较多指导				√	
S05	语文能力尚可,能够在引导下大致理解课文内容,但缺乏理清文本脉络的能力,对于课文中部分较难的词语和复杂的句子需要较多指导,在朗读方面存在一定困难				√	

续 表

姓 名	学生情况描述	策 略 选 择				
		无需调整	简化	分解	替代	重整
S06	语文能力一般,在较多的引导和辅助下能大致理解课文内容,朗读方面存在一定困难;有一定的图片阅读能力,借助图片能够更好地识记和理解字词				√	
S07	语文能力一般,在较多的引导和辅助下能大致理解课文内容,能够理解简短的句子,但长句较难掌握;有一定的图片阅读能力,借助图片能够更好地识记和理解字词		√	√	√	
S08	语文能力较弱,能在指导、辅助下初步理解与生活经验相关性高的课文内容;有一定的图片阅读能力,借助图片能够更好地识记和理解字词			√	√	√
S09	语文能力较弱,平时上课时反应比较缓慢,对课文内容较难掌握,但在指导下可以理解更符合自身生活经验的简短句子;有一定的图片阅读能力,借助图片能够更好地识记和理解字词			√	√	√

三、个案班级学生教学调整示例

在填写了教学调整策略汇总表后,教师 T01 就会进行教学内容分析,并结合每一名学生的情况填写"语文教学调整方案的调整内容记录表",以作为教学资料备存。表 5 - 3～表 5 - 8 是以《夏日荷花》一课为例呈现的个案班级学生各种教学调整策略选用记录表。考虑到篇幅问题,在这里研究者暂不呈现无需调整的 S01、S02 学生。

1. 学生 S03

S03 学生的语文能力较好,通过教学能够基本掌握相关知识。该学生能够认真、主动地参与课堂学习，理解学习内容，因此不需要调整，使用原教学内容即可。但是从最新的体检报告上发现该学生视力下降非常厉害，而且还伴有斜视的问题，因此提供辅助，通过放大课文字体来减少原教学内容带来的困难。学生S03"语文教学调整方案的调整内容记录表"见表5-3。

表5-3　学生S03语文教学调整方案的调整内容记录表

班　级	九(2)	学科	语文	教学内容来源	《辅读学校实用语文学本》
册　数	第十七册	课题	4.《夏日荷花》		
姓　名	教　学　内　容				
	原内容	简　化	分　解	替　代	重　整
S03				√	
教材分析	本文的内容对他而言无需做调整，但是需要放大字体，提供协助。				
原教学内容	4.夏日荷花 夏日里，荷花开满了整个荷塘。 你瞧那荷叶，像一个碧绿的大圆盘，表面如打上蜡一样光滑，上面的水珠犹如晶莹透亮的钻石。再看那荷花，有的还是花骨朵儿，看起来饱胀得马上要破裂似的；有的才展开两三片花瓣儿，像孩子在向我们招手一般；有的花瓣儿全都展开了，像芭蕾舞演员的裙摆一样，还露出了嫩黄色的小莲蓬。远远望去，朵朵荷花亭亭玉立。一阵微风吹过，粉的荷花、绿的荷叶，翩翩起舞，美丽极了！ 这就是夏日的荷花，清香优雅。				
调整后 教学内容	4. 夏日荷花 夏日里，荷花开满了整个荷塘。 你瞧那荷叶，像一个碧绿的大圆盘，表面如打上蜡一样光滑，上面的水珠犹如晶莹透亮的钻石。再看那荷花，有的还是花骨朵儿，看起来饱胀得马上要破裂似的；有的才展开两三片花瓣儿，像孩子在向我们招手一般；有的花瓣儿全都展开了，像芭蕾舞演员的裙摆一样，还露出了嫩黄色的小莲蓬。远远望去，朵朵荷花亭亭玉立。一阵微风吹过，粉的荷花、绿的荷叶，翩翩起舞，美丽极了！ 这就是夏日的荷花，清香优雅。				

说明：放大课文字体。该教学内容适合班级中S03学生。

2. 学生 04

S04 学生的语文能力尚可，能够在引导下大致理解课文内容，但缺乏理清文本脉络的能力，对于课文中部分较难的词语和复杂的句子需要较多指导，再结合教学目标评估，有 4 条目标经过教学能够达成，其余目标降低要求后也均能够达成，因此该学生能够使用原教学内容进行学习，只不过在课堂上需要教师更多的关注与辅助。同时为了帮助该学生提炼文本脉络，形成整体概念，提供主题脉络的提示性辅助能起到更好的学习效果，攻克该学生的学习难点，因此替代的策略更适合该学生。经过教师的日常观察，该学生对于放大变红的字体更加敏感，更容易识记，因此选择放大变红与文本脉络相关的词语、短句来凸显课文脉络，从而进行教学调整。对于教学内容中学生缺乏实际经验或需要仔细观察的内容可配图帮助理解。学生 S04"语文教学调整方案的调整内容记录表"见表 5－4。

表 5－4　学生 S04 语文教学调整方案的调整内容记录表

班　级	九(2)	学科	语文	教学内容来源	《辅读学校实用语文学本》			
册　数	第十七册	课题	4.《夏日荷花》					
姓　名	教　学　内　容							
	原内容		简　化		分　解	替　代		重　整
S04						√		
教材分析	本篇课文教学的一个重点是通过理解、朗读课文感受荷花的美。在理解教学内容上，要让学生抓住课文的主题脉络，可以提供主题脉络的提示性辅助，如放大字体、变红字体、加粗字体等；另一个重点是通过学习荷叶、荷花的特点从而学会抓住描写事物特征的方法，这既是重点，对这名学生来说也是学习难点，可以借助图片来帮助学生理解。							
原教学内容	4. 夏日荷花 　　夏日里，荷花开满了整个荷塘。 　　你瞧那荷叶，像一个碧绿的大圆盘，表面如打上蜡一样光滑，上面的水珠犹如晶莹透亮的钻石。再看那荷花，有的还是花骨朵儿，看起来饱胀得马上要破裂似的；有的才展开两三片花瓣儿，像孩子在向我们招手一般；有的花瓣儿全都展开了，像芭蕾舞演员的裙摆一样，还露出了嫩黄色的小莲蓬。远远望去，朵朵荷花亭亭玉立。一阵微风吹过，粉的荷花、绿的荷叶，翩翩起舞，美丽极了！ 　　这就是夏日的荷花，清香优雅。							

续　表

调整后 教学内容	**4. 夏日荷花** 夏日里,**荷花开满了整个荷塘。** 　**你瞧那荷叶** ,像一个碧绿的大圆盘,表面如打上蜡一样光滑,上面的水珠犹如晶莹透亮的钻石。**再看那荷花,有的** 还是花骨朵儿 ,看起来饱胀得马上要破裂似的;**有的**才展开两三片 花瓣儿 ,像孩子在向我们招手一般;**有的**花瓣儿全都展开了 ,像芭蕾舞演员的裙摆一样,还露出了嫩黄色的小莲蓬。远远望去,朵朵荷花亭亭玉立。一阵微风吹过,粉的荷花、绿的荷叶,翩翩起**舞,美丽极了!** 这就是夏日的荷花,清香优雅。

说明：先将与文本脉络相关的词语、短句放大加红,再插入本篇课文描写的 3 种样子的荷花图片帮助学生理解。本教学内容调整后给 S04 使用。

3. 学生 S05

S05 学生的语文能力尚可,对于课文的理解能力优于 S04,但也缺乏理清文本脉络的能力,需要教师提供一定的指导。对于课文中部分较难的词语和复杂的句子需要较多指导,朗读方面存在一定困难。再结合教学目标评估,有 4 条目标经过教学能够达成,其余目标降低要求后也均能够达成,因此该学生能够使用原教学内容进行学习,只不过在课堂上需要教师更多的关注与辅助。同时为了帮助该学生提炼文本脉络,形成整体概念,提供主题脉络的提示性辅助能起到更好的学习效果,攻克该学生的学习难点,因此替代的策略更适合该学生。经过教师的日常观察,该学生对于放大变红的字体更加敏感,更容易识记,但由于该学生有一定的课文理解能力,变红的单一刺激已经能够起到提炼脉络的效果,因此只变红文本脉络相关的词语、短句来凸显课文脉络,从而进行教学调整。对于教学内容中学生缺乏实际经验或需要仔细观察的内容可以配图帮助理解。学生 S05"语文教学调整方案的调整内容记录表"见表 5-5。

表 5 - 5　学生 S05 语文教学调整方案的调整内容记录表

班　级	九（2）	学科	语文	教学内容来源	《辅读学校实用语文学本》		
册　数	第十七册	课题		4.《夏日荷花》			
姓　名	教　学　内　容						
	原内容	简　化	分　解		替　代		重　整
S05					√		

教材分析	本篇课文教学的一个重点是通过理解、朗读课文感受荷花的美。在理解教学内容上，要让学生抓住课文的主题脉络，可以提供主题脉络的提示性辅助，如放大字体、变红字体、加粗字体等；另一个重点是通过学习荷叶、荷花的特点从而学会抓住描写事物特征的方法，这既是重点，对这名学生来说也是学习难点，可以借助图片来帮助学生理解。
原教学内容	4. 夏日荷花 　　夏日里，荷花开满了整个荷塘。 　　你瞧那荷叶，像一个碧绿的大圆盘，表面如打上蜡一样光滑，上面的水珠犹如晶莹透亮的钻石。再看那荷花，有的还是花骨朵儿，看起来饱胀得马上要破裂似的；有的才展开两三片花瓣儿，像孩子在向我们招手一般；有的花瓣儿全都展开了，像芭蕾舞演员的裙摆一样，还露出了嫩黄色的小莲蓬。远远望去，朵朵荷花亭亭玉立。一阵微风吹过，粉的荷花、绿的荷叶，翩翩起舞，美丽极了！ 　　这就是夏日的荷花，清香优雅。
调整后教学内容	4. 夏日荷花 　　夏日里，荷花开满了整个荷塘。 　　你瞧那荷叶　　　　，像一个碧绿的大圆盘，表面如打上蜡一样光滑，上面的水珠犹如晶莹透亮的钻石。再看那荷花，有的还是花骨朵儿 ，看起来饱胀得马上要破裂似的；有的才展开两三片花瓣儿　　　，像 孩子在向我们招手一般；有的花瓣儿全都展开了　　　　，像芭蕾舞演员的裙摆一样，还露出了嫩黄色的小莲蓬。远远望去，朵朵荷花亭亭玉立。一阵微风吹过，粉的荷花、绿的荷叶，翩翩起舞，美丽极了！ 　　这就是夏日的荷花，清香优雅。

说明：先将与文本脉络相关的词语、短句加红，再插入本篇课文描写的 3 种样子的荷花图片帮助学生理解。本教学内容调整后给 S05 使用。

4. 学生 S06

S06 学生语文能力一般，在较多的引导和辅助下能大致理解课文内容，朗读方面存在一定困难。原教学内容对其来说存在一定的学习难度。再结合教学目标评估，有 3 条目标经过教学能够达成，有 1 条目标即使降低目标也无法达成，其余目标降低要求后均能够达成，该学生与 S04、S05 学生情况相近但能力稍弱，因此可能需要简化和替代的策略支持，但是通过以往的教学发现，由于该学生自主学习的能力有限，需要教师提供足够的支持，简化教学内容并没有起到较好的学习效果，而且该学生倾向于模仿同伴，会与较好的学生进行比较，不同的课文内容会降低学生的学习兴趣和观察学习的机会，而使用原教学内容学生学到的知识反而更多，因此替代的策略更适合该名学生。经过教师的日常生活观察，学生对于放大加粗的字体更加敏感，更容易识记，对于颜色并没有特别的喜好，因此放大加粗文本脉络相关的词语、短句来凸显课文脉络，从而进行教学调整。对于教学内容中学生缺乏实际经验或需要仔细观察的内容可以配图帮助理解。学生 S06"语文教学调整方案的调整内容记录表"见表 5 - 6。

表 5 - 6　学生 S06 语文教学调整方案的调整内容记录表

班　级	九(2)	学科	语文	教学内容来源	《辅读学校实用语文学本》		
册　数	第十七册	课题	4.《夏日荷花》				
姓　名	教　学　内　容						
	原内容	简　化		分　解	替　代		重　整
S06					✓		
教材分析	本篇课文教学的一个重点是通过理解、朗读课文感受荷花的美。在理解教学内容上，要让学生抓住课文的主题脉络，可以提供主题脉络的提示性辅助，如放大字体、变红字体、加粗字体。另一个重点是通过学习荷叶、荷花的特点从而学会抓住描写事物特征的方法，这既是重点，对这名学生来说也是学习难点，可以借助图片来帮助学生理解。						
原教学内容	4. 夏日荷花 　　夏日里，荷花开满了整个荷塘。 　　你瞧那荷叶，像一个碧绿的大圆盘，表面如打上蜡一样光滑，上面的水珠犹如晶莹透亮的钻石。再看那荷花，有的还是花骨朵儿，看起来饱胀得马上要破裂似的；有的才展开两三片花瓣儿，像孩子在向我们招手一般；						

续　表

有的花瓣儿全都展开了,像芭蕾舞演员的裙摆一样,还露出了嫩黄色的小莲蓬。远远望去,朵朵荷花亭亭玉立。一阵微风吹过,粉的荷花、绿的荷叶,翩翩起舞,美丽极了!

这就是夏日的荷花,清香优雅。

调整后
教学内容

4. 夏日荷花

夏日里,**荷花开满了整个荷塘。**

你瞧那荷叶 ,像一个碧绿的大圆盘,表面如打上蜡一样光滑,上面的水珠犹如晶莹透亮的钻石。**再看那荷花**,**有的**

还是花骨朵儿 ,看起来饱胀得马上要破裂似的;**有的**才展开两三片

花瓣儿 ,像孩子在向我们招手一般;**有的**花瓣儿全都展开了

,像芭蕾舞演员的裙摆一样,还露出了嫩黄色的小莲蓬。远远望去,朵朵荷花亭亭玉立。一阵微风吹过,粉的荷花、绿的荷叶,翩翩起舞,**美丽极了!**

这就是夏日的荷花,清香优雅。

说明:先将与文本脉络相关的词语、短句放大加粗,再插入本篇课文描写的 3 种样子的荷花图片帮助学生理解。本教学内容调整后给 S06 使用。

5. 学生 S07

S07 学生语文能力在班中属于中下水平,在较多的引导和辅助下能大致理解课文内容,能够理解简短的句子,但长句较难掌握,朗读方面也存在一定困难。有一定的图片阅读能力,借助图片能够更好地识记和理解字词。根据学生的学习特点,需要分解教学内容的句子以帮助学生理解课文。再看教学目标的评估情况,学生在理解课文和朗读课文方面都需要降低要求才能够达成,而且课文本身的内容对学生来说难度较高,因此只是分解的教学内容对学生来说并不能完全满足需要,还需要课文的简化,并且搭配课文重点脉络凸显和图片来增益其学习效果。学生 S07"语文教学调整方案的调整内容记录表"见表 5－7。

表 5-7　学生 S07 语文教学调整方案的调整内容记录表

班　级	九(2)	学科	语文	教学内容来源	《辅读学校实用语文学本》		
册　数	第十七册	课题	4.《夏日荷花》				
姓　名		教　学　内　容					
	原内容	简　化	分　解	替　代	重　整		
S07		√	√	√			

教材分析	本篇课文教学的一个重点是通过理解、朗读课文感受荷花的美。在理解教学内容上，要让学生抓住课文的主题脉络，可以提供主题脉络的提示性辅助，如放大字体、变红字体、加粗字体等；同时根据这名学生的情况，还要将句子先简化，再分解，把句子的长度变短，难度降低，知识点分散。为了进一步帮助学生理解教学内容，还可以配课文相关图片，同时通过观察图片学习荷叶、荷花的特点，突破学习重难点。
原教学内容	4. 夏日荷花 　　夏日里，荷花开满了整个荷塘。 　　你瞧那荷叶，像一个碧绿的大圆盘，表面如打上蜡一样光滑，上面的水珠犹如晶莹透亮的钻石。再看那荷花，有的还是花骨朵儿，看起来饱胀得马上要破裂似的；有的才展开两三片花瓣儿，像孩子在向我们招手一般；有的花瓣儿全都展开了，像芭蕾舞演员的裙摆一样，还露出了嫩黄色的小莲蓬。远远望去，朵朵荷花亭亭玉立。一阵微风吹过，粉的荷花、绿的荷叶，翩翩起舞，美丽极了！ 　　这就是夏日的荷花，清香优雅。
调整后 教学内容	4. 夏日荷花 夏日里，荷花开满了整个荷塘。 

续　表

你瞧那荷叶,像一个碧绿的大圆盘。

再看那荷花,有的还是花骨朵儿;有的才展开两三片花瓣儿;有的花瓣儿全都展开了,还露出了嫩黄色的小莲蓬。

粉的荷花、绿的荷叶,美丽极了!
这就是夏日的荷花。

说明:**首先**,将课文内容进行简化,删减学生难以理解的"表面如打上蜡一样光滑,上面的水珠犹如晶莹透亮的钻石""看起来饱胀得马上要破裂似的""像孩子在向我们招手一般""像芭蕾舞演员的裙摆一样""远远望去,朵朵荷花亭亭玉立""一阵微风吹过""翩翩起舞""清香优雅"。**然后**,先将与文本脉络相关的词语、短句放大加红,为了便于学生理解和认读,**再**将课文内容进行分解,由于学生有一定的句子阅读能力,因此保留句段分成 5 个小节,每个小节一句话。**最后**,插入教学内容相关图片帮助学生理解。由于学生虽有阅读图片的能力,但仍需要教师进行指导,因此将图片放大,便于教师指导学生观察。本课原生字是"夏""盘""破",简化后生字变为"夏""盘"。本教学内容调整后给 S07 使用。

6. 学生 S08、S09

S08、S09 学生的语文能力在班中属于最弱水平,从教学目标评估表中可以看出,两名学生在课文理解和朗读方面均需要降低目标才能够达到要求,结合平时学生的学习情况,发现学生能在指导下初步理解与生活经验相关性高的教学内容,因此重整的教学内容更适合学生学习。但由于学生的理解能力不足,没有图片的提示和重点内容的凸显难以理解课文中的内容,所以仅仅有课文的重整还不够,还需要提供替代以及分解来帮助其学习。学生 S08、S09"语文教学调整方案的调整内容记录表"见表 5 - 8。

表 5 - 8　学生 S08、S09 语文教学调整方案的调整内容记录表

班　级	九(2)	学科	语文	教学内容来源	《辅读学校实用语文学本》
册　数	第十七册	课题		4.《夏日荷花》	

姓　名	教　学　内　容				
	原内容	简　化	分　解	替　代	重　整
S08、S09			√	√	√

教材分析	本篇课文教学的重点是通过理解、朗读课文感受荷花的美,并通过学习荷叶、荷花的特点从而学会抓住描写事物特征的方法。课文对这两名学生来说过于复杂,可以用口语化的、学生能够理解的短句来描写课文中生活化的内容,并配以图片来帮助理解,突破学习难点。除使用重整性教学内容外,再将句子进行分解,再配以放大变红加粗字体提供辅助,帮助学生进行学习。
原教学内容	4. 夏日荷花 　　夏日里,荷花开满了整个荷塘。 　　你瞧那荷叶,像一个碧绿的大圆盘,表面如打上蜡一样光滑,上面的水珠犹如晶莹透亮的钻石。再看那荷花,有的还是花骨朵儿,看起来饱胀得马上要破裂似的;有的才展开两三片花瓣儿,像孩子在向我们招手一般;有的花瓣儿全都展开了,像芭蕾舞演员的裙摆一样,还露出了嫩黄色的小莲蓬。远远望去,朵朵荷花亭亭玉立。一阵微风吹过,粉的荷花、绿的荷叶,翩翩起舞,美丽极了! 　　这就是夏日的荷花,清香优雅。
调整后 教学内容	4. 夏日荷花 夏天,**荷花开了**。 

续　表

荷叶是绿色的，大大的，圆圆的。

荷叶上有**水珠**。

这是**花骨朵儿**。

这朵荷花**才展开两三片花瓣儿**。

这朵荷花的**花瓣儿全都展开了**。

它的中间有黄色的**小莲蓬**。

这就是夏日的荷花。

说明：**首先**，将课文内容进行重整，第一小节重整为"夏天，荷花开了"；第二小节将文本内容重整为 5 个描写荷叶和荷花特点的短句，第四小节删减词语"清香优雅"。**然后**，先将一些重点词语、短句放大加红加粗，为了便于学生理解和认读，**再**将句子进行分解。**最后**，插入教学内容相关图片帮助学生理解，由于学生虽有阅读图片的能力，但仍需要教师进行指导，因此将图片放大，便于教师指导学生观察。本课原生字是"夏""盘""破"，简化后生字变为"夏"。本教学内容调整后给 S08、S09 使用。

第三节　第二轮研究阶段单一个案
实验结果与讨论

　　在为个案班级的 9 名学生进行完第二轮研究阶段的教学调整后，就开始进行实验研究，过程历时 17 周，从基线期、介入期到维持期共收集 34 次数据，具体每一次数据记录见附录十三。下面就将结果加以呈现，并进行讨论。

一、实验结果

（一）第二轮研究阶段全班学生语文学习效果的立即及维持成效分析

1. 全班学生语文学习效果的曲线分析

第二轮研究阶段全班学生语文学习效果曲线如图 5-2 所示。

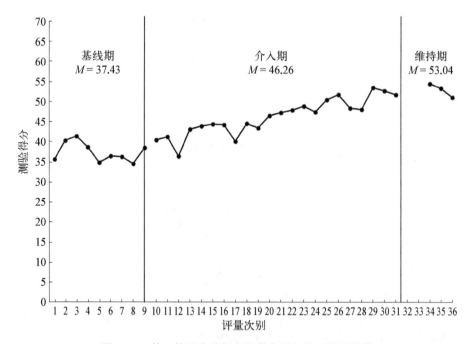

图 5-2　第二轮研究阶段全班学生语文学习效果曲线

　　由图 5-2 的资料变化图可以看出，介入第二轮研究阶段的教学调整方案后，全班学生语文学习效果资料点的分布范围均比基线期高，且有持续升高的趋势,评量的平均分数也显著增加。因为培智学校的教学内容本身就是功能性的教学内容,所以基线期的平均分也有 37.43,进入介入期后平均分增长为 46.26,显示方案介入具有立即成效。另在维持期亦有不错的改善,平均分显示为 53.04分,远高出基线期,也高于介入期,显示出了介入的成效。

2. 全班学生语文学习效果的目视分析

(1)阶段内变化分析。第二轮研究阶段全班学生语文学习效果的阶段内目视分析结果摘要见表 5-9。

表 5-9　第二轮研究阶段全班学生语文学习效果的
阶段内目视分析结果摘要

阶段顺序	A/1	B/2	A'/3
评量次数	9	22	3
趋向估计	↘ (一)	↗ (+)	↘ (一)
趋向稳定性	多变 77.78%	稳定 90.91%	稳定 100%
水平范围/分	34.61～41.44	36.50～53.56	51.22～54.50
阶段平均值/分	37.43	46.26	53.04
水平变化	38.61～35.72 2.89	51.78～40.50 11.28	51.22～54.50 -3.28
水平稳定性	多变 66.67%($C=15\%$)	多变 50.09%($C=15\%$)	稳定 100%($C=15\%$)

注:A 代表基线期;B 代表方案介入期;A' 代表维持期。

可以看出,在基线期(A)的评量分数范围为 34.61～41.44,阶段平均值为37.43,在取 15% 为稳定性决断值的条件下,趋向及水平稳定虽然均为多变,但考虑到这是一个中重度智力障碍的群体,研究者又将基线期的 9 次数据进行 C 统计,Z 值为 1.01,未达显著水平。可见,在这个阶段,整体的平均表现并没有太大的差异,所以研究者进入了方案介入期(B)。

在方案介入期(B),全班学生的评量得分随之升高,水平范围为 36.50～53.56,呈现明显的上升趋势,阶段平均值为 46.26。在取 15% 为稳定性决断值的条件下,趋向预估呈上升趋势,趋向稳定向上,水平多变,由此可以看出方案介入期(B)资料点的水平范围较基线期(A)资料点的水平范围更高,得知经第二轮研究阶段教学调整方案的介入实施,确实提高了班级学生语文学习效果的平均分,使得介入期(B)的改善成效,与基线期(A)有显著的不同,并使得全班的平均分在介入期(B)比基线期(A)的评量得分更高。

在撤除干预方案后,维持期(A′)的评量分数范围为51.22～54.50,阶段平均值为53.04,较介入期(B)更高,足以显现其维持成效。在取15％为稳定性决断值的条件下,趋势稳定,水平亦稳定。

(2) 相邻阶段间趋向资料分析。第二轮研究阶段全班学生语文学习效果的阶段间趋向分析摘要见表5-10。

表5-10 第二轮研究阶段全班学生语文学习效果的
阶段间趋向分析摘要

阶段比较	A/B		B/A′	
趋向方向	↘ (－)	↗ (＋)	↗ (＋)	↘ (－)
趋向稳定性变化	从多变到稳定		从稳定到稳定	
平均值变化/分	46.26～37.43 8.83		53.04～46.26 6.78	
水平间变化	40.50～38.61 1.89		54.50～51.78 2.72	
重叠百分比	9.09％		0％	
C 值	0.87		0.83	
S_c 值	0.17		0.19	
Z 值	5.03**		4.32**	

** 表示 $p < 0.01$。

可以看出,第二轮研究阶段教学调整方案的介入对提高班级学生语文学习的班级平均分有较好的效果。在基线期进入介入期时(B/A),班级平均分提高了8.83,阶段间水平变化由38.61提高至40.50,提高了1.89,趋向稳定性从多变到稳定;重叠百分比为9.09％,显示两阶段间的差异非常大,代表介入教学调整方案后,全班语文学习效果有明显升高的趋势,且趋于稳定。由 C 统计的 Z 值为 5.03,达到非常显著水平,显示语文学习效果具有明显成效。由介入期进入维持期(A'/B)时,班级平均分提高了 6.78,阶段间水平绝对变化由 51.78 提高为 54.50,提高了 2.72,趋向稳定性从稳定到稳定,重叠百分比为 0,由 C 统计的 Z 值为 4.32,达到非常显著水平,表示撤除干预方案之后,全班语文学习仍然维持了很好的效果。

3. 全班学生平均得分情况

全班 9 名学生第二轮研究阶段的平均得分情况见表 5 - 11。

表 5 - 11　全班 9 名学生在第二轮研究阶段的平均得分情况

学　生	基　线　期		介　入　期		维　持　期	
	平均值	标准差	平均值	标准差	平均值	标准差
S01	59.47	2.25	66.16	2.87	68.17	0.47
S02	50.42	2.07	57.35	5.29	64.20	1.07
S03	41.83	2.75	56.33	5.90	63.10	1.04
S04	39.22	3.99	48.34	3.89	55.37	1.73
S05	38.50	2.96	48.11	5.14	57.33	3.92
S06	40.56	4.13	47.60	5.64	58.53	4.59
S07	25.78	5.00	38.66	6.51	40.83	8.66
S08	22.28	3.44	30.93	6.71	36.50	4.60
S09	18.83	3.50	22.86	5.26	33.33	1.03

可以看出,S01 是全班语文能力最强的学生,得分也是全班最高的,介入期的得分比基线期相比有进步。S02 学生相较于 S01 语文能力稍弱一点,但是和 S03 学生的能力差不多。S03 经过干预后,介入期的得分和 S02 相比较为一致。从 S04、S05、S06 这 3 名学生的得分中可以发现,介入期的得分相较于基线期有很大的进步,均有 10 分左右的提升,和第一轮研究阶段相比,提升的幅度有所增加。S07、S08、S09 这 3 名学生的基线期和介入期相比,得分也有较高的提升,和第一轮研究阶段相比,成效也较为明显。若还是以高、中分组和低分组为划分来

看全班情况的话，S01、S02、S03、S04、S05、S06 这 6 名学生为高、中分组学生，S07、S08、S09 这 3 名学生为低分组学生。为使本研究的整体结果有更详细的说明，研究者继续选取班级高、中分组中的 S03 学生，以及低分组 3 名学生的结果作为个案单独分析。

（二）第二轮研究阶段学生 S03 语文学习效果的立即及维持成效分析

1. 学生 S03 语文学习效果曲线分析

第二轮研究阶段 S03 语文学习效果曲线如图 5-3 所示。

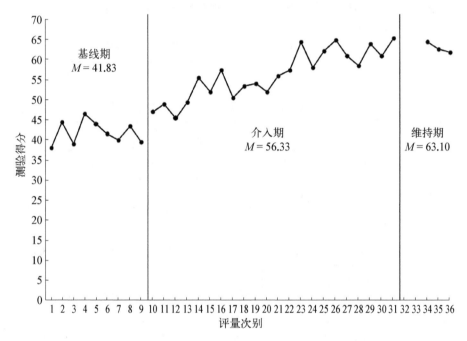

图 5-3　第二轮研究阶段 S03 语文学习效果曲线

在本阶段根据 S03 的需要，为其选择了放大字体的教学内容来帮助其进行学习。从图 5-3 中可以看出，其语文学习效果资料点的分布范围均比基线期高，且有持续升高的趋势，评量分数亦显著增加，从平均值 41.83 增加为 56.33，显示对其的方案介入具有立即成效。另在维持期亦有不错的改善，平均分为 63.10，远高于基线期，显示介入成效甚佳。

2. 学生 S03 语文学习效果的目视分析

（1）阶段内变化分析。第二轮研究阶段 S03 语文学习效果的阶段内目视分析结果摘要见表 5-12。

表 5－12　第二轮研究阶段 S03 语文学习效果的
阶段内目视分析结果摘要

阶段顺序	A/1	B/2	A′/3
评量次数	9	22	3
趋向估计	↘ （－）	↗ （＋）	↘ （－）
趋向稳定性	多变 77.78％	稳定 68.18％	稳定 100％
水平范围/分	38.00～46.50	45.50～65.50	62.00～64.50
阶段平均值/分	41.83	56.33	63.10
水平变化	39.50～38.00 1.5	65.50～47.00 18.50	62.00～64.50 －2.50
水平稳定性	多变 77.78％（C＝15％）	多变 36.36％（C＝15％）	稳定 100％（C＝15％）

注：A 代表基线期；B 代表方案介入期；A′代表维持期。

可以看出,在基线期（A）的评量分数范围为 38.00～46.50,阶段平均值为
41.83,在取 15％为稳定性决断值的条件下,趋向及水平稳定虽然都是多变,但考
虑到这是一个中重度智力障碍学生,研究者又将基线期的 9 次数据进行 C 统
计,Z 值为－0.89,未达显著水平,可见,在这个阶段,整体的平均表现并没有太
大的差异,所以研究者进入了方案介入期（B）。

在方案介入期（B）,S03 的评量得分升高,水平范围为 45.50～65.60,呈现明
显的上升趋势,阶段平均值为 56.33。在取 15％为稳定性决断值的条件下,趋向
预估呈升高趋势,且趋向稳定,水平多变,由此可以看出方案介入期（B）资料点
的水平范围较基线期（A）资料点的水平范围更高,得知经第二轮研究阶段教学
调整方案的介入实施,确实显著提高了 S03 语文学习的效果,且表现稳定,所以
使得介入期（B）的成效改善,与基线期（A）有显著不同,并使得 S03 在介入期（B）
比基线期（A）的评量得分更高。

在撤除方案后,维持期（A′）的评量分数范围为 62.00～64.50,阶段平均值为
63.10,较介入期（B）更高,显现出具有维持成效。在取 15％为稳定性决断值的
条件下,趋向稳定,水平稳定。

（2）相邻阶段间趋向资料分析。第二轮研究阶段 S03 语文学习效果的阶段间趋向分析摘要见表 5-13。

表 5-13　第二轮研究阶段 S03 语文学习效果的阶段间趋向分析摘要

阶段比较	A/B		B/A'	
趋向方向	↘ （－）	↗ （＋）	↗ （＋）	↘ （－）
趋向稳定性变化	从多变到稳定		从稳定到稳定	
平均值变化/分	46.26～37.43 8.83		53.04～46.26 6.78	
水平间变化	40.50～38.61 1.89		54.50～51.78 2.72	
重叠百分比	9.09％		0％	
C 值	0.87		0.83	
S_C 值	0.17		0.19	
Z 值	5.03**		4.32**	

** 表示 $p < 0.01$。

可以看出，第二轮研究阶段教学调整方案的介入对提高学生 S03 语文学习的平均分有较好的效果。在基线期进入介入期时（B/A），其平均分提高了14.50，阶段间水平变化由 39.50 提高至 47.00，提高了 7.50；重叠百分比为 0％，显示两阶段间有差异，趋向稳定性从多变到稳定，代表介入教学调整方案后，学生 S03 的语文学习效果明显稳定升高。由 C 统计的 Z 值为 4.94，达到非常显著水平，显示语文学习效果具有明显成效。由介入期进入维持期（A'/B）时，其平均分提高了 6.77，阶段间水平变化由 65.50 降低至 64.50，降低了 1，重叠百分比为 0％，C 统计的 Z 值为 4.06，达到非常显著水平，表明撤除方案之后，S03 的语文学习效果仍然有很好的维持，且趋向稳定性显示从稳定到稳定。

（三）第二轮研究阶段学生 S07 语文学习效果的立即及维持成效分析

1. 学生 S07 语文学习效果的曲线分析

第二轮研究阶段 S07 语文学习效果曲线如图 5-4 所示。

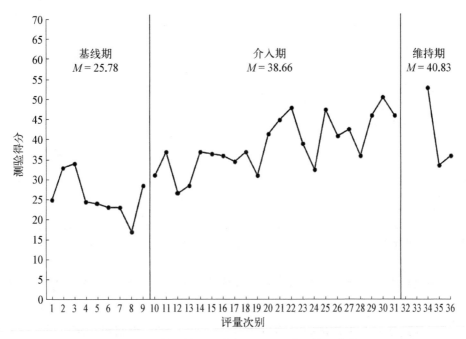

图 5 - 4　第二轮研究阶段 S07 语文学习效果曲线

　　教师在本阶段根据 S07 的需要为其教学内容做了简化、分解，并加上放大、变红重点词语以及配图的调整。由图 5 - 4 的资料变化图可以看出，S07 语文学习效果资料点的分布范围均比基线期高，且有持续升高的趋势，评量分数亦显著增加，从平均分 25.78 增加为 38.66，显示其方案介入具有立即成效。另在维持期亦有不错的改善，平均分为 40.83，远高于基线期，显示出方案介入的成效。

　　2. 学生 S07 语文学习效果的目视分析

　　（1）阶段内变化分析。第二轮研究阶段 S07 语文学习效果的阶段内目视分析结果摘要见表 5 - 14。

表 5 - 14　第二轮研究阶段 S07 语文学习效果的
阶段内目视分析结果摘要

阶段顺序	A/1	B/2	A′/3
评量次数	9	22	3
趋向估计	↘ （－）	↗ （＋）	↘ （－）

续　表

趋向稳定性	多变 44.44%	多变 36.36%	多变 66.67%
水平范围/分	17.00～34.00	26.50～50.50	33.50～53.00
阶段平均值/分	25.78	38.66	40.83
水平变化	28.50～25.00 3.50	46.00～31.00 15.00	36.00～53.00 −17.00
水平稳定性	多变 33.33%(C=15%)	多变 40.91%(C=15%)	多变 0%(C=15%)

注：A 代表基线期；B 代表方案介入期；A′代表维持期。

　　可以看出，在基线期（A）S07 的评量分数范围为 17.00～34.00，阶段平均值为 25.78，在取 15% 为稳定性决断值的条件下，趋向及水平稳定虽然均呈多变，但考虑到这是一个中重度智力障碍学生，研究者又将基线期的 9 次数据进行 C 统计，Z 值为 0.94 未达显著水平，可见，在这个阶段，整体的平均表现并没有太大的差异，所以研究者进入了方案介入期（B）。

　　在方案介入期（B），S07 的评量得分随之升高，水平范围在 26.50～50.50，呈现明显的上升趋势，阶段平均值为 38.66。在取 15% 为稳定性决断值的条件下，趋向预估呈升高趋势，但趋向稳定性呈多变升高，水平亦多变，由此可以看出方案介入期（B）资料点的水平范围较基线期（A）资料点的水平范围更高，得知经第二轮研究阶段教学调整方案的介入实施，虽然得分有波动，但确实显著提高了 S07 语文学习的效果，使得介入期（B）的成效改善，与基线期（A）有显著的不同，并使得 S07 在介入期（B）比基线期（A）的评量得分更高。但是学生在介入的过程中学习表现不稳定，有波动。

　　在撤除方案后，维持期（A′）的评量分数范围为 53.00～33.50，阶段平均值为 40.83，较介入期（B）更高，显现出维持成效。在取 15% 为稳定性决断值的条件下，趋向多变，水平多变。

　　（2）相邻阶段间趋向资料分析。第二轮研究阶段 S07 语文学习效果的阶段间趋向分析摘要见表 5-15。

表 5－15　第二轮研究阶段 S07 语文学习效果的阶段间趋向分析摘要

阶段比较	A/B		B/A$'$	
趋向方向	↘ （－）	↗ （＋）	↗ （＋）	↘ （－）
趋向稳定性变化	从多变到多变		从多变到多变	
平均值变化/分	38.66～25.78 12.88		40.83～38.66 2.17	
水平间变化	31.00～28.50 2.50		53.00～46.00 7.00	
重叠百分比	4.55％		66.67％	
C 值	0.71		0.40	
S_C 值	0.17		0.19	
Z 值	4.06**		2.07*	

*表示 $p < 0.05$，** 表示 $p < 0.01$。

　　可以看出，第二轮研究阶段教学调整方案的介入对提高学生 S07 语文学习的平均分有效。在基线期进入介入期时（B/A），其平均分提高了 12.88，阶段间水平变化由 28.50 提高至 31.00，提高了 2.50；重叠百分比为 4.55％，显示两阶段间有差异，趋向稳定性从多变到多变，代表介入教学调整方案后，学生 S07 语文学习效果还是在波动中显著升高。由 C 统计的 Z 值为 4.06，达到非常显著水平，显示语文学习效果具有成效。由介入期进入维持期（A$'$/B）时，其平均分提高了 2.17，阶段间水平变化由 46.00 提高至 53.00，提高了 7.00，重叠百分比为66.67％，C 统计的 Z 值为 2.07，达到显著水平，表明撤除方案之后，趋向稳定性虽然还是从多变到多变，但 S07 的语文学习效果得到了很好的维持。

（四）第二轮研究阶段学生 S08 语文学习效果的立即及维持成效分析

1. 学生 S08 语文学习效果曲线分析

第二轮研究阶段 S08 语文学习效果曲线如图 5－5 所示。

教师在本阶段根据 S08 的需要为其做了教学内容的重整、分解，并加上放大、变红、加粗字体以及配图。从图 5－5 中可以看出，其语文学习效果资料点的分布范围均比基线期高，且有持续升高的趋势，评量分数亦显著增加，从平均分

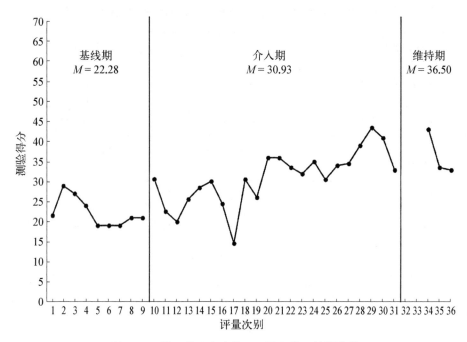

图 5-5　第二轮研究阶段 S08 语文学习效果曲线

22.28 增加为 30.93，显示其方案介入具有立即成效。另在维持期亦有不错的改善，平均分为 36.50，高出基线期许多，亦显示其介入成效甚佳。

2. 学生 S08 语文学习效果的目视分析

（1）阶段内变化分析。第二轮研究阶段 S08 语文学习效果的阶段内目视分析结果摘要见表 5-16。

表 5-16　第二轮研究阶段 S08 语文学习效果的
阶段内目视分析结果摘要

阶段顺序	A/1	B/2	A'/3
评量次数	9	22	3
趋向估计	↘（一）	↗（＋）	↘（一）
趋向稳定性	多变 44.44%	多变 27.27%	多变 66.67%
水平范围/分	19.00～29.00	14.50～43.50	33.00～43.00

续　表

阶段平均值/分	22.28	30.93	36.50
水平变化	21.00～21.50 −0.50	33.00～30.50 2.50	33.00～43.00 −10.00
水平稳定性	多变 33.33%(C=15%)	多变 27.27%(C=15%)	多变 0%(C=15%)

注：A 代表基线期；B 代表方案介入期；A′代表维持期。

可以看出，在基线期（A）的评量分数范围为 19.00～29.00，阶段平均值为 22.28，在取 15% 为稳定性决断值的条件下，趋向及水平稳定性皆呈多变。考虑到学生是重度智力障碍学生，表现并不稳定，所以研究者将基线期的 9 次数据进行 C 统计，Z 值为 1.82，未达极其显著水平，所以研究者进入了方案介入期（B）。

在方案介入期（B），S08 的评量得分升高，水平范围在 14.50～43.50，呈现明显的上升趋势，阶段平均值为 30.93。在取 15% 为稳定性决断值的条件下，趋向预估呈升高趋势，但趋向稳定性呈现多变升高，水平亦多变。由此可以看出方案介入期（B）资料点的水平范围较基线期（A）资料点的水平范围更高，得知经第二轮研究阶段教学调整方案的介入实施，虽然 S08 的得分出现波动，但确实显著提高了 S08 语文学习的效果，使得介入期（B）的成效改善，与基线期（A）有显著不同，并使得 S08 在介入期（B）比基线期（A）的评量得分更高。但是学生在介入的过程中学习表现不稳定，有波动。

在撤除方案后，维持期（A′）的评量分数范围为 33.00～43.00，阶段平均值为 36.50，较介入期（B）更高，显现其维持成效。在取 15% 为稳定性决断值的条件下，趋向多变，水平多变。

（2）相邻阶段间趋向资料分析。第二轮研究阶段 S08 语文学习效果的阶段间趋向分析摘要见表 5-17。

表 5-17　第二轮研究阶段 S08 语文学习效果的阶段间趋向分析摘要

阶段比较	A/B		B/A′	
趋向方向	↘ (−)	↗ (+)	↗ (+)	↘ (−)

续　表

趋向稳定性变化	从多变到多变	从多变到多变
平均值变化/分	30.93～22.28 8.65	36.50～30.93 5.57
水平间变化	30.50～21.00 9.50	43.00～33.00 10.00
重叠百分比	45.45%	33.33%
C 值	0.69	0.57
S_C 值	0.17	0.19
Z 值	3.99**	2.98**

** 表示 $p < 0.01$。

可以看出，第二轮研究阶段教学调整方案的介入对提高学生 S08 语文学习的平均分有较好的效果。在基线期进入介入期时（B/A），其平均分提高了 8.65，阶段间水平变化为 9.50；重叠百分比 45.45%，显示两阶段间有差异，趋向稳定性从多变到多变，代表介入教学调整方案后，虽然两个阶段都有波动，但是学生 S08 语文学习效果还是在波动中明显升高。由 C 统计的 Z 值为 3.99，达到非常显著水平，显示语文学习效果具有明显成效。由介入期进入维持期（A′/B）时，其平均分提高了 5.57，阶段间水平变化由 33.00 提高至 43.00，提高了 10.00；重叠百分比为 33.33%，C 统计的 Z 值为 2.98，达到非常显著水平，表示撤除方案之后，趋向稳定性虽然还是从多变到多变，但 S08 语文学习的效果还是得到了很好的维持。

（五）第二轮研究阶段学生 S09 语文学习效果的立即及维持成效分析

1. 学生 S09 语文学习效果曲线分析

第二轮研究阶段 S09 语文学习效果曲线如图 5－6 所示。

教师在本阶段根据 S09 的需要为其教学内容做了重整、分解，并加上放大、变红、加粗字体以及配图。从图 5－6 中可以看出，其语文学习效果资料点的分布范围有上升趋势，比基线期慢慢升高，且有持续升高的趋势，评量分数亦显著增加，从平均分 18.83 增加为 22.86，显示其方案介入具有立即成效。另在维持期亦有不错的改善，平均分为 33.33，高出基线期许多，亦显示其介入成效甚佳。

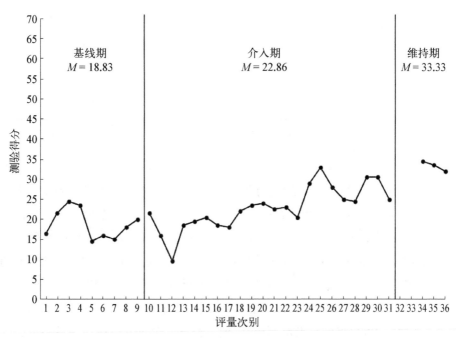

图 5‑6　第二轮研究阶段 S09 语文学习效果曲线

2. 学生 S09 语文学习效果的目视分析

（1）阶段内变化分析。第二轮研究阶段 S09 语文学习效果的阶段内目视分析结果摘要见表 5‑18。

表 5‑18　第二轮研究阶段 S09 语文学习效果的
阶段内目视分析结果摘要

阶段顺序	A/1	B/2	A′/3
评量次数	9	22	3
趋向估计	↘ （－）	↗ （＋）	↘ （－）
趋向稳定性	多变 33.33％	多变 31.82％	稳定 100％
水平范围/分	14.50～24.50	9.50～33.00	32.00～34.50
阶段平均值/分	18.83	22.86	33.33

续　表

	20.00～16.50 3.50	25.00～21.50 3.50	32.00～34.50 －2.50
水平变化			
水平稳定性	多变 22.22％($C=15\%$)	多变 31.82％($C=15\%$)	稳定 100％($C=15\%$)

注：A 代表基线期；B 代表方案介入期；A′代表维持期。

可以看出，在基线期（A）的评量分数范围为 14.50～24.50，阶段平均值为 18.83，在取 15％为稳定性决断值的条件下，趋向及水平稳定性皆呈多变。考虑到学生是重度智力障碍学生，表现并不稳定，所以研究者将基线期的 9 次数据进行 C 统计，Z 值为 1.35，未达极其显著水平，所以研究者进入了方案介入期（B）。

在方案介入期（B），S09 的评量得分升高，水平范围在 9.50～33.00，呈上升趋势，阶段平均值为 22.86。在取 15％为稳定性决断值的条件下，趋向预估呈升高趋势，但趋向多变升高，水平亦多变。由此可以看出方案介入期（B）资料点的水平范围较基线期（A）资料点的水平范围更高，得知经第二轮研究阶段教学调整方案的介入实施，虽然 S09 的得分有所波动，但确实显著提高了 S09 语文学习的效果，使得介入期（B）的成效改善，与基线期（A）有显著不同，并使得 S08 在介入期（B）比基线期（A）的评量得分更高。但是学生在介入的过程中学习表现不稳定，有波动。

在撤除方案后，维持期（A′）的评量分数范围在 32.00～34.50 之间，阶段平均值为 33.33，较介入期（B）更高，显现其维持成效。在取 15％为稳定性决断值的条件下，趋向稳定，水平稳定。

（2）相邻阶段间趋向资料分析。第二轮研究阶段 S09 语文学习效果的阶段间趋向分析摘要见表 5-19。

表 5-19　第二轮研究阶段 S09 语文学习效果的阶段间趋向分析摘要

阶段比较	A/B		B/A′	
趋向方向	↘ （－）	↗ （＋）	↗ （＋）	↘ （－）
趋向稳定性变化	从多变到多变		从多变到稳定	
平均值变化/分	22.86～18.83 4.03		33.33～22.86 10.47	

水平间变化	21.50~20.00 1.50	34.5~25.00 9.50
重叠百分比	18.18％	0％
C 值	0.69	0.74
S_c 值	0.17	0.19
Z 值	3.97**	3.85**

** 表示 $p < 0.01$。

可以看出,第二轮研究阶段教学调整方案的介入对提高学生 S09 语文学习的平均分有较好的效果。在基线期进入介入期时(B/A),其平均分提高了 4.03,阶段间水平变化由 20.00 提高至 21.50,提高了 1.50;重叠百分比 18.18％,显示两阶段间有差异,趋向稳定性从多变到多变,代表介入教学调整方案后,虽然两个阶段都有波动,但是学生 S09 语文学习的效果还是在波动中升高。由 C 统计的 Z 值为 3.97,达到非常显著水平,显示其语文学习效果具有明显成效。由介入期进入维持期(A′/B)时,其平均分提高了 10.47,阶段间水平变化由 25.00 提高至 34.50,提高了 9.50;重叠百分比为 0％,C 统计的 Z 值为 3.85,达到非常显著水平,表示撤除方案之后,趋向稳定性是从多变到稳定,S09 的语文学习效果得到了很好的维持。

二、讨论

研究者呈现了第二轮研究阶段单一个案实验研究中的数据结果,并对班级总体平均分以及 S03、S07、S08、S09 这 4 名学生的数据做了进一步分析。在这里,研究者就这一阶段单一个案实验研究结合教师平时对学生语文表现的感受进行学生语文学习效果的讨论。

(一)学生总体情况讨论

从总体来看,9 名学生在这一阶段介入期的平均得分都得到了不错的增长,在维持期也有较好的保持,尤其是第二轮研究阶段总体得分的增长幅度与第一轮研究阶段相比有了较大提升。这也意味着在第二轮研究阶段教学调整方案介入后,对全班学生的语文学习是有增进效果的。再观察这一阶段全班的语文学习效果曲线，可以发现第 27、28 次测试的得分有所下降，询问了教师后得知这段时间是六一儿童节前夕，班级有节目要表演，会经常安排排练，所以每天的活动比较多，可能影响了大家考试的发挥。但是总的来说，和第一轮研究阶段相比，有了很大的进步。

这一点，T01 教师非常有感触。T01 教师回顾了自己这一学期的教学历程，S04 学生的调整策略是提供放大、变红关键词的替代，根据课文内容选择性提供配图。S04 原本课堂上有些畏难，知道自己不会的不太愿意发言，现在积极性提高了，在教师教授后能够主动举手，并且朗读更加流畅。从第一阶段的个案得分来看第一轮研究阶段 S04 基线期的平均得分是 22.50，介入期的平均得分是 24.67，提高了 2.17 分。到了第二轮研究阶段，基线期的平均得分是 39.22，介入期的平均得分是 48.34，提高了 9.12 分。

S05 学生的调整策略是提供变红关键词的替代，根据课文内容会选择性提供配图。S05 上课一直较为积极，现在对于理解性的问题回答的准确性更高，也能够主动从课文中找出对应的知识内容，所以可以发现他对课文的理解更深了。从两阶段的个案得分来看，第一轮研究阶段 S05 基线期的平均得分是 20.38，介入期的平均得分是 22.33，提高了 1.95 分。到了第二轮研究阶段，基线期的平均得分是 38.50，介入期的平均得分是 48.11，提高了 9.61 分。

S06 学生的教学内容是提供放大、加粗字体和配图的替代。现在课堂上更能听懂教师讲解的内容并找到课文中的句子，即使一开始找不到，也能够借助图片去对应，因此更乐意主动举手发言。从两阶段的个案得分来看，第一轮研究阶段 S06 基线期的平均得分是 18.75，介入期的平均得分是 20.07，提高了 1.32 分。到了第二轮研究阶段，基线期的平均得分是 40.56，介入期的平均得分是 47.60，提高了 7.04 分。

S09 学生的教学内容先进行了重整和分解，并提供了放大、变红、加粗重点词语及配图的替代。在课堂上学生能够在教师和助教的引导、辅助下更多地参与学习活动，课堂上的不恰当行为减少。从两阶段的个案得分来看，第一轮研究阶段 S09 基线期的平均得分是 3.13，介入期的平均得分是 7.07，提高了 3.94 分。到了第二轮研究阶段，基线期的平均得分是 18.83，介入期的平均得分是 22.86，提高了 4.03 分。

（二）S03、S07、S08、S09 情况讨论

除了总体情况外，教师们也就 S03、S07、S08、S09 这 4 名学生的情况进行了深入探讨。S03 这个学期的教学内容做了放大字体的调整。从两次单一个案实验的数据可以发现，进步非常大。第一轮研究阶段 S03 基线期的平均得分是 22.00 分，介入期的平均得分是 27.27 分，提高了 5.27 分。到了第二轮研究阶段，其基线期的平均得分是 41.83，介入期的平均得分是 56.33，提高了 14.50 分。可以说，S03 经过了这一阶段的方案介入，得分和 S01、S02 的差距已经大大缩小，这也符合他实际的语文能力。进一步分析第二轮研究阶段目视分析的结果，也可以发现由于他的能力较好，现在又为他提供了适宜的教学调整，所以在介入期的趋势也很稳定。事实上，T01 教师认为，现在课堂上 S03 能够看清课文中的字，回答问题时会主动并且较为迅速地找到课文中的内容，回应老师的问题。在朗读课文时，也不会老是眯着眼睛找不到读的地方，朗读的流畅度也有所提高。注意力方面来看也更加集中，他的表现比没有进行教学调整方案介入时要好很多。

S07 这个学期的教学内容做了简化、分解，并加上放大、变红重点词语以及配图的替代。从两次单一个案实验的数据可以发现，进步也很大。第一轮研究阶段 S07 基线期的平均得分是 7.88 分，介入期的平均得分是 12.93 分，提高了 5.05 分。第二轮研究阶段基线期的平均得分是 25.78，介入期的平均得分是 38.66，提高了 12.88 分。可以说，S07 经过了这一阶段的方案介入，与第一轮研究阶段相比，效果有了显著提升。进一步观察第二轮研究阶段学生 S07 的语文学习效果曲线，可以发现，他可能也是受到了儿童节的影响，导致后期的测试得分并不理想，波动较大，所以进一步询问教师以作确认。T01 教师认为 S07 现在上课时能够较多地参与课堂活动，因此问题行为也随之减少。当教师请他朗读或回答问题时，他更愿意配合。在教师指导朗读课文时，他能够在引导下正确地朗读句子，在学习后也能够回答一些简单的问题。可是因为毕竟是智力障碍学生，所以一点点事情可能就会对他们有所影响，但是就 T01 教师对他的了解认为，他现在这样的表现已经超过了教师原本的预期。

S08 这个学期的教学内容做了重整、分解，并加上放大、变红、加粗字体以及配图的替代。从两次单一个案实验的数据可以发现，进步喜人。第一轮研究阶段 S08 基线期的平均得分是 6.00，介入期的平均得分是 10.20，提高了 4.20 分。第二轮研究阶段基线期的平均得分是 22.28，介入期的平均得分是 30.93，提高了 8.65 分。可以说，S08 经过了这一阶段的方案介入，有很大进步。进一步分析 S08 第二轮研究阶段目视分析的结果，发现他的表现并不是非常稳定，所以进一步询问教师以作确认。教师认为 S08 是班级中能力较弱的一名学生，表现的确经常有波动,但还是在波动中有进步。由于课文内容更生活化,S08 能够跟着教师、助教读课文并借助图片理解课文中的知识。在课堂参与度上有明显提高,虽然很少主动举手,但当教师提问时,能够较快速地起立回答,而且回答的内容与问题相对应,不像之前经常等教师说了以后再跟说,而是会自主回答,这样的进步真的让教师非常欣喜。

S09 这个学期的教学内容与 S08 一样,也做了重整、分解,并加上放大、变红、加粗字体以及配图的替代。从两次单一个案实验的数据可以发现,也有进步。第一轮研究阶段 S09 基线期的平均得分是 3.13,介入期的平均得分是 7.07,提高了 3.94 分。第二轮研究阶段基线期的平均得分是 18.83,介入期的平均得分是 22.86,提高了 4.03 分。可以说,S09 经过了这一阶段的方案介入,有所进步。进一步分析 S09 第二轮研究阶段目视分析的结果,发现他的表现并不是非常稳定,所以进一步询问教师以作确认。T01 教师认为,虽然 S09 的表现并不稳定,但现在 S09 在课堂上能够更多地参与教学活动,教师提问时反应的速度变快,对于字词、图片的认读能力也更强。虽然在句子的学习上还是有一定困难,但是愿意跟着教师读一读,尝试进行理解的这种表现已经说明她在学业上有了一定的突破。

(三) 教师观察学生进步情况的讨论

除了单一个案实验研究的数据之外,T01 教师通过平时上课时对学生的观察认为,从课堂表现来看,班级学生都有不同程度的进步,且每位学生在听、说、读、写这 4 项能力上均有一定增长。

S01：各项能力经过教学后稳步上升,听、读的能力由于基础很好,因此表现出来的进步不是十分明显。虽然使用的是原教学内容,但是通过方案介入的教学,说和写的能力比以往有提高,尤其是写作的时候概括性更强,这可能与平时上课时接触到关键词有一定的关系。

S02：听、读的能力仍然稳步提升,说和写的能力本学期和 S01 一样提高较为明显。说的能力主要体现在课堂上基本能在教学后正确回答理解性的问题。写的能力主要体现在词语和句子的运用上,造句时所写的句子更加完整了。

S03：各项能力都有所提高,而且在教学后进步明显,能够掌握大部分学习的内容,并在课堂上和练习中展现自己的能力。其中,听、说、读的能力相对进步更多,写的能力也有较大进步,但还是会受到肢体能力的一些影响。

S04：各项能力都有明显的提高,其中读的能力相较于上学期有更明显的进步,尤其是读句子时,正确性和流畅度都进步了,这在课堂上有明显变化。写的方面也有更大进步,主要体现在能够完成填空、选择题型的题目,个别词语还能够用来写一句简短的句子。

S05:虽然构音障碍对其说和读的能力还是产生了一定影响,但是从课堂表现来看,说、读的能力都有较大的进步,其中说的提高主要体现在能够回答课文相关的一些理解性问题,读的进步主要体现在读错字、漏字的现象有较大程度减少,因此流畅度也有所提高。写方面能够完成填空、选择题型的题目。

S06:各项能力都有一定的提高,课堂上表现得更加积极,愿意主动回答问题,回答的准确性更高。测试中听、读的部分提高明显,说、写的部分也有一定提高,说的提高主要表现在能够正确组词,也能回答部分理解性的问题,写的提高也在组词中有较为明显的体现。

S07:听、读、说的能力提高较为明显,课堂上能够听教师的指令,正确朗读对应的字、词、句。说的方面有一定提高,主要体现在能够正确说出图片内容和回答一些简单的问题,但还需要教师提供一些辅助。写的方面相较于以前在抄写方面有较大进步。

S08:听、写的能力有一定的提高,其中听的能力主要体现为能够根据教师说的内容选择正确的字、词、图,也能够听懂教师提出的一些简单要求并完成。写方面最大的进步在于养成了按一定顺序做题的习惯。说和读也有提高,能够完整且较为流畅地跟读句子,正确说出图片内容。

S09:听、读、说的能力都有一定的提高,其中听的能力主要体现为能够根据教师说的内容选择正确的字、词、图。在课堂表现方面,参与度更高,能够在教师指名时朗读字、词或完成一些简单的操作任务。说方面在说图片内容上的能力有较大提高,其他还有待发展。

总的来说,T01教师认为,经过了这一阶段的研究,学生的语文学习有了比上一阶段更好的成效,听、说、读、写方面也得到了更多的提升。研究者也再一次查阅文献,回顾这一阶段的研究,研究者在本研究中运用的策略是借鉴我国台湾地区特殊教育课程中对学习内容的调整方法,具体的做法也与前人所提出的看法一致,比如,语文课程的调整,主要有简化、分解学习内容、降低教学目标、减少识字量等学习内容、运用读报软件的替代阅读方式、重整等方式(陈明聪,2018);又如,米斯(Meese,1992)提到可以对课文中的重要信息进行标注;库尔斯(Kurth,2013)对两名融合特殊学校的教师针对班级里有特殊需要学生进行的课程调整情况进行案例叙述中提到的一些做法。

此外，在这一阶段中，研究者在教学调整的过程中加入了分析教学内容这一步骤，而这一做法也得到了蒋明珊（2001）研究的验证。蒋明珊提出课程调整的原则与步骤中的第一点就是需求评估，分析教学内容就是其中一个环节，目的是确认有哪些方面是不能满足学生和教师需求的。

第四节　语文教学调整方案的
家长与教师反馈

整个研究历时较长，除了前一节单一个案实验研究的数据外，家长和实践讨论小组的教师们在这个过程中也有着较深的感悟。在这节，研究者就通过家长问卷、访谈以及教师访谈来作出呈现、归纳。

一、家长对研究的反馈

家长的部分，除了个案班级中两名能力较强、使用原教学内容的学生家长不作为问卷调查、访谈的对象外，研究者对其余7位家长发放了问卷，也进行了访谈，下面分别进行详述。

（一）问卷调查的结果

问卷共有10题，第1、2题是关于家长对孩子教学调整的了解程度的基本调查，其余8题是针对语文教学调整后的有效性进行调查。现将调查的重点信息作一统计和分析。

（1）100％（7名）家长都知道自己孩子学习的语文教学内容进行了调整，并且对孩子教学内容是如何调整的也均能百分百回答正确。这说明家长们了解孩子教学调整的情况。

（2）100％（7名）家长认为自己的孩子"需要"进行这样的教学调整，对调整后的教学内容总体"满意"，也全部都认为调整后的教学内容更"适合"学生学习，并"支持"老师上课的时候运用这样的调整策略来进行教学。

（3）57.14％（4名）家长认为调整后的教学内容对自己辅导学生来说"非常有用"，42.86％（3名）家长认为调整后的教学内容对自己辅导学生来说"比较有用"。

（4）在问及有关调整后的教学内容对家长来说有哪些用处时，100%（7 名）家长选择"教学调整后学生更愿意配合，更容易辅导"，85.71%（6 名）家长选择"知道教学内容的重点，方便课后辅导"，71.43%（5 名）家长选择"有可利用的材料如教学内容中的图片、重点字词等"。

（5）57.14%（4 名）家长认为调整后的教学内容对孩子的语文学习帮助"非常大"，42.86%（3 名）家长认为调整后的教学内容对孩子的学习帮助"比较大"。在被具体问及调整后的教学内容对孩子哪方面的语文能力提供了帮助时，57.14%（4 名）家长选择了"听的能力"，85.71%（6 名）家长选择了"说的能力"，100%（7 名）家长选择了"读的能力"，57.14%（4 名）家长选择了"写的能力"。

可以说，从问卷调查的结果来看，家长对方案的满意度是非常高的，也觉得给家庭辅导带来了帮助，提高了学生语文学习各个方面的能力。

（二）家长访谈的反馈

家长访谈的部分，研究者分别访谈了个案学生的家长，之后对访谈资料加以整理，重点描述如下。

1. 对调整后教学内容的有效性反馈

在问及自己的孩子使用调整后的教学内容是否有效时，和问卷显示的数据一致，全部家长都认为或多或少是给孩子带来帮助的，所以研究者整理了所有的内容，现将具有代表性的材料进行呈现。

现在的字体都放大了，我知道老师是为了让他看得更清楚一点，指读也方便一点。虽然他之前都明白也都懂，但是有时候他抄写的时候会漏字，我想这跟看不清也有关系，现在就不会这样了（访 P03060201）。

基本上现在一看他就知道，这是什么意思，什么花骨朵，小莲蓬，他也能指出来，还能跟我们说一下这个课文主要讲什么内容（访 P06060202）。

我觉得调整后的教学内容比较容易理解，就像地铁那篇课文，有许多标识，我们以前也教过他。但是他看过就忘了，也不可能每一次就一直带他去看。但是，通过图片和红色字，他更加了解了。而我也觉得自己在辅导他的时候有东西可以讲，以前最多就是陪着他读，但是他还特别反感，不愿意读。现在他好像不反感了，也不发脾气了（访 P07060202）。

我觉得我家孩子的进步在朗读上，因为老师把他课文变简单了，还给他分解成了一句一句，他对朗读没有那么排斥。因为原来是整篇课文一大段字的读，他看到一大段字就很排斥，就不愿意读。现在他可能觉得相对简单了，就愿意跟着读了。然后里面的生字他也愿意去学习（访 P08060202）。

2. 对教学调整的改进与建议

在对教学调整的改进与建议方面，绝大多数的家长表示没有什么建议。有3位家长就家校沟通这一问题上提出了自己的一些看法。

我们不知道学校里老师是怎么教的，规范的东西不知道，那有时候就怕家里我给他灌输的和学校的不匹配，那他就无所适从了。所以老师能不能给我们一个示例，比如录个影片给我们看看，让我们知道老师在学校里是怎么教的，那我们也好学着教了（访 P05060203）。

S06 家长提出是否可以在上一个学期末就将每一个学生的课本和调整性教学内容都发给家长，她说：

老师，虽然我们要毕业了，但是如果以后你们还搞这个的话，能不能在前一学期就提前跟家长说一下下个学期要学些什么，这样家长也可以事先有个准备，需要带他出去体验的就出去一下，这样也可以让他加深印象，假期里的预习也可以先做起来（访 P06060203）。

S08 家长认为是否可以考虑把一个班级中所有学生的调整性教学内容给每个家长发一份，她说：

除了家长对自己孩子的调整性教学内容需要了解之外，能不能把其他学生的教学内容也都发给我们，这样可以看出其他孩子学习的深度，在家里也可以辅导看看，试试能不能尽力让他跟上其他小朋友的程度（访 P08060204）。

可见，从访谈结果来看，家长们都对教学调整方案比较满意，也提出了家校合作上的一些建议。

二、教师对研究的反馈

教师访谈的部分，研究者除了访谈 T01 授课教师以外，也对 T02、T03、T06 教师进行了访谈，之后将访谈录音转为逐字稿，加以整理，重点描述如下。

（一）对语文教学调整方案在学生语文学习上的有效性反馈

在方案对学生语文学习的有效性上，T01 教师说：

我觉得教学调整方案对学生的帮助很大。就像对于学生 S03 来说，他的课文放大以后他看课文内容更加容易了，在齐读课文的时候他跟不上班级学生速度的情况明显改善了，回答问题的时候去找课文内容也更加高效了，回家完成抄写作业的时候写错别字的现象也减少了许多。对于几名提供替代策略的学生，我感觉他们对课文理解得更好了，而且借助体现文章脉络的词语，对课文整体的把握就更加清晰一些。学生 S06 课文中的图片给他的课堂学习提供了很大的帮助，有时我提问他，他一开始没有找到对应的课文内容，但是他指到了图片，我再问他那对应的课文内容在哪里，他也能找出来了。要问从语文的听、说、读、写来看哪个更有效的话，我觉得对听、读、说的帮助是比较大的，写也有一定帮助，但我自己感觉没有其他的明显（访 T01053002）。

T02 教师是九（1）班的授课教师，虽然她的班级没有进行实验，但是因为在这个研究中她也一直在参与讨论，所以也有一些自己的感悟：

实际上，我也将教学调整方案在我们九（1）班的个别学生身上试用过，我觉得方案对于能力弱的学生帮助是非常大的。我们班的小 Z 同学进步最大的是朗读能力，以前的他没办法独立朗读一句话的，他只能进行词语的朗读，读长句的时候经常会读错或者跳着读。当我给他课文做了简化和分解后，经过一段时间的学习现在他已经能够独立朗读句子了。再比如小 H 同学，他的理解能力较弱，经常答非所问或者只是重复老师的话。但是在教学调整之后，给他的教学内容是重整的还都是配上了图片做辅助，从他现在上课回答问题的情况来判断，他对课文的理解比以前好了很多。就连能力最弱的小 X 同学现在都能做简单的图词搭配了，想想以前的他，都无法进行正确的点指（访 T02053002）。

（二）对语文教学调整方案的便利性反馈

在方案使用的便利性上，T01 和 T02 教师也有着很深的感受：

我觉得还蛮方便的，因为设计的 3 个表件是我们大家反复讨论出来的，我也反复去实践过，所以流程上还是非常合理的，感觉里面的策略也比较科学，能符合我们班级学生的需求。更重要的是，我在事前有了对文本的分析才进行的调整，所以这些和我上课的课堂环节是相符合的（访 T01053001）。

实际上从我对我调整的几篇课文来看，这种方法越到后面越熟悉，思路也更加清楚，所以不会觉得难以操作，反而觉得越来越顺手（访 T02053001）。

（三）语文教学调整方案对教师专业成长的反馈

在教学调整方案对教师自身帮助上，研究者非常感动，因为整个团队都很有感悟：

我觉得在这个过程中我自己也有很大的受益，通过参与整个方案的研发设计，我自己对课文内容的把握更加准确，思路更加清晰了，那教起来效果肯定也是更好的。还有我对学生的情况把握更加准确了，包括学生的现有能力、所需要的支持等等,这让我在备课的时候能更好地结合课文的内容和每个人的情况进行设计,甚至每个环节都可以考虑不同的学生(访 T01053003)。

T02 教师也通过试做认为对她而言,有两方面的帮助:一方面是对学生的了解,她觉得自己要比以前更尊重学生的差异,会站在学生的角度来考虑教学,对学生的学习能力、优势、劣势以及所需要的支持都更加明确;另一方面她认为,调整对她的教学有很大的帮助,在调整的过程中,教学内容分析以及调整策略上都是经过深思熟虑的,这其实就是在上课之前要对课文的重难点和脉络框架都把握清楚。实际上如果做到了这点,在教学上也会下意识地去运用,就能关注到每一个学生。

T03 教师则对这一年半大家组成实践讨论小组进行行动研究的方式给予了肯定。T03 教师说:

通过这样的过程,除了我们研究出了一套方案之外,我觉得对我来说更重要的是,我参与这个研究的过程让我得到了很好的成长。我现在对如何思考教学现场发现的问题并从中提炼出研究,再想出解决办法这一流程更清楚了(访 T03053003)。

T06 教师也认可 T03 教师的看法,并且她认为:"我对特殊教育个别化的精神有了更深入的体会"(访 T06053003)。

(四) 对语文教学调整方案改进的反馈

在谈到对此次方案有什么改进的想法上,T06、T03、T02 教师觉得对这项研究来说,不论从家长、教师还是学生本身的进步来看,都有了比较好的成效,没有什么需要改进的地方。但是 T01 教师提出这次的研究都是在讨论教学内容,虽然在之前的准备过程中实践讨论小组集体分析了文本、集体备课,也讨论了她上课时候要呈现的多媒体课件,来适应不同的学生,实际教学中也有了比较好的效果。但是由于班级的人数太多,能不能再有后续的研究来专门针对教学策略、分组方式,或者助教培训等各个方面的研究,这样可以让教学调整的内容融合得更好,教学模式更为优化。

(五) 对语文教学调整方案推广的建议

在对语文教学调整方案推广的建议上,T01 教师认为对教师而言,这个方案是需要进行培训的,从理念的角度来看,要让教师对特殊教育个别化的精神有更为深入的了解。从操作的角度来看,操作的流程和表格是需要进行培训才能让教师掌握的。

T02 教师认为需要对家长也进行培训,因为家长大部分是没有专业背景的,不仅对特殊教育不了解,对语文也不了解,而家庭辅导实际上对智力障碍学生而言,是非常必要的。如果能开设家长培训讲座,让家长对教学调整方案的整个流程和做法有一个初步的了解,并且能教授家长一些家庭辅导的方法会更加事半功倍。T03、T06 教师则认为,在整个研究过程中,无论是小组讨论还是实践,起到的作用是非常关键的,所以她们认为如果要对语文教学调整方案进行推广,学校的行政层面上需要提供支持,成立专门的学科教学内容研究小组,这样才能保证调整方案能顺利推广到其他年级或是其他学科。

综合上述家长、教师方面的反馈,可以发现,家长对教学调整这一做法表示赞同,教师也认为我们研发的语文教学调整方案是有效的、便利的,她们也都从自身的角度提出了更进一步的建议。

第六章 结论与建议

本章依研究结果综合整理,并将其归纳形成总结。另外也从研究结果中提出建议,作为日后学校行政层面、教师层面调整特殊教育学科教学内容的参考。最后也提出进一步研究的建议,以供未来研究参考。

第一节 研 究 结 论

综合本研究的研究结果,回溯本研究的目的与问题,归纳出以下几点研究结论。

一、语文教学调整方案

经第一阶段第一轮研究过程和第二阶段第二轮研究过程,已研发出一套适用于培智学校语文教学的调整方案。

(1) 培智学校语文的教学内容经过教师实践,确实可以采用"简化""减量""分解""替代""重整"等策略来进行调整。在调整过程中,教师也发现特殊学生的需求是多元的,每一名学生需要的教学调整策略也是不同的,应弹性运用不同的策略进行调整。

(2) 经过两个阶段的教师讨论与实践,已研发出一套培智学校语文教学调整方案,明确了培智学校语文教学调整方案实施的工作流程有以下 4 个步骤:① 班级教学目标结合学生能力进行评估;② 依据学生大概情况描述,灵活弹性选择其所需要的教学调整策略;③ 分析教学内容,并结合学生的实际语文能力水平做教学调整;④ 进行教学。此外,在这一过程中也发展出了培智学校语文教学调整方案的配套表件,包含"教学目标评估表""调整策略汇总表""调整内容记录表"。

二、实施成效

在两个阶段的研究过程中,通过教师讨论、实践与单一个案实验过程,可以确认本研究研发的语文教学调整方案具有良好实施成效。

1. 第一轮研究阶段

从班级平均得分来看,在第一轮研究阶段教学调整方案介入后,学生的语文学习有一定成效。除 S07 外,全班平均分、S03、S08、S09 基线期与介入期的阶段间差异达到显著水平。此外,教师也发现班级大部分学生在听、说、读、写上或多或少都有一定程度的提高。

2. 第二轮研究阶段

(1)依本研究所发展出的语文教学调整方案进行学生的单一个案实验,对增进培智学校学生的语文能力具有立即成效。方案介入后,全班平均分、S03、S07、S08、S09 得分均有提高,基线期与介入期阶段间差异达到显著水平,显示语文学习均有明显提升效果。

(2)依本研究所发展出的语文教学调整方案进行学生的单一个案实验,对增进培智学校学生的语文能力具有维持成效。撤除方案之后,虽然个别学生的得分有波动,但学生们的语文学习效果还是得到了很好的维持,全班平均分、S03、S07、S08、S09 介入期到维持期阶段间差异均达显著性水平。此外,教师也发现班级学生在听、说、读、写上也都有了更进一步的提高。

三、家长与参与教师反馈

经过对家长与参与教师的调查,发现家长与参与教师对培智学校语文教学调整方案的实施颇为满意,但仍有需改进的问题以及建议等,这些都可供本研究进行反思,有利于未来的推广。

(1)在问卷调查和访谈的过程中,家长对方案的满意度是非常高的,支持教师上课的时候运用这样的调整策略来进行教学。除此之外,所有家长都认为调整后的教学内容对自己辅导学生来说是有用的,也都认为调整后的教学内容对孩子的语文学习来说是有帮助的,都不同程度提高了学生听、说、读、写各方面的语文能力。同时,家长也对方案提出了一些建议。

(2)在访谈的过程中,班级授课教师认为语文教学调整方案在学生语文学习上有很好的效果，另一名非正式参与实验介入的教师在自己尝试后也认为语文教学调整方案对学生的语文学习有效，更重要的是教师认为整个教学调整方案在试做的过程中是简单易行的。另外，教师们还认为语文教学调整方案的使用对教师分析学生和把握教学内容有很大的帮助，从而对教学起到了支持的作用。从研究的过程看，参与这次研究也对教师们教育科研能力的发展具有正面作用。同时，教师们也对方案提出了一些建议。

第二节　研　究　建　议

根据本研究的结果，研究者提出以下几点建议，供日后行政层面和教师层面调整特殊教育学科教学内容参考，也对今后的研究方向提出了一些自己的看法。

一、加强教师培训，增强专业技能

通过这一研究，研究者深深感受到，要做好教学调整方案，不仅仅需要掌握特殊教育的理论和知识，还需要对要调整的学科知识背景有相当的了解。本校是上海市示范性特殊教育学校，曾获得过基础教育国家级教学成果奖，这在其他学校并不多见，加上参与本研究的教师都是有特殊教育专业背景的教师，也是本校较为优秀的教师，所以大家才具备要进行教学调整的意识，并通过两个阶段的研究熟练掌握具体调整的方法，研发设计出了整套方案。

但是如果要加以推广，正如在参与教师访谈过程中提到的那样，是要进行教学调整方案培训的。的确，在教学调整的过程中，教师需要对学生进行评估，还要熟悉调整的策略，并且还要分析教学内容，结合学生情况的解读，才能对班级中各个不同需求的学生调整出适宜的教学内容。要做到这些环节和细节，培训必不可少。

针对不同的教师群，培训可以有不同的针对性，比如，如果要将这套方案推广至其他特殊教育发展较为前沿的地区，培训的内容可以包括对语文教学调整方案的方法和表件填写，对语文教学调整方案的产出过程进行说明。如若要将这套方案推广至特殊教育起步较晚，师资力量尚在建设中的地区，培训的内容则应先围绕特殊教育个别化精神理念而展开，再加以学科背景知识的充实，最后再对语文教学调整方案的调整方法和填写方法进行培训，对语文教学调整方案的产出过程进行说明,相信就会有比较好的成效。

二、加强家校沟通,开展家长培训

除了教师外,在和家长的访谈中,也可以发现,本班家长实际上对学生的学习是比较关心的,也提出想进一步了解学校对学生进行的一些教育教学,所以,在家长访谈的部分,研究者认为在今后的研究中可以加强与家长的沟通,积极开展家长培训。

先将家长的诉求加以整理。首先,应该要加强教师和家长的沟通,开展家长培训,教导家长如何运用调整性教学内容,教导学生在家里做更进一步的练习;其次,正如家长所言,可以把全班不同学生的教学调整策略记录表发给家长,这样的做法不仅让家长可以了解自己孩子的情况,也了解其他学生的情况;最后,教师可以在上一学期末就将本学期教学内容以及学生教学调整的情况告知家长,让家长知道整个教学的进度,以及具体的调整情况,不仅便于家长在假期提前进行预习,也便于在教学的过程中准备一些社会活动帮助学生更好地理解教学内容。

除了上述家长的建议之外,研究者也认为在培训的形式上,应该因地制宜开展,从而保证家长培训的广度,比如定期开展面对面的家长培训,让家长了解教学调整的核心精神和自己需要配合的一些做法,也可以录制一些影片,作为线上培训的工具,免去家长舟车劳顿。总之家长是家校互动中的重要角色,应该要被考虑进去。

三、进一步探索课程与教学调整的其他领域

本研究主要的研究重点是在教学内容的调整,实际上在整个研发设计的过程中,研究者和团队教师也深深感受到了要将一套教学调整方案真正有效落实,还需要配合教学策略的调整、教学环境的调整、教学评量的调整等一系列问题。正如在参与教师访谈中T01教师提到的那样,在教学内容调整这一主题研究结束后,还应该进一步探索课程与教学调整的其他领域,让几个方面的调整配合进行,才可能真正领会课程与教学调整的整体做法,更进一步让学生得到最适宜的教育。

四、整合团队力量,协作解决实践问题

本研究能够顺利研发设计出语文教学调整方案,有赖于由语文老师组成的

实践讨论小组在两个研究阶段中的不断讨论与实践，可见团队的力量在整个研究过程中相当重要。而且，从对教师的访谈来看，教师不仅仅是对研发出培智学校语文教学表示认可，也对在整个过程中自己专业上的成长表示认可，甚至教师们觉得这样的研究受益最大的是自己。实际上，实践一线发现的问题，往往可能是其他教师也会碰到的问题。大家一起反思、一起实践，通过系统性的规划和设计，不断地将思维进行碰撞，这样不仅可以协助一线教育工作者成为具有反思能力的专业人员，也可以增加团队合作的效率，集思广益，增强创新与创造的能力，对研究中发现的问题加以解决。

五、学校行政层面提供支持，加以推广

本研究中研究者是在语文学科进行了教学调整的研究，成立了实践讨论小组，且在过程中组织了多次讨论与实践，这都需要学校行政层面提供支持。如果像上述所言，要开展教师培训和家长培训，更是需要学校出面来开展这样的活动。除此之外，在特殊教育个别化精神下，除了语文以外，其他学科也都应该针对学生的需求不同程度地进行学习内容的调整。所以在学校行政层面，应将本研究的语文教学调整方案加以修改、推广至其他学科，保障特殊需求学生获得真正适宜的学习内容。

六、对后续研究的建议

（一）探索不同年级段教学调整的做法

本研究针对的是培智学校高年级段学生，通过使用"简化""减量""分解""替代""重整"的策略，为他们调整出了适当的教学内容，这样的方式相信也可以适用于中年级段的学生。但是对于低年级段以识字和拼音教学为主的智力障碍学生来说，是否还能使用这一系列的调整方法，抑或还有更为适宜的做法，研究者还未详细探究。今后如果有可能，未来研究可参考本研究所得方案，在更多的年级段中进行实验，再依据实际所得结果加以修订，相信对之后教师的参考会有实质助益。

（二）探索不同学科教学调整的做法

本研究针对的是培智学校语文，所以在教学调整的方法上，是以语文来考量的，参与的教师也是语文教师。正如在之前的建议中所提到的，教师的背景知识是做好教学调整非常关键的一环，故研究者本人和参与的教师都具备语文学科

教学背景。所以如果未来能在其他基础性学科,如数学、生活适应等学科加以钻研,探索出各学科的教学调整做法,相信会对培智学校智力障碍学生的需求提供更具适宜性的满足,也能真正符合特殊教育的个别化精神。

(三) 扩大研究的区域

研究者本人因为在上海市宝山区培智学校任职,平时的工作重心都在自己学校,故研究团队和现场都在本校。研究者也考虑过结合一两所其他学校来共同研究这一主题,但是正如本研究中所看到的那样,小组实践讨论的教师都是因为基于与本人多年的合作,培养出了非常可贵的默契,并且也一直致力于投身特殊教育领域的研究,所以研究者为了能最大程度研发设计出有效的方案,考虑再三还是将现场放在本校这一本人可以调控的环境。但是也不得不承认,所获的结果自然有其区域性的想法限制。所以如果未来有研究者对此研究方向感兴趣,建议可将研究范围扩大,考虑选取几个不同区的培智学校,并组建更多不同学校背景的教师一起参与,获得的结果会更客观、更具说服力。

参 考 文 献

［1］ 上海市教育委员会(2009).上海市辅读学校九年义务教育课程方案(征求意见稿).

［2］ 上海市教育委员会(2016).上海市辅读学校实用语文课程指导纲要(试行稿).

［3］ 于素红.个别化教育计划的现实困境与发展趋势[J].中国特殊教育,2012(03)：3-8+27.

［4］ 于素红.交互式教学及其在智力障碍学生阅读理解教学中的运用[J].中国特殊教育,2015(01)：22-26+46.

［5］ 中华人民共和国教育部(2022).义务教育语文课程标准(2022年版).

［6］ 中华人民共和国教育部(2016).中华人民共和国教育部发布实施盲、聋和培智三类特殊教育学校义务教育课程标准.
http://www.moe.gov.cn/jyb_xwfb/gzdt_gzdt/s5987/201612/t20161213_291720.html

［7］ 中华人民共和国教育部(2016).培智学校义务教育生活语文课程标准(2016年版).

［8］ 中华人民共和国教育部(2023).特殊教育基本情况.
http://www.moe.gov.cn/jyb_sjzl/moe_560/2023/quanguo/202501/t20250120_1176368.html

［9］ 王欣宜,苏昱蓁,过修齐.台中市"国民中小学"试办国民教育阶段特殊教育课程大纲遭遇困难之研究[J].特殊教育与辅助科技学报,2014(7)：1-21.

［10］ 王珩,周碧香,施枝芳,等.语文教学理论与应用[M].台北：[出版者不详],2008.

［11］ 王振德.教育改革、九年一贯课程与特殊教育[J].特殊教育季刊,2002(82)：1-8.

［12］ 王培甸."国小"六年级融合教育班学智障学生数学课程教学调整之行动研究[D].东华大学,2011.

［13］ 王云峰.略谈语文课程标准的修订[J].中学语文教学,2012(4)：4-8.

［14］ 王辉.我国培智学校课程改革研究的现状、反思与展望[J].中国特殊教育,2010(12)：47-52.

［15］ 王晓甜.融合教育课程与教学调整研究[D].华中师范大学,2017.

［16］ 王灿.特殊学校个别化教学中课程资源开发的问题与对策[D].西北师范大学,2014.

［17］ 王馨俏,崔梦萍.多媒体教材与触控荧幕教学对"国中"智能障碍学生语文学习之影响[J].教育传播与科技研究,2014(109)：17-38.

[18]　王潇浦.屏东县"国小"普通班教师对识字困难学习障碍学生实施教学调整及其困难之研究[D].屏东教育大学,2011.

[19]　尤丽娜.随班就读智障学生语文课程内容调整与实施的案例研究[D].华东师范大学,2015.

[20]　仇玲玲.开设多媒体绘画教学,吸引智障儿童的注意力[J].希望月报(下半月),2007(2):45.

[21]　方燕红,张积家,马振瑞,等.弱智儿童对常见食物的自由分类[J].中国特殊教育,2011(02):19-24.

[22]　方燕红,谢小云,尹观海.弱智儿童元记忆发展的实验研究[J].现代生物医学进展,2012,12(35):6960-6964.

[23]　方燕红,尹观海,张积家,等.8~18岁智力障碍儿童空间方位概念的发展[J].中国特殊教育,2014(01):29-34.

[24]　牛振青.利用绘本教学提升培智学校低年级段学生语文能力[D].苏州大学,2017.

[25]　白羽石,董嘉颖,尹锡杨,等.智力障碍青少年工作记忆和加工速度的认知功能缺陷[J].中国健康心理学杂志,2016,24(7):990-993.

[26]　朱坤昱."国小"普通班教师对特殊需求学生实施课程与教学调整之调查研究[D].台中教育大学,2009.

[27]　朱楠,张英.基于功能性行为评估的智力障碍儿童课堂问题行为的个案研究[J].中国特殊教育,2014(10):20-27.

[28]　曲田.面向轻度智障学生的多媒体字源识字教学研究[D].西南大学,2012.

[29]　吴武典.特殊教育国际学术交流的经验与启示[J].特殊教育季刊,1996(60):1-7.

[30]　吴昊雯.中度智力落后学生代词能力研究[D].华东师范大学,2006.

[31]　吴剑飞,陈云英.唐氏综合征儿童语言发展研究的现状分析[J].中国特殊教育,2005(11):9-15.

[32]　吴剑飞.汉语唐氏综合征学生语言和记忆的实验研究[D].华东师范大学,2006.

[33]　何金燕.学前融合班教师教学调整策略之研究[D].台中教育大学,2007.

[34]　何美宜."国中"资源班教师英语课程调整现况之研究[D].彰化师范大学,2012.

[35]　何雅玲."国小"普通班教师实施教学调整情形与其特殊教育专业知能之关系——以特殊教育长期追踪数据库为例[D].新竹教育大学,2015.

[36]　何翠艳.儿歌与智障儿童识字教学[D].鲁东大学,2013.

[37]　肖非.智力落后儿童心理与教育[M].大连:辽宁师范大学出版社,2002.

[38]　沈玫.唐氏综合征儿童短时记忆的复述策略干预研究[D].华东师范大学,2007.

[39]　李芷榕."国中"普教与特教教师英语课程调整之行动研究[D].中原大学,2010.

[40]　李晓庆.弱智儿童语言障碍与构音能力研究[D].重庆师范大学,2006.

[41]　李丽兰.主题课程与教学调整在学前融合教育之行动研究[D].中原大学,2011.

[42]　吕建志.阅读障碍学生之识字困难及识字教学探讨[J].云嘉特教期刊,2011(14):

36 - 43.

[43] 佟子芬.智力落后学生掌握量词特点的调查[J].中国特殊教育,1998(02)：3 - 8.

[44] 余寿祥.盲生个别化教学之管见[J].中国特殊教育,2004(02)：38 - 41.

[45] 邱上真.特殊教育导论——带好班上每位学生[M].新北：心理出版社,2004.

[46] 林仲贤,张增慧,孙家驹,等.弱智儿童颜色命名能力的发展研究[J].健康心理学杂志,2000(05)：534 - 536.

[47] 林仲贤,张增慧,孙家驹,等.弱智儿童视觉图形辨认的实验研究[J].心理发展与教育,2001(01)：36 - 39.

[48] 林仲贤,张增慧,孙家驹,等.弱智儿童视、触长度知觉辨别研究[J].健康心理学杂志,2002(05)：321 - 322.

[49] 林仲贤,孙家驹,武连江.弱智儿童 Stroop 效应实验研究[J].国际中华应用心理学杂志,2006(1)：1 - 3.

[50] 林怡秀.中部地区"国小"身心障碍资源班教师数学课程与教学调整之调查研究[D].台中教育大学,2007.

[51] 林宛萱."国中小"身心障碍资源班教师实施课程与教学调整之现况与困境研究[D].屏东教育大学,2013.

[52] 林坤灿,郭又方.因应个别障碍学生普通教育课程与教学调整方案之试探研究——以宜兰县"国小"轻度障碍学生为例[J].东台湾特殊教育学报,2004(6)：33 - 64.

[53] 林坤灿.心理与特殊教育新论[M].新北：心理出版社,2004：237 - 238.

[54] 林俐君.高雄市"国小"普通班教师对特殊需求学生实施课程与教学调整之现况研究[D].台东大学,2013.

[55] 林彩屏.学前融合班教师教学调整策略运用之行动研究：以幼儿数学游戏活动为例[D].台中教育大学,2012.

[56] 周珮如.双重特教需求学生课程与教学调整之研究[D].台北市立教育大学,2010.

[57] 周碧香.语文教学理论与应用[M].台北：洪叶文化,2008：149 - 179.

[58] 韦小满,杨希洁.单一被试研究法在我国特殊教育研究中应用的回顾与前瞻[J].中国特殊教育,2018(07)：15 - 19.

[59] 南丁丁.视听感觉统合训练对智力障碍儿童认知能力的影响研究[D].上海体育学院,2014.

[60] 郁松华.培智学校教育教学质量现状分析与思考[J].中国特殊教育,2006(7)：52 - 55.

[61] 侯美娟.故事结构教学对"国小"学习障碍学生阅读理解之学习成效[D].屏东大学,2017.

[62] 宫红梅.沈阳市 6～11 岁儿童智力障碍及社会适应能力调查分析[J].深圳中西医结合杂志,2005(03)：180 - 182.

[63] 马占刚.功能性行为评估在智力障碍儿童问题行为矫正中的应用[J].文教资料,2012(11)：149 - 150.

［64］ 马红英,刘春玲,顾琳玲.中度弱智儿童句法结构状况初步考察［J］.中国特殊教育,2001 (02)：35－39.

［65］ 马红英,刘春玲.中度弱智学生语文学科能力调查综述［J］.中国特殊教育,2004(05)： 36－39.

［66］ 马红英.培智学校语文课程与教学［M］.上海：华东师范大学出版社,2016.

［67］ 柴田田.智力障碍儿童汉字识字教学研究综述［J］.现代特殊教育,2016(22)：70－ 75＋80.

［68］ 徐胤,刘春玲.轻度弱智儿童语言能力的个案研究［J］.中国特殊教育,2006(07)： 47－51.

［69］ 徐静.自制识字教具应用于培智语文教学中的探索［J］.绥化学院学报,2016,36(01)： 76－78.

［70］ 孙圣涛,何晓君,施凤.中重度智力落后学生对汉语副词理解的研究［J］.中国特殊教育, 2007(09)：33－37.

［71］ 孙圣涛,范雪红,王秀娟.智力落后学生句子判断能力的研究［J］.心理科学,2008(04)： 901－904.

［72］ 孙圣涛,蔡雯,李冠华.中重度智力落后儿童对于"长""短"词义掌握的研究［J］.中国特 殊教育,2010(04)：7－10.

［73］ 孙圣涛,姚燕婕.中重度智力落后学生对不同句类理解的研究［J］.中国特殊教育,2011 (12)：31－34.

［74］ 孙圣涛,叶欢.中度智力落后儿童对于"深""浅"词义掌握的研究［J］.中国特殊教育, 2012(09)：30－33.

［75］ 卿春.锦江区随班就读学生课程调整现状研究［D］.四川师范大学,2015.

［76］ 高黎阳.融合教育环境下语义教学调整对特殊需要学生课堂学业参与影响的个案研究 ［D］.浙江师范大学,2016.

［77］ 秦丽花,颜莹玫.普教与特教老师以课程为核心的合作模式之行动研究［J］.特殊教育研 究学刊,2004(27)：59－75.

［78］ 陈文德.图解感觉统合百科［M］.新北：风革股份有限公司,2002.

［79］ 陈秀凤."国小"注意力缺失多动症学生之学校支持、教学调整及教养策略之调查研究 ［D］.新竹教育大学,2009.

［80］ 陈佳吟,孙淑柔.字族文识字策略之电脑融入教学对增进轻度智能障碍学生识字成效 之研究［J］.特殊教育与辅助科技学报,2011(4)：49－80.

［81］ 陈佳枫.高雄市"国小"集中式特殊教育班教师实施课程调整之现状与需求［D］.高雄师 范大学,2016.

［82］ 陈冠余.直接教学法对智能障碍学生识字学习成效之研究［D］.台东教育大学,2015.

［83］ 陈郁伶."国小"特教班教师以协同教学进行健康与体育领域课程调整历程之研究［D］. 台北市立大学,2014.

[84] 陈郁敏."国小"特教班教师课程调整之历程研究—以分站式协同教学为例[D].台北市立学,2014.

[85] 陈国鹏,姜月,骆大森.轻度弱智儿童工作记忆、加工速度的实验研究[J].心理科学,2007(03)：564-568.

[86] 陈雅琪.资源班教师课程调整之专业素养指标建构[D].东华大学,2017.

[87] 陈诗薇.心智图教学对"国中"学习障碍学生阅读理解之学习成效[D].屏东大学,2015.

[88] 陈荣华.智能不足研究：理论与应用[M].台北：师大书苑有限公司,2001.

[89] 张文京.融合教育与教学[M].桂林：广西师范大学出版社,2013.

[90] 张正芬.身心障碍及资赋优异学生鉴定办法说明手册[M].台北：台湾师范大学特殊教育学系,2014.

[91] 张芳全.问卷就是要这样编[M].2版.新北：心理出版社,2014.

[92] 张芬芬.质性资料分析的五步骤：在抽象阶梯上爬升[J].初等教育学刊,2010(35)：87-120.

[93] 张彩凤.试谈卫星班课程整合与调整策略[J].现代特殊教育,2018(13)：23-24.

[94] 张伟锋.智障儿童构音障碍矫治的个案报告[J].绥化学院学报,2014,34(07)：16-19+41.

[95] 张博舜.台北市"国小"普通班教师对身心障碍学生实施课程调整现况及困境之研究[D].台北教育大学,2016.

[96] 张雅娴.新北市"国小"普通班教师对识字困难学障学生教学调整实施之研究[D].台东大学,2014.

[97] 张靖宜.电脑辅助教学对"国小"中度智能障碍学生基本语法句型学习成效之研究[D].台中教育大学,2008.

[98] 张晓庆.高年级智力障碍学生应用写作能力及教学现状研究[D].辽宁师范大学,2016.

[99] 张积家,章玉祉,党玉晓,等.智障儿童基本颜色命名和分类研究[J].中国特殊教育,2007(06)：20-27.

[100] 张积家,方燕红.弱智儿童常见食物的概念结构[J].中国特殊教育,2009(03)：54-62.

[101] 许天威.个案实验研究法[M].台北：五南图书出版股份有限公司,2003.

[102] 许秀.轻度智力障碍儿童语文识字教学的有效策略分析[J].才智,2018(14)：43.

[103] 许家成.再论智力障碍概念的演化及其实践意义[J].中国特殊教育,2005(05)：12-16.

[104] 许惠菁."国小"自然科教师为身心障碍学生进行课程与教学调整之知能与行动力研究[D].彰化师范大学,2016.

[105] 郭海英,贺敏,金瑜.轻度智力落后儿童认知能力的研究[J].中国特殊教育,2005(3)：45-48.

[106] 郭海英,杨桂梅.智力障碍学生与智力正常学生言语认知加工过程的比较[J].河北大学学报(哲学社会科学版),2010,35(05)：99-103.

[107] 郭强,颜晗,刘巧云,等.中度智力障碍学生实词理解能力研究[J].中国特殊教育,2018(02):16-20+32.

[108] 梁佩忠.对情绪失调的智力障碍学生心理辅导的个案研究[J].中国特殊教育,2006(07):42-46.

[109] 闫惠.培智学校生活语文有效教学的探索与思考[J].成才之路,2017(36):76.

[110] 盛永进.随班就读课程的调整[J].现代特殊教育,2013(06):31-33.

[111] 钮文英.启智教育课程与教学设计[M].新北:心理出版社,2003.

[112] 钮文英.融合教育理念与做法(上)[M].高雄:高雄师范大学出版社,2006.

[113] 钮文英."国小"普通班认知障碍学生课程与教学调整方案之发展与成效研究[J].特殊教育与复健学报,2006(15):21-58.

[114] 钮文英.拥抱个别差异的新典范:融合教育[M].新北:心理出版社,2008.

[115] 钮文英.拥抱个别差异的新典范:融合教育[M].2版.新北:心理出版社,2015.

[116] 黄米琪.台中市"国小"资源班教师对阅读困难学习障碍学生实施课程与教学调整之调查研究[D].台中教育大学,2013.

[117] 黄志军,刘春玲.国外针对智力障碍儿童的阅读教学干预实证研究进展[J].中国特殊教育,2019(01):41-47.

[118] 黄秀婷."国中"英语能力优异学生课程调整与学习适应之研究[D].高雄师范大学,2004.

[119] 黄建智.特殊需求学生课程的调整[J].云嘉特教,2011(13):55-60.

[120] 黄政杰.课程设计[M].台北:台湾东华书局股份有限公司,1991.

[121] 黄炳勋.图像识字教学策略应用于智能障碍学童国字识写之行动研究[D].台东大学,2014.

[122] 黄敏玲.学前融合班课程调整对特殊幼儿行为成效之协同行动研究[D].花莲教育大学,2008.

[123] 黄淑姬.普通班教师因应身心障碍幼儿需求实施教学调整之现况:以新竹市幼儿园为例[D].新竹教育大学,2009.

[124] 黄雪娥.台东县"国小"教师对特殊需求学生实施课程与教学调整现况与困境之调查研究[D].台东大学,2015.

[125] 黄婷怡.学前特教巡回辅导教师对发展迟缓幼儿实施课程调整之调查研究:以中部地区为例[D].清华大学,2016.

[126] 黄颖婷."国中"特殊教育班语文领域课程调整流程之发展[D].彰化师范大学,2016.

[127] 黄蕈平."国中"普通班教师与特殊教育教师实施学习障碍学生英语课程调整与合作教学之协同行动研究[D].东华大学,2014.

[128] 黄馨谊."国小"普通班身心障碍学生课程与教学调整及同侪接纳之研究[D].台东大学,2014.

[129] 程敏芬.融合教育学生课程调整的行动研究:以重庆市垫江县某普特融合小学中低年

级为例[D].重庆师范大学,2018.

[130] 冯淑惠."国小"轻度智能障碍儿童人际问题解决能力之研究[D].彰化师范大学,2000.

[131] 万家春.立足当前语文纲要.寄语新课纲研订施行[J].市北教育学刊,2017(56)：29-66.

[132] 华京生.差异教学与个别化教学的比较研究[J].中国特殊教育,2014(10)：10-13.

[133] 华红琴,朱曼殊.学龄弱智儿童语言发展研究[J].心理科学,1993(03)：4-11.

[134] 汤盛钦,张福娟,骆伯巍.弱智学校毕业班学生学习能力的研究[J].心理科学通讯,1989(03)：23-28.

[135] 杨芳淇.融合教育在轻度智能障碍学生语文学科与学校适应之实施成效：以"国小"普通班为例[D].台南大学,2005.

[136] 杨宜蓁,王欣宜.浅谈故事结构策略在国小阅读障碍学生教学之应用[J],特殊教育与辅助科技半年刊,2017(17)：43-50.

[137] 杨书孟.台中市"国小"融合教育之教学调整的实施现状研究[D].台中教育大学,2013.

[138] 杨福义,刘春玲.中重度弱智儿童词汇表达的研究[J].心理科学,2001(6)：753-754.

[139] 会怡停.台北市小学启智班中度智能不足学生与普通学生口语表达能力之比较研究[D].台湾师范大学,1992.

[140] 叶冰.培智语文教学中如何培养学生的语言表达能力初探[J].新教育时代电子杂志(教师版),2018(31)：272.

[141] 叶林.中重度弱智学生汉字认读能力研究[J].中国特殊教育,2005(03)：49-52.

[142] 赵曼.辅读学校学生语言能力特点研究[D].华东师范大学,2012.

[143] 赵曼,王国英,殷永清.轻度智力障碍儿童构音矫治个案研究[J].保定学院学报,2016,29(01)：113-117.

[144] 布卢姆教育目标分类学修订版(完整版)：分类学视野下的学与教及其测评[M].蒋小平,张琴美,罗晶晶,译.北京：外语教学与研究出版社,2009.

[145] 蒋明珊.普通班特殊需求学生课程调整之探讨及其在语文科应用成效之研究[D].台湾师范大学,2001.

[146] 蒋明珊.普通班教师参与身心障碍学生课程调整之研究[J].特殊教育研究学刊,2004(27)：39-58.

[147] 刘全礼.个别教育计划的理论与实践[M].北京：中国妇女出版社,1999.

[148] 刘春玲,昝飞.弱智儿童语音发展的研究[J].中国特殊教育,2000(2)：33-37.

[149] 刘春玲,马红英,杨福义.弱智儿童对词汇理解的研究[J].心理科学,2000(6)：686-689.

[150] 刘春玲,马红英.弱智儿童词的语义判断实验研究[J].中国特殊教育,2004(8)：38-42.

[151] 刘春玲,马红英.智力障碍儿童的发展与教育[M].北京：北京大学出版社,2011.

[152] 刘雪雅.谈谈培养智力障碍学生写作能力之我见[J].中华少年,2016(20)：268-269.

[153] 刘杰.辅读学校毕业班智力障碍学生阅读能力研究[D].华东师范大学,2011.

[154] 汤姆林森.刘颂译.多元能力课堂中的差异教学[M].北京:中国轻工业出版社,2003.

[155] 刘晓明,张明.弱智儿童单句理解过程的实验研究[J].心理科学,1995(05):315-316.

[156] 刘镇铭,李世明,王惠萍,等.智障学生注意品质测试及对比分析研究[J].中国特殊教育,2011(5):40-45.

[157] 郑如婷.台中市"国小"资源班教师对写字困难学习障碍学生实施课程与教学调整之调查研究[D].新竹教育大学,2013.

[158] AAIDD专有名词和分类特别委员会.郑雅莉译.智能障碍:定义、分类和支持系统(美国智能及发展障碍协会定义指南第十一版)[M].台北:财团法人心路社会福利基金会,2010.

[159] 邓猛.普通小学随班就读教师教学调整策略的城乡比较研究[J].中国特殊教育,2005(04):65-70.

[160] 邓泽兴.试论融合教育推动下的课程调整[J].重庆文理学院学报社会科学版,2012,31(06):148-152.

[161] 朴永馨.特殊教育词典.[M].3版.北京:华夏出版社,2014.

[162] 卢台华.九年一贯制课程在特殊教育之应用手册[M].台北:[出版者不详],2003.

[163] 赖瑜薰.台中县学前融合班教师教学调整之研究[D].朝阳科技大学,2010.

[164] 姜凤玲.浅谈智力障碍儿童听说读写能力的培养[J].新课程学习(中),2013(9):151.

[165] 薛郁蓉.融合教育理念下教师教学调整策略之探究[D].高雄师范大学,2011.

[166] 薛婉如.国民小学科任教师对丁身心障碍学生课程调整现况与需求之研究[D].彰化师范大学,2017.

[167] 谢家玲.中部地区"国中"资源班教师对数学课程与教学调整认知与实施差异之研究[D].彰化师范大学,2012.

[168] 萧榆臻.国民中学身心障碍资源班数学科课程与教学调整之研究[D].彰化师范大学,2017.

[169] 魏寿洪,廖进,程敏芬.成渝两地普小教师融合教育课程与教学调整实施现状研究[J].中国特殊教育,2018(06):14-22.

[170] 简月美."原住民"地区"国中"特教班语文课程调整跨校策略联盟之行动研究[D].东华大学,2015.

[171] 苏育萱,吴志宏,陈金宏.互动电子书应用于特教班之语文课程设计[J].特殊教育与辅助科技半年刊,2014(11):37-45.

[172] AAIDD(2019). *intellectual-disability*. Retrieved from http://aaidd.org/intellectual-disability.

[173] Adewumi, T. M., Rembe, S., Shumba, J., & Akinyemi, A. Adaptation of the curriculum for the inclusion of learners with special education needs in selected primary schools in the Fort Beaufort District[J]. *African Journal of Disability*

(Online)，2017，6：1 – 5.

[174] Akin, E.. Observation of multimedia-assisted instruction in the listening skills of students with mild mental deficiency[J]. *Educational Research and Reviews*，2016，11(5)：182 – 193.

[175] Bean, R. M., Zigmond, N., & Hartman, D. K.. Adapted use of social studies textbooks in elementary classrooms: Views of classroom teachers[J]. *Remedial and Special Education*，1994，15(4)：216 – 226.

[176] Bexkens, A., Ruzzano, L., Collot d' Escury, K. A. M. L., Van der Molen, M. W., & Huizenga, H. M.. Inhibition deficits in individuals with intellectual disability: A meta-regression analysis[J]. *Journal of Intellectual Disability Research*，2014，58(1)：3 – 16.

[177] Bilgi, A. D., & Özmen, E. R.. The effectiveness of modified multi-component cognitive strategy instruction in expository text comprehension of students with mild intellectual disabilities[J]. *Educational Sciences: Theory and Practice*，2018，18(1)，61 – 84.

[178] Boulineau, T., Fore, C., III, Hagan-Burke, S., & Burke, M. D.. Use of story-mapping to increase the story-grammar text comprehension of elementary students with learning disabilities[J]. *Learning Disability Quarterly*，2004，27(2).

[179] Broadley, I.,& MacDonald, J.. Teaching short term memory skills to children with Down's syndrome[J]. Down's syndrome: *Research and Practice*，1993，2：56 – 62.

[180] Cannella-Malone, H. I., Konrad, M., & Pennington, R. C.. ACCESS! Teaching writing skills to students with intellectual disability[J]. *TEACHING Exceptional Children*，2015，47(5)：272 – 280.

[181] Copeland, S. R., & Hughes, C.. Effects of goal setting on task performance of persons with mental retardation[J]. *Education & Training in Mental Retardation & Developmental Disabilities*，2002，37(1)：40 – 54.

[182] Coyne, P., Pisha, B., Dalton, B., Zeph, L. A., & Smith, N. C.. Literacy by design: A universal design for learning approach for students with significant intellectual disabilities[J]. *Remedial and Special Education*，2012，33(3)：162 – 172.

[183] Dekker, M. C., Koot, H. M., van der Ende, J., & Verhulst, F. C.. Emotional and behavioral problems in children and adolescents with and without intellectual disability [J]. *Journal of Child Psychology & Psychiatry & Allied Disciplines*，2002，43(8)：1087 – 1098.

[184] de Santana, C. C. V. P., de Souza, W. C., & Feitosa, M. A. G.. Recognition of facial emotional expressions and its correlation with cognitive abilities in children with Down syndrome[J]. *Psychology & Neuroscience*，2014，7(2)：73 – 81.

[185] Diken, Ö.. Pragmatic language skills of children with developmental disabilities: A descriptive and relational study in Turkey[J]. *Eurasian Journal of Educational Research*, 2014, 55: 109 – 122.

[186] Ebeling, D., Janney, R., & Sprague, J. (2000). *Curriculum modifications and adaptations*. Retrieved from http://www. slideshare. net/Reedheiress/curriculum-modifications-andadaptations-2.

[187] Facon, B., Courbois, Y., & Magis, D.. A cross-sectional analysis of developmental trajectories of vocabulary comprehension among children and adolescents with Down syndrome or intellectual disability of undifferentiated aetiology [J]. *Journal of Intellectual & Developmental Disability*, 2016, 41(2): 140 – 149.

[188] Facon, B., Facon-Bollengier, T., & Grubar, J.-C.. Chronological age, receptive vocabulary, and syntax comprehension in children and adolescents with mental retardation[J]. *American Journal on Mental Retardation*, 2002, 107(2): 91 – 98.

[189] Feiler, A.. The UK 14 – 19 education reforms: Perspectives from a special school[J]. *Support for Learning*, 2010, 25(4): 172 – 178.

[190] Grindle, C. F., Cianfaglione, R., Corbel, L., Wormald, E. V., Brown, F. J., Hastings, R. P., & Carl Hughes, J.. Teaching handwriting skills to children with intellectual disabilities using an adapted handwriting programme[J]. *Support for Learning*, 2017, 32(4): 313 – 336.

[191] Guerin, G. R. (1991). *Critical step in curriculum reform: Regular education materials and special needs student*s. California State Dept. of Education, Sacramento. Program Development Unit.

[192] Hayes, B. K., & Conway, R. N.. Concept acquisition in children with mild intellectual disability: Factors affecting the abstraction of prototypical information[J]. *Journal of Intellectual & Developmental Disability*, 2000, 25(3): 217 – 234.

[193] Hitchcock, C., Meyer, A., Rose, D., & Jackson, R.. Providing new access to the general curriculum: Universal design for learning[J]. *Teaching exceptional children*, 2002, 35(2): 8 – 17.

[194] Hoover, J. J., & Patton, J. R. (1997). *Curriculum adaptations for students with learning and behavior problems: Principles and practices* (pp. 23 – 131). Austin, Texas: Pro-ed.

[195] Jackson, R., & Harper, K. (2001). *Teacher planning and the universal design for learning environments*. Peabody, MA: Center for Applied Special Technology.

[196] Janney, R., & Snell, M. E. (2013). *Teachers' guides to inclusive practices: Modifying schoolwork*. Paul H. Brookes Publishing Company.

[197] Kern, L., Bambara, L., & Fogt, J.. Class-wide curricular modification to improve

the behavior of students with emotional or behavioral disorders[J]. *Behavioral Disorders*, 2002, 27(4): 317 – 326.

[198] King-Sears, M. E.. Best academic practices for inclusive classrooms[J]. *Focus on exceptional children*, 1997, 7: 1 – 24.

[199] Kurth, J.A.. Aunit-based approach to adaptations in inclusiveclassrooms[J]. *Teaching Exceptional Children*, 2013, 46(2): 34 – 43.

[200] Kurth, J. A., & Keegan, L.. Development and use of curricular adaptationsfor students receiving special education services[J]. *Journal of SpecialEducation*, 2014, 48(3): 191 – 203.

[201] Laws, G., Brown, H., & Main, E. Reading comprehension in children with Down Syndrome[J]. *Reading and Writing*, 2016, 29(1): 21 – 45.

[202] Lovitt, T. C., & Horton, S. V. Strategies for adapting science textbooks foryouth with learning disabilities[J]. *Remedial & Special Education*, 1994, 15(2): 105.

[203] Lynch, J.. A case study of a volunteer-based literacy class with adults with developmental disabilities[J]. *Australian Journal of Adult Learning*, 2013, 53(2): 302 – 325.

[204] Martin, G. E., Bush, L., Klusek, J., Patel, S., & Losh, M. A multi-method analysis of pragmatic skills in children and adolescents with Fragile X Syndrome, Autism Spectrum Disorder, and Down Syndrome[J]. *Journal of Speech*, *Language*, *and Hearing Research*, 2018, 61(12): 3023 – 3037.

[205] McLaughlin, V. L. (1993). *Curriculum adaptation and development*. Richmond: Virginia Deparment of Education.

[206] McLeskey, J., &Waldron, N. L. Inclusion and school change: Teacherperceptions regarding curriculum and instructional adaptations[J]. *Teacher Education and Special Education*, 2002, 25(1): 41 – 54.

[207] Meese, R. L. Adapting textbooks for children with learning disabilities inmainstreamed classrooms[J]. *Teaching Exceptional Children*, 1992, 24(3): 49 – 51.

[208] Meyer, A., & O'Neill, L. M. (2001). *Beyond access: Universal design for learning*. Retrieves from http://www.eparent.com/tech/cast1.htm.

[209] Moni, K. B., Jobling, A., Morgan, M., & Lloyd, J. Promoting literacy for adults with intellectual disabilities in a community-based service organization[J]. *Australian Journal of Adult Learning*, 2011, 51(3): 456 – 478.

[210] Moody, A. K. Using electronic books in the classroom to enhance emergent literacy skills in young children[J]. *Journal of Literacy and Technology*, 2010, 11(4): 22 – 52.

[211] Nevin, A. I., Cramer, E., Voigt, J., & Salazar, L. Instructional modifications, adaptations, and accommodations of coteachers who loop: A descriptive case study

[J]. *Teacher Education and Special Education*, 2008, 31(4): 283 - 297.

[212] Nunley, K. F. Layered curriculum brings teachers to tiers[J]. *Education Digest*, 2003, 69(1): 31 - 36.

[213] Okumbe, M., & Tsheko, N. (2007). The need for curriculum modifications for special needs learners in Botswana. Retrieved from http://www.cast.org/publications/ncac/ncac_curriculummod.html.

[214] Omori, M., & Yamamoto, J. Sentence reading comprehension by means of training in segment-unit reading for Japanese children with intellectual disabilities[J]. *Behavior Analysis in Practice*, 2018, 11(1): 9 - 18.

[215] Parsons, S. A. & Vaughn, M. One teacher's instructional adaptations and herstudents' reflections on the adaptations[J]. *Journal of Classroom Interaction*, 2016, 51(1): 4 - 17.

[216] Peterson, J. M., & Hittie, M. M. (2003). *Inclusive teaching: Creating effective schools for all learners*. Boston: Allyn & Bacon.

[217] Pijl, S. J., & Meijer, C. J. Does integration count for much? An analysis of the practices of integration in eight countries[J]. *European Journal of Special Needs Education*, 1991, 6(2): 100 - 111.

[218] Polišenská, K., Kapalková, S., & Novotková, M. Receptive language skills in slovak-speaking children with intellectual disability: Understanding words, sentences, and stories[J]. *Journal of Speech, Language, and Hearing Research*, 2018, 61 (7): 1731 - 1742.

[219] Roberts, J. E., Mirrett, P., & Burchinal, M. Receptive and expressive communication development of young males with fragile X syndrome[J]. *American Journal on Mental Retardation*, 2001, 106(3): 216 - 230.

[220] Roch, M., & Levorato, M. C. Simple view of reading in Down's Syndrome: The role of listening comprehension and reading skills[J]. *International Journal of Language & Communication Disorders*, 2009, 44(2): 206 - 223.

[221] Schenck, S. J. The diagnostic instructional link in individualized education programs [J]. *Journal of Special Education*, 1980, 14(3): 337 - 345.

[222] Schumm, J. S. (1999). *Adapting reading and math materials for the inclusive classroom*. Washington, DC: Council for Exceptional Children.

[223] Shamir, A., & Lifshitz, I.E-Books for supporting the emergent literacy and emergent math of children at risk for learning disabilities: Can metacognitive guidance make a difference? [J]. *European Journal of Special Needs Education*, 2013, 28(1): 33 - 48.

[224] Shanthi, R. Curriculum adaptation for children with hearing impairment in inclusive

education[J]. *Current Perspectives on Education*, 2013, 3(2): 172 – 178.

[225] Shurr, J., & Taber-Doughty, T. Increasing comprehension for middle school students with moderate intellectual disability on age-appropriate texts[J]. *Education and Training in Autism and Developmental Disabilities*, 2012, 47(3): 359 – 372.

[226] Sosedova, N. V. Some features of the comprehension of popular scientific articles by young mentally retarded schoolchildren[J]. *Defektologiya*, 1985, 3: 36 – 40.

[227] Staples, A., & Edmister, E. The reintegration of technology as a function of curriculum reform: Cases of two teachers[J]. Research and Practice for Persons with Severe Disabilities, 2014, 39(2): 136 – 153.

[228] Tomlinson, C. A., & Allan, S. D. (2000). *Leadership for differentiating schools and classrooms*. Alexandria, VA: Association for Supervision and Curriculum Development.

[229] Udvari-Solner, A. Examining teacher thinking: constructing a process todesign curriculum adaptations[J]. *Remedial and Special Education*, 1996, 17: 245 – 254.

[230] Vandereet, J., Maes, B., Lembrechts, D., & Zink, I. Predicting expressive vocabulary acquisition in children with intellectual disabilities: A 2-year longitudinal study[J]. *Journal of Speech, Language & Hearing Research*, 2010, 53(6): 1673 – 1686.

[231] Wood, S., Wishart, J., Hardcastle, W., Cleland, J., & Timmins, C. The use of electropalatography (EPG) in the assessment and treatment of motor speech disorders in children with Down's syndrome: Evidence from two case studies [J]. *Developmental Neurorehabilitation*, 2009, 12(2): 66 – 75.

[232] Woodcock, K. A., & Rose, J. The relationship between the recognition of facial expressions and self-reported anger in people with intellectual disabilities[J]. *Journal of Applied Research in Intellectual Disabilities*, 2007, 20(3): 279 – 284.

[233] Woods-Groves, S., Alqahtani, S. S., Balint-Langel, K., & Kern, A. Electronic essay writing with post-secondary students with intellectual and developmental disabilities[J]. *Education and Training in Autism and Developmental Disabilities*, 2018, 53(3): 311 – 324.

附录一 第一轮研究阶段的简化性 教学内容示例

第一轮研究阶段的简化性教学内容示例——第1课《生物角》

原教学内容	简化性教学内容
1. 生物角	1. 生物角
星期一，同学们一走进教室，就看见生物角上多了一盆月季花。粉红的花朵真惹人喜爱。大家兴高采烈地围上去说："好美！好香啊！是谁拿来这么美丽的花儿？"原来是小丁家的一盆月季花开了，他想和更多的同学一起分享月季花的美丽与清香。	星期一，同学们一走进教室，就看见生物角上多了一盆月季花。大家围上去说："好美！好香啊！是谁拿来这么美丽的花儿？"原来是小丁家的一盆月季花开了，他想和更多的同学一起分享月季花的美丽与清香。
第二天早晨，老师一走进教室，就看见生物角前又围了不少同学。上前一看，原来生物角上添了很多新"朋友"，有薄荷、海棠，最可爱的要数那两只在玻璃缸里游泳的巴西彩龟了。	第二天早晨，老师一走进教室，就看见生物角前又围了不少同学。上前一看，原来生物角上添了很多新"朋友"，有薄荷、海棠，最可爱的要数那两只巴西彩龟了。
我们班的生物角真美啊！	我们班的生物角真美啊！

说明：第一小节删减学生难以理解的"粉红的花朵真惹人喜爱""兴高采烈地"；第二小节删除"在玻璃缸里游泳的"，从而缩减句子长度，易于学生理解；第三小节不作更改。本课原生字是"爱""谁"，简化后需要学习的生字为"谁"。该教学内容适合班级中 S04、S05、S06、S07 学生。

第一轮研究阶段的重整性教学内容示例——第 1 课《生物角》

原教学内容	重整性教学内容
1. 生物角 星期一,同学们一走进教室,就看见生物角上多了一盆月季花。粉红的花朵真惹人喜爱。大家兴高采烈地围上去说:"好美! 好香啊! 是谁拿来这么美丽的花儿?"原来是小丁家的一盆月季花开了,他想和更多的同学一起分享月季花的美丽与清香。 第二天早晨,老师一走进教室,就看见生物角前又围了不少同学。上前一看,原来生物角上添了很多新"朋友",有薄荷、海棠,最可爱的要数那两只在玻璃缸里游泳的巴西彩龟了。 我们班的生物角真美啊!	1. 生物角 星期一,同学们看见生物角上多了一盆月季花。月季花是粉红色的,大家都很喜欢。这盆月季花是小丁带来的。 第二天早晨,生物角多了很多新"朋友",有薄荷、海棠和巴西彩龟。 我们班的生物角真美啊!

说明: 第一小节第一句话删减学生难以理解的句型"一……就……",再重整出最主要的内容;第二至四句话用学生能够理解的方式改写。第二小节将重点内容用学生能理解的话写清楚,删除"一……就……"句型内容,易于学生理解。第三小节不作更改。重整后,没有需要学习的生字。该教学内容适合班级中 S08、S09 学生。

第一轮研究阶段的简化性教学内容示例——第 7 课《我的影子》

原教学内容	简化性教学内容
7. 我的影子 一天晚上,我和爸爸一起去散步。走到路灯下,我忽然发现地上有自己的影子,我挥挥手,影子也挥挥手。我蹦蹦跳跳,它也蹦蹦跳跳。我做什么,它就做什么。 走着走着,咦,我的影子变成小矮人了! 走着走着,呀,它怎么又变成巨人了! 真有趣啊! 影子一会儿跑在前,一会儿跟在后,一会儿跑到我的左边,一会儿又转到右边去了,它好像在和我捉迷藏。 一路上影子总跟着我,可是它为什么会变来变去呢?	7. 我的影子 一天晚上,我和爸爸一起去散步。走到路灯下,我忽然发现地上有自己的影子。我做什么,它就做什么。 走着走着,咦,我的影子变成小矮人了! 走着走着,呀,它又变成巨人了! 真有趣啊! 影子一会儿跑在前,一会儿跟在后,一会儿跑到我的左边,一会儿又转到右边去了,它好像在和我捉迷藏。 一路上影子总跟着我,可是它为什么会变来变去呢?

说明: 第一小节删减句子"我挥挥手,影子也挥挥手。我蹦蹦跳跳,它也蹦蹦跳跳。"从而缩减内容,帮助学生理解;第二小节删减学生难以理解的词语"怎么",同时让两个句子内容对应;第三、第四小节不作更改。本课原生字为"现""怎""跟",简化后,需要学习的生字为"现""跟"。该教学内容适合班级中 S04、S05、S06、S07 学生。

第一轮研究阶段的重整性教学内容示例——第 7 课《我的影子》

原教学内容	重整性教学内容
7. 我的影子	7. 我的影子
一天晚上，我和爸爸一起去散步。走到路灯下，我忽然发现地上有自己的影子，我挥挥手，影子也挥挥手。我蹦蹦跳跳，它也蹦蹦跳跳。我做什么，它就做什么。	一天晚上，我和爸爸一起去散步。走到路灯下，我看到地上有自己的影子。我挥挥手，影子也挥挥手。我蹦蹦跳跳，它也蹦蹦跳跳。
走着走着，咦，我的影子变成小矮人了！走着走着，呀，它怎么又变成巨人了！真有趣啊！	走着走着，我的影子变小了！走着走着，它又变大了！真有趣啊！
影子一会儿跑在前，一会儿跟在后，一会儿跑到我的左边，一会儿又转到右边去了，它好像在和我捉迷藏。	影子一会儿在前，一会儿在后，一会儿在左边，一会儿在右边。
一路上影子总跟着我，可是它为什么会变来变去呢？	一路上影子一直跟着我。

说明： 第一小节删减学生难以理解的"忽然""我做什么，它就做什么"，将难以理解的"发现"改为"看到"；第二小节用"影子变小了""影子变大了"直观写出影子的变化，易于学生理解；第三小节使用的动词较多，学生难以理解，因此作删减处理，并删减"它好像在和我捉迷藏"；第四小节的疑问句学生并不能理解，因此只保留前半句，并将"总"改为"一直"。本课原生字是"现""怎""跟"，重整后需要学习的生字为"跟"。该教学内容适合班级中S08、S09 学生。

附录二 第二轮研究阶段的调整后教学内容示例

S03 第二轮研究阶段的调整后教学内容示例——第 1 课《兴趣活动》

原教学内容	调整后教学内容
1. 兴趣活动 兴趣活动时间到了。同学们在老师的带领下,开始了各种有趣的活动。 看,舞蹈房里,舞蹈队的同学们伴随着音乐,跳着优美的舞蹈。瞧,美术室里,画画兴趣小组的同学们把一张张白纸变成了一幅幅美丽的图画。听,从哪里传来"咚咚"的声音? 哦,原来是腰鼓队的同学们在音乐室里打腰鼓,他们伴随着音乐的节奏,用鼓槌在鼓面上敲出阵阵鼓声。最热闹的是操场,同学们有的在跑步,有的在投篮,还有的在老师的带领下做游戏。 我们的兴趣活动真是丰富多彩!	1. 兴趣活动 兴趣活动时间到了。同学们在老师的带领下,开始了各种有趣的活动。 看,舞蹈房里,舞蹈队的同学们伴随着音乐,跳着优美的舞蹈。瞧,美术室里,画画兴趣小组的同学们把一张张白纸变成了一幅幅美丽的图画。听,从哪里传来"咚咚"的声音? 哦,原来是腰鼓队的同学们在音乐室里打腰鼓,他们伴随着音乐的节奏,用鼓槌在鼓面上敲出阵阵鼓声。最热闹的是操场,同学们有的在跑步,有的在投篮,还有的在老师的带领下做游戏。 我们的兴趣活动真是丰富多彩!

说明: 放大课文字体。该教学内容适合班级中 S03 学生。

S04 第二轮研究阶段的调整后教学内容示例——第 1 课《兴趣活动》

原教学内容	调整后教学内容
1. 兴趣活动 　　兴趣活动时间到了。同学们在老师的带领下，开始了各种有趣的活动。 　　看，舞蹈房里，舞蹈队的同学们伴随着音乐，跳着优美的舞蹈。瞧，美术室里，画画兴趣小组的同学们把一张张白纸变成了一幅幅美丽的图画。听，从哪里传来"咚咚"的声音？哦，原来是腰鼓队的同学们在音乐室里打腰鼓，他们伴随着音乐的节奏，用鼓槌在鼓面上敲出阵阵鼓声。最热闹的是操场，同学们有的在跑步，有的在投篮，还有的在老师的带领下做游戏。 　　我们的兴趣活动真是丰富多彩！	1. 兴趣活动 　　兴趣活动时间到了。同学们在老师的带领下，开始了**各种**有趣的活动。 　　看，**舞蹈房**里，**舞蹈队**的同学们伴随着音乐，跳着优美的舞蹈？瞧，**美术室**里，**画画兴趣小组**的同学们把一张张白纸变成了一幅幅美丽的图画。听，从哪里传来"咚咚"的声音？哦，原来是**腰鼓队**的同学们在**音乐室**里打腰鼓，他们伴随着音乐的节奏，用鼓槌在鼓面上敲出阵阵鼓声。最热闹的是**操场**，同学们有的在跑步，有的在投篮，还有的在老师的带领下做游戏。 　　我们的兴趣活动真是**丰富多彩**！

说明：将与文本脉络相关的词语放大加红。本教学内容调整后提供给 S04 使用。

S05 第二轮研究阶段的调整后教学内容示例——第 1 课《兴趣活动》

原教学内容	调整后教学内容
1. 兴趣活动 　　兴趣活动时间到了。同学们在老师的带领下，开始了各种有趣的活动。 　　看，舞蹈房里，舞蹈队的同学们伴随着音乐，跳着优美的舞蹈。瞧，美术室里，画画兴趣小组的同学们把一张张白纸变成了一幅幅美丽的图画。听，从哪里传来"咚咚"的声音？哦，原来是腰鼓队的同学们在音乐室里打腰鼓，他们伴随着音乐的节奏，用鼓槌在鼓面上敲出阵阵鼓声。最热闹的是操场，同学们有的在跑步，有的在投篮，还有的在老师的带领下做游戏。 　　我们的兴趣活动真是丰富多彩！	1. 兴趣活动 　　兴趣活动时间到了。同学们在老师的带领下，开始了**各种**有趣的活动。 　　看，**舞蹈房**里，**舞蹈队**的同学们伴随着音乐，跳着优美的舞蹈。瞧，**美术室**里，**画画兴趣小组**的同学们把一张张白纸变成了一幅幅美丽的图画。听，从哪里传来"咚咚"的声音？哦，原来是**腰鼓队**的同学们在**音乐室**里打腰鼓，他们伴随着音乐的节奏，用鼓槌在鼓面上敲出阵阵鼓声。最热闹的是**操场**，同学们有的在跑步，有的在投篮，还有的在老师的带领下做游戏。 　　我们的兴趣活动真是**丰富多彩**！

说明：将与文本脉络相关的词语加红。本教学内容调整后提供给 S05 使用。

S06 第二轮研究阶段的调整后教学内容示例—第 1 课《兴趣活动》

原教学内容	调整后教学内容
1. 兴趣活动　　兴趣活动时间到了。同学们在老师的带领下，开始了各种有趣的活动。　　看，舞蹈房里，舞蹈队的同学们伴随着音乐，跳着优美的舞蹈。瞧，美术室里，画画兴趣小组的同学们把一张张白纸变成了一幅幅美丽的图画。听，从哪里传来"咚咚"的声音？哦，原来是腰鼓队的同学们在音乐室里打腰鼓，他们伴随着音乐的节奏，用鼓槌在鼓面上敲出阵阵鼓声。最热闹的是操场，同学们有的在跑步，有的在投篮，还有的在老师的带领下做游戏。　　我们的兴趣活动真是丰富多彩！	1. 兴趣活动　　兴趣活动时间到了。同学们在老师的带领下，开始了**各种**有趣的活动。　　看，**舞蹈房**里，**舞蹈队** 的同学们伴随着音乐，跳着优美的舞蹈。瞧，**美术室**里，**画画兴趣小组**的同学们把一张张白纸变成了一幅幅美丽的图画。听，从哪里传来"咚咚"的声音？哦，原来是**腰鼓队**的同学们在**音乐室**里打腰鼓，他们伴随着音乐的节奏，用鼓槌在鼓面上敲出阵阵鼓声。最热闹的是**操场**，同学们有的在跑步，有的在投篮，还有的在老师的带领下做游戏。　　我们的兴趣活动真是**丰富多彩**！

说明： 先将与文本脉络相关的词语放大加粗，再插入本篇课文描写的兴趣活动相关图片帮助学生理解。本教学内容调整后提供给 S06 使用。

S07 第二轮研究阶段的调整后教学内容示例—第 1 课《兴趣活动》

原教学内容	调整后教学内容
1. 兴趣活动　　兴趣活动时间到了。同学们在老师的引领下，开始了各种有趣的活动。　　看，舞蹈房里，舞蹈队的同学们伴随着音乐，跳着优美的舞蹈。瞧，美术室里，画画兴趣小组的同学们把一张张白纸变成了一幅幅美丽的图画。听，从哪里传来"咚咚"的声音？哦，	1. 兴趣活动兴趣活动时间到了。同学们在老师的引领下，开始了各种有趣的活动。**舞蹈房**里，**舞蹈队**的同学们跳着舞蹈。

续　表

原教学内容	调整后教学内容
原来是腰鼓队的同学们在音乐室里打腰鼓,他们伴随着音乐的节奏,用鼓槌在鼓面上敲出阵阵鼓声。最热闹的是操场,同学们有的在跑步,有的在投篮,还有的在老师的带领下做游戏。 　　我们的兴趣活动真是丰富多彩!	**美术室**里,**画画兴趣小组**的同学们在画画。  **腰鼓队**的同学们在**音乐室**里打腰鼓。  **操场**上,同学们有的在跑步,有的在投篮,还有的在老师的带领下做游戏。  我们的兴趣活动真是丰富多彩!

说明: 本篇课文文本脉络蕴含在一些修饰过的句子中。**首先**,课文第二小节中删减学生难以理解的词句,只保留什么地方谁在干什么的相关内容。**然后**,先将与文本脉络相关的词语放大加红,为了便于学生理解和认读,**再**将课文内容进行分解,由于学生有一定的句子阅读能力,因此保留句段分成 7 个小节,每个小节 1 句话。**最后**,插入课文相关图片帮助学生理解,由于学生虽有阅读图片的能力,但仍需要教师进行指导,因此将图片放大,便于教师指导学生观察。本教学内容调整后提供给 S07 使用。

S08、S09 第二轮研究阶段的调整后教学内容示例—第 1 课《兴趣活动》

原教学内容	调整后教学内容
1. 兴趣活动 　兴趣活动时间到了。同学	1. 兴趣活动 兴趣活动开始了。

原教学内容	调整后教学内容
们在老师的引领下，开始了各种有趣的活动。 　　看，舞蹈房里，舞蹈队的同学们伴随着音乐，跳着优美的舞蹈。瞧，美术室里，画画兴趣小组的同学们把一张张白纸变成了一幅幅美丽的图画。听，从哪里传来"咚咚"的声音？哦，原来是腰鼓队的同学们在音乐室里打腰鼓，他们伴随着音乐的节奏，用鼓槌在鼓面上敲出阵阵鼓声。最热闹的是操场，同学们有的在跑步，有的在投篮，还有的在老师的带领下做游戏。 　　我们的兴趣活动真是丰富多彩！	**舞蹈房**里，同学们在**跳舞**。  **美术室**里，同学们在**画画**。  **音乐室**里，同学们在**打腰鼓**。  **操场**上，同学们在**跑步**。  **操场**上，同学们在**投篮**。 

续　表

原教学内容	调整后教学内容

操场上,同学们在和老师**做游戏**。

说明：首先,将课文内容进行重整,第一小节重整为学生能理解的"兴趣活动开始了"；第二小节将文本内容重整为 6 个简明描述各地点兴趣活动内容的短句,即什么地方同学们在干什么,其中操场上的活动将每个活动内容加上主语,重整为 3 个句子。然后,将与文本脉络相关的词语、短句放大加红加粗,为了便于学生理解和认读,再将句子进行分解,让学生分清活动的地点和内容。最后,插入放大的"跳舞、画画、打腰鼓、跑步、投篮、做游戏"的图片帮助学生理解。本篇课文要掌握的四会生字是"组""纸",重整后没有需要学习的生字。该教学内容适合班级中 S08、S09 学生。

S03 第二轮研究阶段的调整后教学内容示例——第 2 课《天安门广场》

原教学内容	调整后教学内容
2. 天安门广场 　　天安门广场位于首都北京的中心,它是全世界最宽广、最壮观的城市广场。 　　广场北端是天安门。天安门红墙黄瓦,雕梁画栋,显得雄伟壮丽。天安门前是金水河,河上横跨着五座汉白玉石桥,这就是金水桥。 　　广场中央矗立着高大的人民英雄纪念碑。广场南端是毛主席纪念堂。广场东西两侧,中国国家博物馆与巍峨壮丽的人民大会堂遥遥相对。 　　每逢节日,天安门广场花团锦簇,姹紫嫣红,无数盆鲜花组成一个个大花坛,把广场装点得犹如五彩缤纷的大花园。	2. 天安门广场 　　天安门广场位于首都北京的中心,它是全世界最宽广、最壮观的城市广场。 　　广场北端是天安门。天安门红墙黄瓦,雕梁画栋,显得雄伟壮丽。天安门前是金水河,河上横跨着五座汉白玉石桥,这就是金水桥。 　　广场中央矗立着高大的人民英雄纪念碑。广场南端是毛主席纪念堂。广场东西两侧,中国国家博物馆与巍峨壮丽的人民大会堂遥遥相对。 　　每逢节日,天安门广场花团锦簇,姹紫嫣红,无数盆鲜花组成一个个大花坛,把广场装点得犹如五彩缤纷的大

续　表

原教学内容	调整后教学内容
我爱北京天安门，我爱我的祖国。	花园。 　我爱北京天安门，我爱我的祖国。

说明： 放大课文字体。该教学内容适合班级中 S03 学生。

S04 第二轮研究阶段的调整后教学内容示例——第 2 课《天安门广场》

原教学内容	调整后教学内容
2. 天安门广场 　天安门广场位于首都北京的中心，它是全世界最宽广、最壮观的城市广场。 　广场北端是天安门。天安门红墙黄瓦，雕梁画栋，显得雄伟壮丽。天安门前是金水河，河上横跨着五座汉白玉石桥，这就是金水桥。 　广场中央矗立着高大的人民英雄纪念碑。广场南端是毛主席纪念堂。广场东西两侧，中国国家博物馆与巍峨壮丽的人民大会堂遥遥相对。 　每逢节日，天安门广场花团锦簇，姹紫嫣红，无数盆鲜花组成一个个大花坛，把广场装点得犹如五彩缤纷的大花园。 　我爱北京天安门，我爱我的祖国。	2. 天安门广场 　天安门广场位于首都北京的中心，它是全世界最宽广、最壮观的城市广场。 　**广场北端**是**天安门**。天安门红墙黄瓦，雕梁画栋，显得雄伟壮丽。天安门前是金水河，河上横跨着五座汉白玉石桥，这就是金水桥。 　**广场中央**矗立着高大的**人民英雄纪念碑**。**广场南端**是**毛主席纪念堂**。**广场东西两侧**，**中国国家博物馆**与巍峨壮丽的**人民大会堂**遥遥相对。 　每逢节日，天安门广场花团锦簇，姹紫嫣红，无数盆鲜花组成一个个大花坛，把广场装点得犹如五彩缤纷的大花园。 　我爱北京天安门，我爱我的祖国。

说明： 将与文本脉络相关的词语放大加红。本教学内容调整后提供给 S04 使用。

S05 第二轮研究阶段的调整后教学内容示例——第 2 课《天安门广场》

原教学内容	调整后教学内容
2. 天安门广场 　天安门广场位于首都北京的中心，它是全世界最宽广、最壮观的城市广场。 　广场北端是天安门。天安门红墙黄瓦，雕梁画栋，显得雄伟壮丽。天安门前是金水河，河上横跨着五座汉白玉石桥，	2. 天安门广场 　天安门广场位于首都北京的中心，它是全世界最宽广、最壮观的城市广场。 　**广场北端**是**天安门**。天安门红墙黄瓦，雕梁画栋，显得雄伟壮丽。天安门前是金水河，河上横跨着五座汉白玉石桥，这就是金水桥。

续　表

原教学内容	调整后教学内容
这就是金水桥。 　　广场中央矗立着高大的人民英雄纪念碑。广场南端是毛主席纪念堂。广场东西两侧，中国国家博物馆与巍峨壮丽的人民大会堂遥遥相对。 　　每逢节日，天安门广场花团锦簇，姹紫嫣红，无数盆鲜花组成一个个大花坛，把广场装点得犹如五彩缤纷的大花园。 　　我爱北京天安门，我爱我的祖国。	广场中央矗立着高大的人民英雄纪念碑。广场南端是毛主席纪念堂。广场东西两侧，中国国家博物馆与巍峨壮丽的人民大会堂遥遥相对。 　　每逢节日，天安门广场花团锦簇，姹紫嫣红，无数盆鲜花组成一个个大花坛，把广场装点得犹如五彩缤纷的大花园。 　　我爱北京天安门，我爱我的祖国。

说明：将与文本脉络相关的词语加红。本教学内容调整后提供给 S05 使用。

S06 第二轮研究阶段的调整后教学内容示例——第 2 课《天安门广场》

原教学内容	调整后教学内容
2. 天安门广场 　　天安门广场位于首都北京的中心，它是全世界最宽广、最壮观的城市广场。 　　广场北端是天安门。天安门红墙黄瓦，雕梁画栋，显得雄伟壮丽。天安门前是金水河，河上横跨着五座汉白玉石桥，这就是金水桥。 　　广场中央矗立着高大的人民英雄纪念碑。广场南端是毛主席纪念堂。广场东西两侧，中国国家博物馆与巍峨壮丽的人民大会堂遥遥相对。 　　每逢节日，天安门广场花团锦簇，姹紫嫣红，无数盆鲜花组成一个个大花坛，把广场装点得犹如五彩缤纷的大花园。 　　我爱北京天安门，我爱我的祖国。	2. 天安门广场 　　天安门广场位于首都北京的中心，它是全世界最宽广、最壮观的城市广场。

广场北端是天安门 。天安门红墙黄瓦，雕梁画栋，显得雄伟壮丽。天安门前是金水河，河上横跨着五座汉白玉石桥，这就是金水桥。

广场中央矗立着高大的**人民英雄纪念**

碑。**广场南端是毛主席纪念堂**

。**广场东西两侧，中国国家**

博物馆与巍峨壮丽的**人民大会**

堂遥遥相对。

续　表

原教学内容	调整后教学内容
	每逢节日，天安门广场花团锦簇，姹紫嫣红，无数盆鲜花组成一个个大花坛，把广场装点得犹如五彩缤纷的大花园。 　　我爱北京天安门，我爱我的祖国。

说明：先将与文本脉络相关的词语、短句放大加粗，再插入本篇课文描写的天安门广场上的主要建筑物图片帮助学生理解。本教学内容调整后提供给 S06 使用。

S07 第二轮研究阶段的调整后教学内容示例——第 2 课《天安门广场》

原教学内容	调整后教学内容
2. 天安门广场 　　天安门广场位于首都北京的中心，它是全世界最宽广、最壮观的城市广场。 　　广场北端是天安门。天安门红墙黄瓦，雕梁画栋，显得雄伟壮丽。天安门前是金水河，河上横跨着五座汉白玉石桥，这就是金水桥。 　　广场中央矗立着高大的人民英雄纪念碑。广场南端是毛主席纪念堂。广场东西两侧，中国国家博物馆与巍峨壮丽的人民大会堂遥遥相对。 　　每逢节日，天安门广场花团锦簇，姹紫嫣红，无数盆鲜花组成一个个大花坛，把广场装点得犹如五彩缤纷的大花园。 　　我爱北京天安门，我爱我的祖国。	2. 天安门广场 　　天安门广场位于首都北京的中心。 **广场北端是天安门。**  　　天安门前是金水河，河上横跨着五座汉白玉石桥，这就是金水桥。  **广场中央**矗立着高大的**人民英雄纪念碑**。 

续　表

原教学内容	调整后教学内容
	广场南端是毛主席纪念堂。  广场东西两侧，中国国家博物馆与人民大会堂遥遥相对。   每逢节日，无数盆鲜花把广场装点得五彩缤纷。  我爱北京天安门，我爱我的祖国。

说明：首先，将课文内容进行简化，删减学生难以理解的"它是全世界最宽广、最壮观的城市广场""天安门红墙黄瓦，雕梁画栋，显得雄伟壮丽""天安门广场花团锦簇，姹紫嫣红""组成一个个大花坛""犹如""大花园"，删减后句子作相应调整。然后，先将与文本脉络相关的词语、短句放大加红，为了便于学生理解和认读，再将课文内容进行分解，由于学生有一定的句子阅读能力，因此保留句段分成 8 个小节，每个小节 1 句话。最后，插入课文相关图片帮助学生理解，由于学生虽有阅读图片的能力，但仍需要教师进行指导，因此将图片放大，便于教师指导学生观察。本篇课文要掌握的四会生字是"京""伟""英""念""祖"，简化后需要学习的生字变为"京""英""念""祖"。本教学内容调整后提供给 S07 使用。

S08、S09 第二轮研究阶段的调整后教学内容示例——第 2 课《天安门广场》

原教学内容	调整后教学内容
2. 天安门广场　　天安门广场位于首都北京的中心，它是全世界最宽广、最壮观的城市广场。　　广场北端是天安门。天安门红墙黄瓦，雕梁画栋，显得雄伟壮丽。天安门前是金水河，河上横跨着五座汉白玉石桥，这就是金水桥。　　广场中央矗立着高大的人民英雄纪念碑。广场南端是毛主席纪念堂。广场东西两侧，中国国家博物馆与巍峨壮丽的人民大会堂遥遥相对。　　每逢节日，天安门广场花团锦簇，姹紫嫣红，无数盆鲜花组成一个个大花坛，把广场装点得犹如五彩缤纷的大花园。　　我爱北京天安门，我爱我的祖国。	2. 天安门广场　　**天安门广场**在**北京**。　　天安门广场上有**天安门**。  天安门前面有**金水桥**。  天安门广场上有**人民英雄纪念碑**。  天安门广场上有**毛主席纪念堂**。  天安门广场上有**中国国家博物馆**。 

续 表

原教学内容	调整后教学内容
	天安门广场上有**人民大会堂**。  我爱北京天安门。 我爱我的祖国。

说明：首先，将课文内容进行重整，第一小节删减修饰性的内容，重整为"天安门广场在北京"；第二、三小节重整为 6 句简明描述天安门广场上有哪些建筑的短句；第四小节对学生来说理解起来过于困难，因此整段删减。然后，先将一些重点词语放大加红加粗，为了便于学生理解和认读，再将句子进行分解。最后，插入课文相关图片帮助学生理解。由于学生虽有阅读图片的能力，但仍需要教师进行指导，因此将图片放大，便于教师指导学生观察。本篇课文要掌握的四会生字是"京""伟""英""念""祖"，重整后需要学习生字为"京""英""念""祖"。该教学内容适合班级中 S08、S09 学生。

S03 第二轮研究阶段的调整后教学内容示例——第 5 课《参观动物园》

原教学内容	调整后教学内容
5. 参观动物园 　　星期天，我们全家来到动物园参观、游玩。 　　动物园真热闹啊！瞧，熊猫馆里，一只大熊猫正津津有味地吃着鲜嫩的竹子，还时不时地朝我们眨眨眼睛，真是憨态可掬呀！另一只大熊猫正趴在木桩上睡觉呢，任大家怎么叫，它都不理睬。 　　天鹅湖里，白天鹅浑身洁白如雪，黑天鹅全身乌黑如墨。它们有的昂首挺胸，神气如同将军；有的曲颈低头，优雅胜似仙子。 　　海洋馆里正上演着精彩的节目，有海狮顶球、白鲸表演、潜水喂食……	5. 参观动物园 　　星期天，我们全家来到动物园参观、游玩。 　　动物园真热闹啊！瞧，熊猫馆里，一只大熊猫正津津有味地吃着鲜嫩的竹子，还时不时地朝我们眨眨眼睛，真是憨态可掬呀！另一只大熊猫正趴在木桩上睡觉呢，任大家怎么叫，它都不理睬。 　　天鹅湖里，白天鹅浑身洁白如雪，黑天鹅全身乌黑如墨。它们有的昂首挺胸，神气如同将军；有的曲颈低头，优雅胜似仙子。

续　表

原教学内容	调整后教学内容
傍晚时分，我们挥别动物朋友们，愉快地回家了。	海洋馆里正上演着精彩的节目，有海狮顶球、白鲸表演、潜水喂食…… 　　傍晚时分，我们挥别动物朋友们，愉快地回家了。

说明： 放大课文字体。该教学内容适合班级中 S03 学生。

S04 第二轮研究阶段的调整后教学内容示例——第 5 课《参观动物园》

原教学内容	调整后教学内容
5. 参观动物园 　　星期天，我们全家来到动物园参观、游玩。 　　动物园真热闹啊！瞧，熊猫馆里，一只大熊猫正津津有味地吃着鲜嫩的竹子，还时不时地朝我们眨眨眼睛，真是憨态可掬呀！另一只大熊猫正趴在木桩上睡觉呢，任大家怎么叫，它都不理睬。 　　天鹅湖里，白天鹅浑身洁白如雪，黑天鹅全身乌黑如墨。它们有的昂首挺胸，神气如同将军；有的曲颈低头，优雅胜似仙子。 　　海洋馆里正上演着精彩的节目，有海狮顶球、白鲸表演、潜水喂食…… 　　傍晚时分，我们挥别动物朋友们，愉快地回家了。	5. 参观动物园 　　星期天，我们全家来到动物园参观、游玩。 　　动物园真**热闹**啊！瞧，**熊猫馆**里，**一只大熊猫**正津津有味地吃着鲜嫩的竹子，还时不时地朝我们眨眨眼睛，真是憨态可掬呀！**另一只大熊猫**正趴在木桩上睡觉呢，任大家怎么叫，它都不理睬。 　　**天鹅湖**里，**白天鹅**浑身**洁白如雪**，**黑天鹅**全身**乌黑如墨**。它们有的昂首挺胸，神气如同将军；有的曲颈低头，优雅胜似仙子。 　　**海洋馆**里正**上演着精彩的节目**，有海狮顶球、白鲸表演、潜水喂食…… 　　傍晚时分，我们挥别动物朋友们，愉快地回家了。

说明： 将与文本脉络相关的词语、短句放大加红。本教学内容调整后提供给 S04 使用。

S05 第二轮研究阶段的调整后教学内容示例——第 5 课《参观动物园》

原教学内容	调整后教学内容
5. 参观动物园 　　星期天，我们全家来到动物园参观、游玩。	5. 参观动物园 　　星期天，我们全家来到动物园参观、游玩。 　　动物园真**热闹**啊！瞧，**熊猫馆**里，**一只大**

续　表

原教学内容	调整后教学内容
动物园真热闹啊！瞧，熊猫馆里，一只大熊猫正津津有味地吃着鲜嫩的竹子，还时不时地朝我们眨眨眼睛，真是憨态可掬呀！另一只大熊猫正趴在木桩上睡觉呢，任大家怎么叫，它都不理睬。 　　天鹅湖里，白天鹅浑身洁白如雪，黑天鹅全身乌黑如墨。它们有的昂首挺胸，神气如同将军；有的曲颈低头，优雅胜似仙子。 　　海洋馆里正上演着精彩的节目，有海狮顶球、白鲸表演、潜水喂食…… 　　傍晚时分，我们挥别动物朋友们，愉快地回家了。	熊猫正津津有味地吃着鲜嫩的竹子，还时不时地朝我们眨眨眼睛，真是憨态可掬呀！另一只大熊猫正趴在木桩上睡觉呢，任大家怎么叫，它都不理睬。 　　天鹅湖里，白天鹅浑身洁白如雪，黑天鹅全身乌黑如墨。它们有的昂首挺胸，神气如同将军；有的曲颈低头，优雅胜似仙子。 　　海洋馆里正上演着精彩的节目，有海狮顶球、白鲸表演、潜水喂食…… 　　傍晚时分，我们挥别动物朋友们，愉快地回家了。

说明：将与文本脉络相关的词语、短句加红。本教学内容调整后提供给 S05 使用。

S06 第二轮研究阶段的调整后教学内容示例——第 5 课《参观动物园》

原教学内容	调整后教学内容
5. 参观动物园 　　星期天，我们全家来到动物园参观、游玩。 　　动物园真热闹啊！瞧，熊猫馆里，一只大熊猫正津津有味地吃着鲜嫩的竹子，还时不时地朝我们眨眨眼睛，真是憨态可掬呀！另一只大熊猫正趴在木桩上睡觉呢，任大家怎么叫，它都不理睬。 　　天鹅湖里，白天鹅浑身洁白如雪，黑天鹅全身乌黑如墨。它们有的昂首挺胸，神气如同将军；有的曲颈低头，优雅胜似仙子。 　　海洋馆里正上演着精彩的节目，有海狮顶球、白鲸表演、潜水喂食…… 　　傍晚时分，我们挥别动物朋友们，愉快地回家了。	5. 参观动物园 　　星期天，我们全家来到动物园参观、游玩。 　　动物园真**热闹**啊！瞧，**熊猫馆**里，**一只大熊猫** 正津津有味地吃着鲜嫩的竹子，还时不时地朝我们眨眨眼睛，真是憨态可掬呀！**另一只大熊猫** 正趴在木桩上睡觉呢，任大家怎么叫，它都不理睬。 　　**天鹅湖**里，**白天鹅** 浑身**洁白如雪，黑天鹅**  全身**乌黑如墨**。它们有的昂首挺胸，神气如同将军；有的曲颈低头，优雅胜似仙子。

续　表

原教学内容	调整后教学内容
	海洋馆里正**上演着精彩的节目**，有海狮 顶球 、白鲸表演 、潜水喂食 …… 傍晚时分，我们挥别动物朋友们，愉快地回家了。

说明：先将与文本脉络相关的词语、短句放大加粗，再插入本篇课文描写的动物图片帮助学生理解。本教学内容调整后提供给 S06 使用。

S07 第二轮研究阶段的调整后教学内容示例——第 5 课《参观动物园》

原教学内容	调整后教学内容
5. 参观动物园 　　星期天，我们全家来到动物园参观、游玩。 　　动物园真热闹啊！瞧，熊猫馆里，一只大熊猫正津津有味地吃着鲜嫩的竹子，还时不时地朝我们眨眨眼睛，真是憨态可掬呀！另一只大熊猫正趴在木桩上睡觉呢，任大家怎么叫，它都不理睬。 　　天鹅湖里，白天鹅浑身洁白如雪，黑天鹅全身乌黑如墨。它们有的昂首挺胸，神气如同将军；有的曲颈低头，优雅胜似仙子。 　　海洋馆里正上演着精彩的节目，有海狮顶球、白鲸表演、潜水喂食…… 　　傍晚时分，我们挥别动物朋友们，愉快地回家了。	5. 参观动物园 　　星期天，我们全家来到动物园参观、游玩。  动物园真**热闹**啊！ 　　瞧，**熊猫馆**里，**一只大熊猫**正津津有味地吃着鲜嫩的竹子，**另一只大熊猫**正趴在木桩上睡觉呢。 **天鹅湖**里，**白天鹅**浑身**洁白如雪**，**黑天鹅**全身**乌黑如墨**。

续　表

原教学内容	调整后教学内容
	海洋馆里正**上演着精彩的节目**，有海狮顶球、白鲸表演、潜水喂食……  傍晚时分，我们挥别动物朋友们，愉快地回家了。

说明：首先，将课文内容进行简化，删减学生难以理解的"还时不时地朝我们眨眨眼睛，真是憨态可掬呀""任大家怎么叫，它都不理睬""它们有的昂首挺胸，神气如同将军；有的曲颈低头，优雅胜似仙子"。然后，先将与文本脉络相关的词语、短句放大加红，为了便于学生理解和认读，再将课文内容进行分解，由于学生有一定的句子阅读能力，因此保留句段分成 6 个小节，每小节均为 1 句话。最后，插入课文相关图片帮助学生理解。由于学生虽有阅读图片的能力，但仍需要教师进行指导，因此将图片放大，便于教师指导学生观察。本篇课文要掌握的四会生字是"期""首""将"，简化后需要学习的生字为"期"。本教学内容调整后给 S07 使用。

S08、S09 第二轮研究阶段的调整后教学内容示例——第 5 课《参观动物园》

原教学内容	调整后教学内容
5. 参观动物园 　　星期天，我们全家来到动物园参观、游玩。 　　动物园真热闹啊！瞧，熊猫馆里，一只大熊猫正津津有味地吃着鲜嫩的竹子，还时不时地朝我们眨眨眼睛，真是憨态可掬呀！另一只大熊猫正趴在木桩上睡觉呢，任大家怎么叫，它都不理睬。 　　天鹅湖里，白天鹅浑身洁白如雪，黑天鹅全身乌黑如墨。它们有的昂首挺胸，神气如同将军；有的曲颈低	5. 参观动物园 　　星期天，我和爸爸妈妈来到动物园。  **熊猫馆**里，**一只大熊猫**在吃竹子。 

续　表

原教学内容	调整后教学内容
头，优雅胜似仙子。 　　海洋馆里正上演着精彩的节目，有海狮顶球、白鲸表演、潜水喂食…… 　　傍晚时分，我们挥别动物朋友们，愉快地回家了。	**一只大熊猫**在睡觉。  **天鹅湖**里，有**白天鹅**和**黑天鹅**。  **海洋馆**里有**动物表演**。  傍晚，我们开开心心地回家了。

说明：首先，将课文内容进行重整，第一小节重整为"星期天，我和爸爸妈妈来到动物园"；第二、三、四小节将文本内容重整为四个简要描写不同地点动物的短句；最后一小节用贴近学生生活的语言改写为"傍晚，我们开开心心地回家了"。然后，先将一些重点词语、短句放大加红，为了便于学生理解和认读，再将句子进行分解。最后，插入课文相关图片帮助学生理解，由于学生虽有阅读图片的能力，但仍需要教师进行指导，因此将图片放大，便于教师指导学生观察。本篇课文要掌握的四会生字是"期""首""将"，重整后需要学习的生字为"期"。该教学内容适合班级中 S08、S09 学生。

S03 第二轮研究阶段的调整后教学内容示例——第 7 课《故乡的杨梅》

原教学内容	调整后教学内容
7. 故乡的杨梅 　　端午节过后，故乡的杨梅树上挂满了杨梅。 　　杨梅圆圆的，和桂圆一样	7. 故乡的杨梅 　　端午节过后，故乡的杨梅树上挂满了杨梅。

续 表

原教学内容	调整后教学内容
大,浑身生着小刺。等杨梅渐渐长熟,刺也渐渐软了,平了。摘一个杨梅放进嘴里,舌尖触到杨梅那平滑的刺,让人感到细腻而且柔软。 杨梅在成熟过程中,先是淡红的,随后变成深红,最后几乎变成黑的。它不是真的变黑,是因为太红了,所以像黑的。你轻轻咬开它,就可以看见那新鲜红嫩的果肉,你的嘴唇上、舌头上会同时染满鲜红的汁水。 没有熟透的杨梅又酸又甜,熟透了的杨梅甜津津的,让人越吃越爱吃。	杨梅圆圆的,和桂圆一样大,浑身生着小刺。等杨梅渐渐长熟,刺也渐渐软了,平了。摘一个杨梅放进嘴里,舌尖触到杨梅那平滑的刺,让人感到细腻而且柔软。 杨梅在成熟过程中,先是淡红的,随后变成深红,最后几乎变成黑的。它不是真的变黑,是因为太红了,所以像黑的。你轻轻咬开它,就可以看见那新鲜红嫩的果肉,你的嘴唇上、舌头上会同时染满鲜红的汁水。 没有熟透的杨梅又酸又甜,熟透了的杨梅甜津津的,让人越吃越爱吃。

说明: 放大课文字体。该教学内容适合班级中 S03 学生。

S04 第二轮研究阶段的调整后教学内容示例——第 7 课《故乡的杨梅》

原教学内容	调整后教学内容
7. 故乡的杨梅 端午节过后,故乡的杨梅树上挂满了杨梅。 杨梅圆圆的,和桂圆一样大,浑身生着小刺。等杨梅渐渐长熟,刺也渐渐软了,平了。摘一个杨梅放进嘴里,舌尖触到杨梅那平滑的刺,让人感到细腻而且柔软。 杨梅在成熟过程中,先是淡红的,随后变成深红,最后几乎变成黑的。它不是真的变黑,是因为太红了,所以像黑的。你轻轻咬开它,就可以看见那新鲜红嫩的果肉,你的嘴唇上、舌头上会同时染满鲜红的汁水。 没有熟透的杨梅又酸又甜,熟透了的杨梅甜津津的,让人越吃越爱吃。	7. 故乡的杨梅 **端午节过后**,故乡的杨梅树上**挂满**了杨梅。 杨梅**圆圆的**,和桂圆一样大,**浑身生着小刺**。等杨梅渐渐长熟,刺也渐渐软了,平了。摘一个杨梅放进嘴里,舌尖触到杨梅那平滑的刺,让人感到细腻而且柔软。 杨梅在成熟过程中,**先是**淡红的,**随后变成**深红,**最后几乎变成**黑的。它不是真的变黑,是因为太红了,所以像黑的。你轻轻咬开它,就可以看见那新鲜红嫩的果肉,你的嘴唇上、舌头上会同时染满鲜红的汁水。 没有熟透的杨梅**又酸又甜**,熟透了的杨梅**甜津津**的,让人越吃越爱吃。

说明: 将与文本脉络相关的词语、短句放大加红。本教学内容调整后提供给 S04 使用。

S05 第二轮研究阶段的调整后教学内容示例——第 7 课《故乡的杨梅》

原教学内容	调整后教学内容
7. 故乡的杨梅 　　端午节过后，故乡的杨梅树上挂满了杨梅。 　　杨梅圆圆的，和桂圆一样大，浑身生着小刺。等杨梅渐渐长熟，刺也渐渐软了，平了。摘一个杨梅放进嘴里，舌尖触到杨梅那平滑的刺，让人感到细腻而且柔软。 　　杨梅在成熟过程中，先是淡红的，随后变成深红，最后几乎变成黑的。它不是真的变黑，是因为太红了，所以像黑的。你轻轻咬开它，就可以看见那新鲜红嫩的果肉，你的嘴唇上、舌头上会同时染满鲜红的汁水。 　　没有熟透的杨梅又酸又甜，熟透了的杨梅甜津津的，让人越吃越爱吃。	7. 故乡的杨梅 　　端午节过后，故乡的杨梅树上挂满了杨梅。 　　杨梅圆圆的，和桂圆一样大，浑身生着小刺。等杨梅渐渐长熟，刺也渐渐软了，平了。摘一个杨梅放进嘴里，舌尖触到杨梅那平滑的刺，让人感到细腻而且柔软。 　　杨梅在成熟过程中，先是淡红的，随后变成深红，最后几乎变成黑的。它不是真的变黑，是因为太红了，所以像黑的。你轻轻咬开它，就可以看见那新鲜红嫩的果肉，你的嘴唇上、舌头上会同时染满鲜红的汁水。 　　没有熟透的杨梅又酸又甜，熟透了的杨梅甜津津的，让人越吃越爱吃。

说明：将与文本脉络相关的词语、短句加红。本教学内容调整后提供给 S05 使用。

S06 第二轮研究阶段的调整后教学内容示例——第 7 课《故乡的杨梅》

原教学内容	调整后教学内容
7. 故乡的杨梅 　　端午节过后，故乡的杨梅树上挂满了杨梅。 　　杨梅圆圆的，和桂圆一样大，浑身生着小刺。等杨梅渐渐长熟，刺也渐渐软了，平了。摘一个杨梅放进嘴里，舌尖触到杨梅那平滑的刺，让人感到细腻而且柔软。 　　杨梅在成熟过程中，先是淡红的，随后变成深红，最后几乎变成黑的。它不是真的变黑，是因为太红了，所以像黑的。你轻轻咬开它，就可以看见那新鲜红嫩的果肉，你的嘴唇上、舌头上会同时染满鲜红的汁水。 　　没有熟透的杨梅又酸又甜，熟透了的杨梅甜津津的，让人越吃越爱吃。	7. 故乡的杨梅 　　**端午节过后**，故乡的杨梅树上**挂满**了杨梅。 　　杨梅**圆圆的**，和桂圆一样大，**浑身生着小刺**。等杨梅渐渐长熟，刺也渐渐软了，平了。摘一个杨梅放进嘴里，舌尖触到杨梅那平滑的刺，让人感到细腻而且柔软。 　　杨梅在成熟过程中，**先是**淡红的 ，**随后变成**深红 ，**最后几乎变成**黑的 。它不是真的变黑，是因为太红了，所以像黑的。你轻轻咬开它，就可以看见那新鲜红嫩的果肉，你的嘴唇上、舌头上会同时染满鲜红的汁水。

续　表

原教学内容	调整后教学内容
	没有熟透的杨梅**又酸又甜**，熟透了的杨梅**甜津津**的，让人越吃越爱吃。

说明：先将与文本脉络相关的词语、短句放大加粗；由于本课中描写杨梅的颜色变化，学生在学习中存在较大困难，因此再插入描写杨梅颜色变化的图片帮助学生理解。本教学内容调整后提供给 S06 使用。

S07 第二轮研究阶段的调整后教学内容示例——第 7 课《故乡的杨梅》

原教学内容	调整后教学内容
7. 故乡的杨梅 　　端午节过后，故乡的杨梅树上挂满了杨梅。 　　杨梅圆圆的，和桂圆一样大，浑身生着小刺。等杨梅渐渐长熟，刺也渐渐软了，平了。摘一个杨梅放进嘴里，舌尖触到杨梅那平滑的刺，让人感到细腻而且柔软。 　　杨梅在成熟过程中，先是淡红的，随后变成深红，最后几乎变成黑的。它不是真的变黑，是因为太红了，所以像黑的。你轻轻咬开它，就可以看见那新鲜红嫩的果肉，你的嘴唇上、舌头上会同时染满鲜红的汁水。 　　没有熟透的杨梅又酸又甜，熟透了的杨梅甜津津的，让人越吃越爱吃。	7. 故乡的杨梅 **端午节过后**，故乡的杨梅树上**挂满**了杨梅。  杨梅**圆圆的**，浑身生着小刺。 等杨梅长熟，刺也软了，平了，吃起来软软的。 杨梅在成熟过程中，先是**淡红**的，随后**变成深红**，最后**几乎变成黑的**。

续　表

原教学内容	调整后教学内容
	你轻轻咬开它,就可以看见红红的、嫩嫩的果肉。
	没有熟透的杨梅**又酸又甜**,熟透了的杨梅**甜津津**的,让人越吃越爱吃。

说明：本篇课文篇幅较长，个别词语、短语会让学生对课文的理解和朗读造成障碍。首先，将课文内容进行简化，删减学生难以理解的"和桂圆一样大""渐渐""它不是真的变黑，是因为太红了，所以像黑的""你的嘴唇上、舌头上会同时染满鲜红的汁水""新鲜"，简化一些描述复杂但可用其他通俗易懂的词句代替的内容，即将"摘一个杨梅放进嘴里，舌尖触到杨梅那平滑的刺，让人感到细腻而且柔软"一句简化为"吃起来软软的"，将"红嫩"简化为"红红的、嫩嫩的"。然后，为了便于学生理解和认读，将课文内容进行分解，由于学生有一定的句子阅读能力，因此保留句段分成 6 个小节，每个小节 1 句话。最后，插入课文相关图片帮助学生理解，由于学生虽有阅读图片的能力，但仍需要教师进行指导，因此将图片放大，便于教师指导学生观察。本教学内容调整后提供给 S07 使用。

S08、S09 第二轮研究阶段的调整后教学内容示例——第 7 课《故乡的杨梅》

原教学内容	调整后教学内容
7. 故乡的杨梅 　　端午节过后,故乡的杨梅树上挂满了杨梅。 　　杨梅圆圆的,和桂圆一样大,浑身生着小刺。等杨梅渐渐长熟,刺也渐渐软了,平了。摘一个杨梅放进嘴里,舌尖触到杨梅那平滑的刺,让人感到细腻而且柔软。 　　杨梅在成熟过程中,先是淡红的,随后变成深红,最后几乎变成黑的。它不是真的变黑,是因为太红了,所以像黑的。你轻轻咬开它,就可以看见那新鲜红嫩的果肉,你的嘴唇上、舌头上会同时染满鲜红的汁水。	7. 故乡的杨梅 这是**杨梅**。 杨梅**圆圆的,生着小刺**

续　表

原教学内容	调整后教学内容
没有熟透的杨梅又酸又甜，熟透了的杨梅甜津津的，让人越吃越爱吃。	杨梅熟了，吃起来**软软的**。 　　杨梅熟了，吃起来**甜甜的**。 　　大家都很喜欢吃。

说明：首先，将课文内容进行重整，由于本篇课文内容对于两名学生来说，能够借助实际观察和体验理解的，就是杨梅外形上的特点以及其口感和触感，因此用简洁的语句描写了杨梅这3个方面的特点。然后，先将一些重点词语、短句放大加红加粗，为了便于学生理解和认读，再将句子进行分解。最后，插入课文相关图片帮助学生理解，由于学生虽有阅读图片的能力，但仍需要教师进行指导，因此将图片放大，便于教师指导学生观察。本篇课文要掌握的四会生字是"乡""所"，重整后需要学习的生字为"乡"。该教学内容适合班级中 S08、S09 学生。

附录三　培智学校语文教学调整方案

一、教学目标评估

班　级	九（2）	学　科	语文	
教学内容来源	《辅读学校实用语文学本》	册　数	第十六、十七、十八册	
教　学　目　标			学　生	S07
1. 会认、读、写、运用部首"皿"。				—
2. 会认、读、写、运用"组""纸""京"等25个四会生字，能正确读出多音字"觉""难"的音。				—
3. 会认、读"优""宽""横"等15个二会生字。				√
4. 会认、读、写、运用"小组""白纸""北京"等21个词语。				—
5. 能积累"雄伟壮丽""花团锦簇"等10个词语。				/
6. 能缩写句子。				/
7. 能理解课文内容。				/
8. 正确、流利地朗读课文。				—
9. 能用词语"重要""快捷""故乡""连忙"造句。				/
10. 能用句式"有的…有的…还有的…""…的时候，…""…正…""既…又…"造句。				/
11. 体会课文所表达的情感。				/
12. 背诵指定课文段落。				—

续　表

教　学　目　标	学　生	S07
13. 能看懂地铁换乘图。		—
14. 学会抓住事物特征的描写方法。		/

备注:"√"表示一般来说经过教学,学生可以达成该条目标;"—"表示如果降低目标要求,如将"会认、读、写、运用"降低为"会认、读"或"会认"等,将"朗读"降低为"跟读""指读"等,经过教学,学生可以达成该条目标;"/"则表示该条目标即便降低,学生也无法很好完成。

二、调整策略选择

姓名	学生情况描述	策　略　选　择				
		无须调整	简化性	分解性	替代性	重整性
S07	语文能力一般,在较多的引导和辅助下能大致理解课文内容,能够理解简短的句子,但长句较难掌握。有一定的图片阅读能力,借助图片能够更好地识记和理解字词。		√	√	√	

三、调整内容记录

册　数	第十六册		课　题	3.《地铁》	
姓　名	策　略　选　择				
	无须调整	替代性	简化性	分解性	重整性
S07		√	√	√	
教学内容分析	这篇文章主要从"快捷"和"环保"两个方面来介绍地铁,并说明乘坐地铁时的一些注意事项,这些是教学的重点。而教学中的难点,是理解为什么说地铁"快捷"和"环保"。但是对于该名学生来说,这两个词语都难以理解,因此将教学的重点放在学习与学生生活实际较为相关的"地铁线路多"和"地铁使用电能"这两个特点上,将其他内容进行适当删减。对于				

原教学 内容	乘坐地铁时的注意事项,虽然理解起来有一些难度,但对学生生活有着重要的提示作用,因此仍需作为重点教学。同时根据这名学生的情况进行句子简化,再分解,把句子的长度变短,难度降低,知识点分散。为了进一步帮助学生理解课文内容,还可以配上课文相关图片帮助理解。 3. 地铁 　　地铁是一种既快捷又环保的交通工具。 　　地铁和路面交通不同,它没有红绿灯的限制,也不会因为天气原因而受到干扰,更不会出现交通堵塞的情况。城市中的地铁线路越来越多,线路中的部分站点是换乘站,每个换乘站都有两条以上地铁相交,实现同站换乘。整个地铁交通线如同一张蜘蛛网,方便乘客去不同的地方。更重要的是,地铁使用电能,没有尾气排放,对环境的污染较小。因此,城市里大部分人选择地铁作为出行的主要交通工具。 　　乘坐地铁有一些注意事项。例如,乘客必须在安全线内候车;上下车时,应留意列车与月台间的空隙;当列车关门的提示铃鸣响时,应停止上下车。 　　地铁是城市里一道亮丽的风景线。
调整后 教学内容	3. 地铁 　　地铁是一种交通工具。  地铁**线路很多**,线路中的部分站点是换乘站。 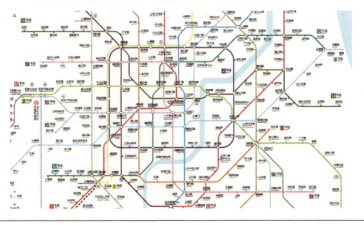

续　表

地铁**使用电能**,没有尾气排放,对环境的污染较小。

乘坐地铁有一些**注意事项**。

乘客必须在安全线内候车。

上下车时,应留意列车与月台间的空隙。

当列车关门的提示铃鸣响时,应停止上下车。

说明:首先,将课文内容进行简化,删减学生难以理解的词语和短句"既快捷又环保的""更重要的是""例如",删减难以理解的第二小节第一句话、第三句话、第五句话和第四小节,将第二小节第二句话简化为"地铁线路很多,线路中的部分站点是换乘站"。然后,先将与文本脉络相关的词语、短句放大加红,为了便于学生理解和认读,再将课文内容进行分解,由于学生有一定的句子阅读能力,因此保留句段分成 7 个小节,每个小节 1 句话。最后,插入课文相关图片帮助学生理解,由于学生虽有阅读图片的能力,但仍需要教师进行指导,因此将图片放大,便于教师指导学生观察。本篇课文要掌握的四会生字是"重""与",简化后需要学习的生字变为"与"。本教学内容调整后给 S07 使用。

附录四 第二轮研究阶段学生语文能力评量表

第二轮研究阶段学生语文能力评量表(干预期8)

学校＿＿＿＿＿ 班级＿＿＿＿＿ 姓名＿＿＿＿＿

（满分70分，考试时间60分钟）

一、口试

1. 说出生字的偏旁部首：盘

2. 朗读词语：

熊猫 海狮 / 花瓣 花骨朵 / 深红 淡红 / 解放军 防洪 / 东西两侧 中央

3. 朗读句子：一只大蚂蚁说："是要下雨了，我们正忙着搬东西呢！"

4. 根据课文内容口头填空。

① 天鹅湖里，（　　　　）浑身洁白如雪，黑天鹅全身（　　　　）。

② 小白兔大声喊："燕子，燕子，你为什么（　　　　）呀？"

③ 要下雨了，燕子（　　　　）。要下雨了，天气（　　　　）。

5. 口头填空

例：洁白如雪的(白天鹅)乌黑如墨的（　　　　）

6. 根据课文《要下雨了》说说，为什么要下雨的时候燕子飞得很低？

7. "同站换乘"是什么意思？

8. 课文《兴趣活动》中，腰鼓队的同学在哪里进行兴趣活动？

9. 根据课文《故乡的杨梅》说一说杨梅是什么形状的？

10. 说一说课文《参观动物园》熊猫馆里的大熊猫在干什么？

11. 口头造句：下课的时候，＿＿＿＿＿＿＿＿＿＿＿＿＿＿＿＿＿＿＿＿＿。

12. 看图说出图片对应的词语或短语。

13. 看图说出杨梅的颜色。

二、笔试

1. 听力：选出听到的生字、词语或短语，在括号中打"√"。

① 安全线（　　）　　月台（　　）　　空隙（　　）　　关门提示铃（　　）

② 花瓣（　　）　　　莲蓬（　　）　　　水珠（　　）

③ 熊（　　）　　　猫（　　）　　　偷（　　）　　　觉（　　）

2. 选出听到的词语对应的图片。

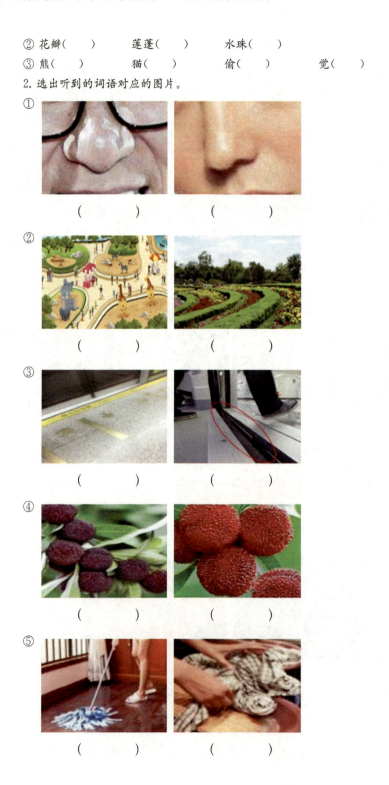

①

（　　　　）　　　　　　（　　　　）

②

（　　　　）　　　　　　（　　　　）

③

（　　　　）　　　　　　（　　　　）

④

（　　　　）　　　　　　（　　　　）

⑤

（　　　　）　　　　　　（　　　　）

⑥
（　　　　） （　　　　） （　　　　）

⑦
（　　　　） （　　　　）

⑧
（　　　　） （　　　　）

3. 听力：根据问题，选择正确的图片。

①
（　　　　） （　　　　）

②
（　　　　） （　　　　）

4. 听力：选出听到的句子，在括号中打"√"。

更重要的是，地铁使用电能，没有尾气排放。（　　）

地铁使用电能，没有尾气排放，对环境的污染较小。（　　）

更重要的是，地铁使用电能，没有尾气排放，对环境的污染较小。（　　）

5. 听力：默写词语。

① _____　② _____

6. 听写句子。

_____

7. 抄写生字。

茶_____　英_____　拖_____

8. 组词。

喊（　　）　严（　　）

9. 根据课文内容选择适当的词语填空。

① 他们的英勇被广为传颂。（事迹／严峻）

② 即使环境再，情况再危急，他们也不怕危险，不退缩。（事迹／严峻）

③ 整个地铁交通线如同一张蜘蛛网，方便乘客。（换乘／上车）

④ 动物园里真啊！（热心／热闹）

⑤ 端午节过后，的杨梅树上挂满了杨梅。（故乡／所以）

10. 选择合适的词语填空。

① 小组　　白纸

语文课上，我们分成了三个（　　）进行活动。

② 昂首挺胸　　星期天　　神气

解放军战士（　　）地站立着。

11. 将对应的词语和图片用直线连起来。

熊猫 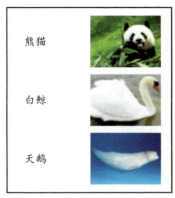	 桂圆　　　　　　杨梅
床单  地板 书架	 圆圆的脸　　　　肚子　　　　　头发花白

白鲸

天鹅

12. 将对应的图片和句子连起来。

　　　　有的还是花骨朵儿，看起来饱胀得马上要破裂似的。

　　　　有的才展开两三片花瓣儿，像孩子在向我们招手一般。

　　　　有的花瓣儿全都展开了，像芭蕾舞演员的裙摆一样，还露出了嫩黄色的小莲蓬。

13. 从《天安门广场》这篇课文中，我们可以知道（　　　）

① 天安门红墙黄瓦，雕梁画栋。

② 天安门前是毛主席纪念堂。

14. 照样子,把句子写完整。

例：地铁是一种既快捷又环保的交通工具。

这是一支既(　　)又(　　)的笔。

15. 判断下列画线词语使用是否正确,正确的打"√",错误的打"×"。

今天有好多事迹要做。(　　)

虽然环境很严峻,他们还是冲锋向前。(　　)

16. 简答题。

① 从外貌和爱好两方面介绍一下你的一位家人。

_____

② 课文《参观动物园》中写的动物你最喜欢哪一个? 它在动物园的什么馆?

_____

第二轮研究阶段学生语文能力评量表(干预期 14)

学校_____　班级_____　姓名_____

(满分 70 分,考试时间 60 分钟)

一、口试

1. 朗读生字：组

2. 朗读词语：老花镜 弥勒佛 / 月台 空隙 / 解放军 防洪 熊猫馆 天鹅湖 / 蚂蚁 下雨 / 碧绿 嫩黄色 / 人民英雄纪念碑 毛主席纪念堂

3. 口头组词：伟 / 组 / 境 / 拾 / 念

4. 朗读句子：

① 星期天,我们全家来到动物园参观、游玩。

② 白天鹅浑身洁白如雪,黑天鹅全身乌黑如墨。

5. 根据课文内容口头填空。

周末了,正好又是个大晴天,我们全家决定(　　　　)。

6. 根据课文《故乡的杨梅》说一说杨梅是什么形状的?

7. "同站换乘"是什么意思?

8. 乘地铁时,乘客要在哪里候车?

9. 根据课文《外公》内容说一说外公喜欢听收音机里的哪些频道？

10. 课文《夏日荷花》中荷花才展开两三片花瓣儿像什么？

11. 看图说出图片对应的词语或短语。

二、笔试

1. 听力：选出听到的词语或短语，在括号中打"√"。

① 小组（   ）   白纸（   ）

② 书架（   ）   茶几（   ）   客厅（   ）

2. 选出听到的词语或短语对应的图片。

①

（   ）   （   ）

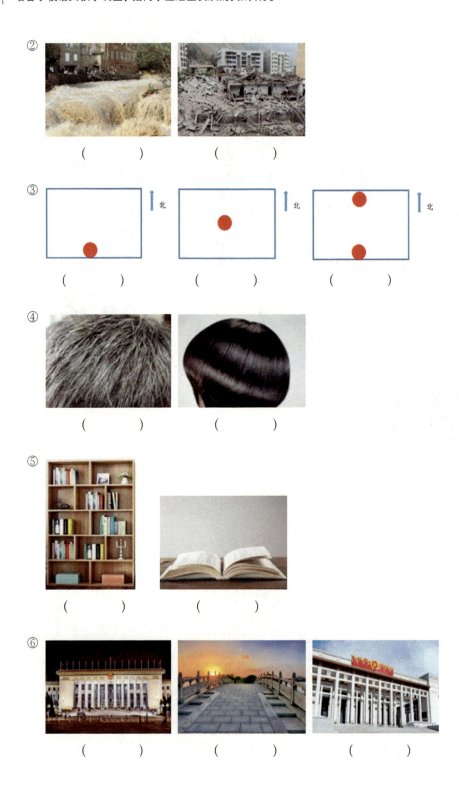

② （　　　）　　　（　　　）

③ 北　　　北　　　北

（　　　）　　　（　　　）　　　（　　　）

④ （　　　）　　　（　　　）

⑤ （　　　）　　　（　　　）

⑥ （　　　）　　　（　　　）　　　（　　　）

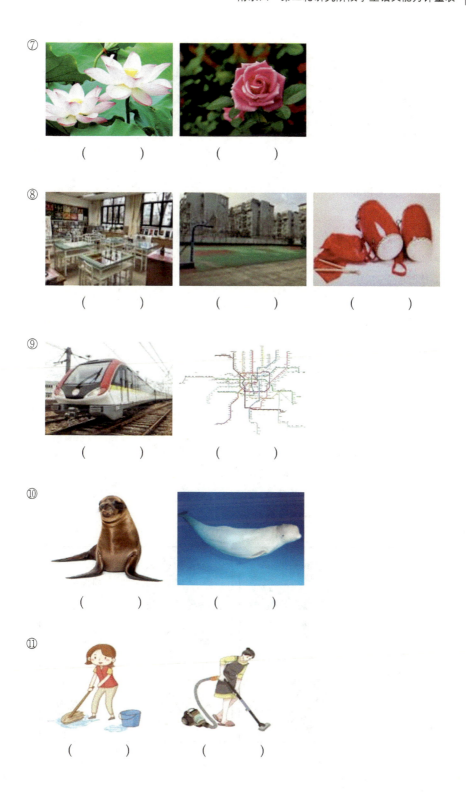

⑦　（　　　）　　　（　　　）

⑧　（　　　）　　　（　　　）　　　（　　　）

⑨　（　　　）　　　（　　　）

⑩　（　　　）　　　（　　　）

⑪　（　　　）　　　（　　　）

⑫

（　　　）　　　（　　　　）

3. 听力：默写词语。

① _____　② _____　③ _____

4. 抄写生字。

组_____　　　　　期_____

5. 抄写词语。

茶几：_____　　　祖国：_____

6. 抄写下列句子。

① 即使环境再严峻，情况再危急，他们也不怕危险，不退缩。

_____

② 我先把沙发上的垫子摆整齐，然后把茶几和电视柜上的杂志、报纸收到书架上。

_____

7. 根据课文内容选择适当的词语填空。

① 地铁是一种既快捷又（　　　　）的交通工具。（环境/环保）

② 动物园里真（　　　　）啊！（热心/热闹）

③ 他们的英勇（　　　　）被广为传颂。（事迹/严峻）

8. 将对应的词语和图片用直线连起来。

防洪

解放军

圆圆的脸

肚子

头发花白

9. 连线：请你为下面这些兴趣小组的同学选择适合的场所进行兴趣活动。

10. 从《天安门广场》这篇课文中,我们可以知道（　　）

① 天安门红墙黄瓦,雕梁画栋。

② 天安门前是毛主席纪念堂。

11. 从《忙碌的周末》这篇课文中,我们可以知道（　　）

① 大扫除很辛苦。

② 大扫除让我很难过。

12. 从《故乡的杨梅》这篇课文中,我们可以知道（　　）

① 没有熟透的杨梅吃起来甜津津的。

② 吃杨梅时,杨梅会把舌头染红。

13. 下列说法正确的打"√",错误的打"×"。

课文《故乡的杨梅》介绍了杨梅在成熟以后会变成黑色。（　　）

14. 造句。

故乡—_____

15. 照样子写一写。

例：一本(一本本)

一张(　　　)

16. 照样子写一写。

例：一本(一本本)

一幅(　　　)

17. 看图回答问题。

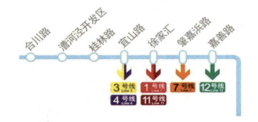

根据线路中的信息,我们(可以/不可以)在徐家汇换乘1号线。

18. 选词填空。

　　　　　　有时候……有时候……　　　有的……有的……

月亮(　　　)像一个大大的圆盘,(　　　)像一艘小船。

19. 简答题。

课文《参观动物园》中写的动物你最喜欢哪一个？它在动物园的什么馆？

_____

第二轮研究阶段学生语文能力评量表(干预期 20)

学校_____　班级_____　姓名_____

(满分 70 分,考试时间 60 分钟)

一、口试

1. 朗读生字：首

2. 朗读词语：

故乡 所以 / 莲蓬 水珠 / 做游戏 打腰鼓 / 熊猫馆 天鹅湖 / 桂圆 杨梅 / 月台 空隙 / 老

花镜 弥勒佛

    3. 口头组词：喊 /录

    4. 口头造句：用"因为……所以……"造句。

    5. 课文《地铁》中为什么说地铁是一种快捷的交通工具？

    6. 说一说课文《外公》中的外公喜欢什么？

    7. 天安门广场位于哪里？

    8. 荷花在什么时候盛开？

    9. 看图说出图片对应的词语或短语。

    10. 看图说出杨梅的颜色。

二、笔试

1. 听力：选出听到的词语或短语,在括号中打"√"。

① 花瓣（　　）　　　　莲蓬（　　）　　　　水珠（　　）

② 摆垫子（　　）　　　　理书架（　　）　　　　擦茶几（　　）

③ 严峻（　　　）　　　　事迹（　　　）

④ 花瓣（　　　）　　　　莲蓬（　　　）　　　　水珠（　　　）

⑤ 拖地板（　　　）　　　洗床单（　　　）　　　晒床单（　　　）

⑥ 地铁（　　　）　　　　换乘站（　　　）　　　线路（　　　）

⑦ 北京（　　　）　　　　英雄（　　　）　　　　纪念（　　　）

⑧ 雄伟（　　　）　　　　祖国（　　　）

2. 选出听到的词语对应的图片。

①

（　　　）　　　　　　　（　　　）

②

（　　　）　　　　　　　（　　　）

③

（　　　）　　　　　　　（　　　）

④

（　　　）　　　　　　　（　　　）

⑤ （　　　）　　　（　　　）

⑥ （　　　）　　　（　　　）

⑦ （　　　）　　　（　　　）

⑧ （　　　）　　　（　　　）

⑨ （　　　）　　　（　　　）　　　（　　　）

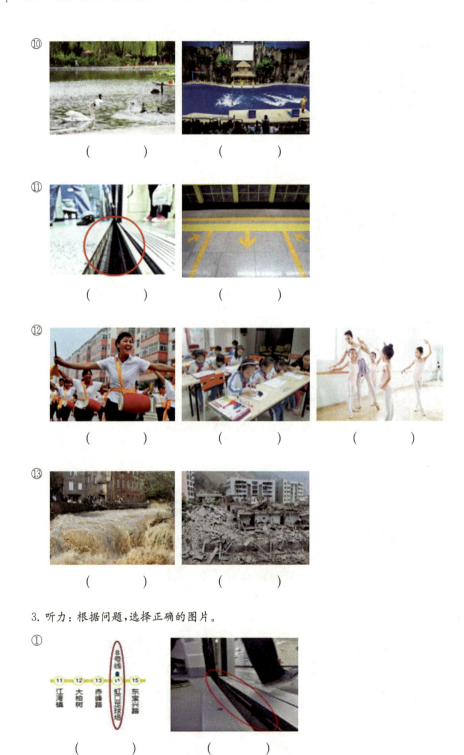

⑩　（　　　）　　（　　　）

⑪　（　　　）　　（　　　）

⑫　（　　　）　　（　　　）　　（　　　）

⑬　（　　　）　　（　　　）

3. 听力：根据问题，选择正确的图片。

①　（　　　）　　（　　　）

②

（　　　　） 　　　　（　　　　）

③

（　　　　） 　　　　（　　　　）

④

（　　　　） 　　　　（　　　　）

4. 听力：选出听到的关联词。

虽然……但是……（　　） 　　　　因为……所以……（　　）

5. 听力：选出听到的句子，在括号中打"√"。

夏日里，荷花开满了整个小河。（　　）

夏日里，荷花开满了整个荷塘。（　　）

春日里，荷花开满了整个荷塘。（　　）

6. 听力：默写词语。

① ＿＿＿＿＿＿＿＿＿ 　　② ＿＿＿＿＿＿＿＿＿

7. 听写句子。

① ＿＿＿＿＿＿＿＿＿＿＿＿＿＿＿＿＿＿＿＿＿＿＿＿＿

② ＿＿＿＿＿＿＿＿＿＿＿＿＿＿＿＿＿＿＿＿＿＿＿＿＿

8. 抄写生字。

期＿＿＿＿＿

9. 抄写下列句子。

① 有时候听时事新闻频道,把国内外的重要事件都记录在笔记本上。

_____

② 我先把沙发上的垫子摆整齐,然后把茶几和电视柜上的杂志、报纸收到书架上。

_____

10. 根据课文内容选择适当的词语填空。

他们的英勇(　　　)被广为传颂。(事迹/严峻)

11. 选择适当的词语填空。

① 祖国　　　北京

(　　　)是我国的首都。

② 晶莹透亮　　　亭亭玉立　　　翩翩起舞

(　　　　)的蝴蝶　　　　(　　　　　)的水珠

③ 五彩缤纷　　　巍峨壮丽

(　　　　)的人民大会堂　　　(　　　　　)的花园

④ 雄伟壮丽　　　高大

(　　　)的天安门广场　　　(　　　　)的人民英雄纪念碑

12. 将对应的词语和图片用直线连起来。

13. 从《故乡的杨梅》这篇课文中，我们可以知道（　　　）

① 端午节过后，故乡的杨梅树上挂满了杨梅。

② 端午节之前，故乡的杨梅树上挂满了杨梅。

14. 缩写句子。

舞蹈队的同学们伴随着音乐，跳着优美的舞蹈。

15. 笔试：给"严""事"找到合适的字连成词语。

知　　　迹　　　峻

附录五 语文教学调整方案小组 研讨汇总及记录

语文教学调整方案小组研讨汇总

场次	参 与 人 员	讨 论 主 题
1	研究者、T01、T02、T03	教学调整必要性
2	研究者、T01、T02、T03	教学调整文献查询
3	研究者、T01、T02、T03、T04、T05	教师已有教学调整经验分享
4	研究者、T01、T02、T03、T04、T05	第一轮研究阶段教学调整方法与步骤
5	研究者、T01、T02、T03、T04、T05	如何编写调整性教学内容
6	研究者、T01、T02、T03、T04、T05	如何选择调整性教学内容
7	研究者、T01、T02、T03、T04、T05	如何制作教学调整工作表
8	研究者、T01、T02、T03	第一轮研究阶段教学方法
9	研究者、T01、T02、T03	第一轮研究阶段语文能力评量方式
10	研究者、T01、T02、T03	第一轮研究阶段调整性评量表检核
11	研究者、T01、T02、T03、T06	第一轮研究阶段学生语文学习成效
12	研究者、T03、T06	第一轮研究阶段学生语文学习成效
13	研究者、T01、T02、T03、T06	修正教学调整策略
14	研究者、T01、T02、T03、T06	修正教学调整策略
15	研究者、T01、T02、T03、T06	修正教学调整策略
16	研究者、T03、T06	第二轮研究阶段语文能力评量方式

续　表

场次	参与人员	讨论主题
17	研究者、T01、T02、T03、T06	如何分析教学内容
18	研究者、T01、T02、T03、T06	课文案例与教学
19	研究者、T01、T02、T03、T06	课文案例与教学
20	研究者、T01、T02、T03、T06	第二轮研究阶段调整性评量表检核

《语文教学调整方案小组研讨记录》

研讨主题	基于教学内容做分析
参与人员	研究者、T01、T02、T03、T06

研讨记录：

1. 围绕基于教学内容分析，如何进行恰当地教学调整展开讨论

T02：每个学生的学习特点存在差异，为了能够让他们都能在各自水平上有所收获，进行教学调整是必要的。但是，我认为在进行调整之前，教师应该深入地熟悉教学内容，准确把握课文的教学重难点以及文章脉络，这样可能更有利于学生掌握学习内容。

T03：对的，要进行教学调整，肯定是要先对教学内容进行分析，看看何为重点。拿我自己的实际情况来说，我如果要对一个词语进行相应的调整，我会看看这个词语是不是重点要求掌握的，是不是四个字的词语，而不是想当然地随意调的。

T01：我也都十分赞同大家的想法，但是我有一点补充，就是分析教学内容不仅仅是把握重难点，一定要结合学生的情况去做。每个学生都有其固有的特殊性，对教学调整的程度需求是不一样的，那么必须要将这样的情况考虑在内，这样的调整可能会更实用、更有效一些。

最后，大家就如何进行教学调整达成一致：即要充分深入分析课文内容，把握文章脉络，并且结合每个学生的学习特点和学习需求所做的调整才能更有利于学生的学习。

2. 教学调整案例展示

(1) 研究小组成员 T01 展示《地铁》这篇课文的调整情况以及教学设计与 PPT。

(2) 小组成员围绕展示情况提出建议。

T02：我认为在进行教学设计时，要尽可能贴近教学调整的主题，并且要尽量地充分运用调整的原文，尽可能地将调整的点展现得更清楚、更全面、更深入一些。

T03：在进行课文的重点词语教学时，要牢牢把握住课文的脉络词，基于脉络词的学习，对于学生而言可能会更容易一些。

T06：在对学生给出提示方面，可以用一个短语，甚至是一个句子。充分运用这些提示，让学生能够更好地理解教学内容，从而能够更好地掌握相应的内容。

(3) 讨论《地铁》一课的重点脉络词。

针对上述讨论结果，小组成员依据《地铁》一课的内容，对文中的重点脉络词进行了梳理，大致有"快捷""环保""不同""线路越来越多""使用电能""注意事项"等。

续　表

重点工作布置：

1. 教学调整组的相关教师对 PPT 和教学设计以及调整教学内容进行修改，下周三进行组内交流。

2. 周五之前确定好教学内容配套题。

《语文教学调整方案小组研讨记录》

研讨主题	《天安门广场》教学呈现案例分析
参与人员	研究者、T01、T02、T03、T06

研讨记录

1. 围绕基于教学调整，如何有效地进行教学活动展开讨论

T06：根据上次会议之后，对各个学生的教学内容都进行了适当地调整，但是在实际上课过程中，该如何实施教学。就是说，面对每个学生不同的教学内容，怎么开展教学才能让每个学生都能够学到知识。

T01：我也有同样的困惑。之前我是这样做的，先把课文的重点内容集体教学一遍，再花费许多时间来分组学习各自的教学内容，但是这样尝试看来，效果并不好。因为班级中学生的学习能力相对有限，当我在辅导其中一组的时候，另外的两组并不能进行自主学习，这样子学习效果会大打折扣。

T02：的确是这样呢，虽然班级中有助教，在一节课中，我和助教奔波在各个组之间，毕竟精力有限，总是会有学生得不到关注。

T03：我也很赞同前面两位老师的说法，但是从客观上来说，在专业水平上，助教与教师之间还是有一定差异的，课堂上不能完全依靠助教对学生实施分组教学，这在一定程度上会影响学生的学习效果。同时，正如你们说的，由于无法同时顾全每个学生，那么在一定程度上还会浪费学生的学习时间。

T06：教学组织形式对教学效果有一定的影响，但其实我认为可能问题的关键还在于不同教学内容的呈现吧，毕竟每个学生的教学内容都不尽相同，到底呈现谁的呢？

T01：对于这点，我认为原文还是应该要呈现的，毕竟原本包含了重点内容，而且班级中有的学生仍在使用原教学内容。

T03：但是我有个问题，如果课件上呈现的是原文，其他使用调整后的课文的学生不还是看不懂吗？那所谓的调整的课文对他们就没有帮助了啊！

T01：不是，调整后的课文也有帮助的。因为在对每个学生调整教学内容的过程中，我基本了解了他们的情况，比如哪些是重点、哪些是难点，然后在课件制作时把这些重难点也特别的标注了，跟着原文一起呈现，对他们还是有帮助的！

T02：对的，我差不多也是这么做的。原文肯定是要呈现的，只不过在呈现时要讲究一定的技巧。比如，有的学生的教材会配有一些图片，那么可以把图片也放入原文呀，这样大家一起看，都能看懂的。

T03：同意，似乎这样的方式更好，一举多得呢！

T06：出示原文，并且把每个学生的重难点都可以放上去！

T01：而且，通过这样的教学之后，再适量地进行一些分组练习，学生能够更好地巩固知识，学习效果应该会更好的。

2.《天安门广场》课文呈现课例展示

(1) 研究小组成员 T01 展示《天安门广场》这篇课文的调整情况以及教学设计与 PPT 呈现情况。

(2) 小组成员围绕展示情况发表看法。

T02：T01 老师的 PPT 呈现方式，既呈现了原文，而且还考虑了每个学生的学习特点，既做了放大、加粗、配图等个别化处理，蛮全面的。

T06：不过我有一个小小建议，就是行距可以稍微大一点，图片放置的位置可以再斟酌一下，让页面看起来更清爽、舒适一些。

T03：不过我感觉最后应该再加一页，把原文再放一遍，就是在全面系统地学习了前面内容之后，最后再放一遍原文，让大家一起读一遍，起一个回顾、巩固的作用。

重点工作布置：

1. 完成后两课的教学内容及 PPT 和教学设计。

2. 确定好调整后教学内容的配套题库。

附录六　教学调整方案的专家意见表

教学调整方案的专家意见表

意　见	具　体　内　容	不适合	有些适合	比较适合	非常适合	修改意见
针对语文教学调整方案中教学调整方法的意见	1. 班级教学目标结合学生能力进行评估					
	2. 依据学生大概情况描述，灵活弹性选择其所需要的教学调整策略					
	3. 分析教学内容并结合学生实际语文能力水平做出教学调整					
	4. 进行教学					
针对语文教学调整中配套表件的意见	语文教学调整方案的教学目标评估表					
	语文教学调整方案的调整策略汇总表					
	语文教学调整方案的调整内容记录表					
针对调整教学内容的意见	S03					
	S04					
	S05					

意　见	具　体　内　容	不适合	有些适合	比较适合	非常适合	修改意见
	S06					
	S07					
	S08、S09					

附录七 "学生语文能力评量题库的专家意见表"部分统整样例

《学生语文能力评量题库的专家意见表》部分统整样例

课 文	试 题	修 改 建 议
第一课	星期一,教室里发生了什么变化?	增加试题表述清晰度,应该指明是哪篇课文。
	教室的生物角添了哪些新朋友?	增加试题表述清晰度,应该指明是哪篇课文。
	仿写句子。 星期一,同学们一走进教室,就看见生物角上多了一盆月季花。	需要强调,可以在"一······就······"两个字上加着重号。
第二课	请将 AB 形式的词语改成 AABB 形式的词语。 干净 马虎	增加试题表述清晰度,不要太口语化,可以放一个例子让学生明白。
第三课	说一说,菜场里有什么?	表述不清,到底是生活中的菜场还是课文中的菜场。
	在括号里填上适当的词。 ( )的菠菜 ( )的番茄 ( )的小白兔	表述不清,教学目标是要学习 ABB 的词语,所以这里要放例子。

续 表

课 文	试 题	修 改 建 议
第五课	选词填空。 　　　　远望　远看 　　临近黄昏,我抬头(　　　),只见晚霞烧红了半边天空,映红了一池湖水,也映红了整个村庄,屋顶啊,马路啊,田野啊,小山啊,全都笼罩在红色的霞光中。	表述不清,要明确是根据课文内容填写。
第六课	选词填空。 　　　　坚定　已经 　　捐助站的阿姨心疼地看着她:"好孩子,你的心意灾区人民(　　　)收到了,这些钱你自己留着吧。"	"坚定"和"已经"两个词没有可比性,换比较容易混淆的词语。

附录八 培智学校语文教学调整方案的家长问卷

尊敬的家长:

您好! 感谢您参与此次调查。本调查旨在了解您对于本学年执行的语文教学调整的感受,以便于我们了解这次研究的价值与不足,为之后更进一步的研究提供意见与建议。以下题目如未说明,均为单选,请在符合您的实际情况的选项下打"√",再次感谢您在百忙中抽空完成此份问卷!

1. 您的孩子本学期学习的语文课文内容是否进行了调整?

A. 是   B. 否

2. 如果您孩子的课文进行了调整,是如何调整的? (可多选)

A. 简化(降低课文难度和/或减少课文长度)

B. 分解(将课文中部分句子或目标做分解)

C. 替代(将学习的内容在课堂上以多媒体电子书的方式呈现、放大变色文字和/或配以图片)

D. 重整(将文本内容改写,含义不变,但内容更符合学生的生活经验)

3. 您觉得您的孩子是否需要这样的调整?

A. 需要   B. 不需要

4. 您对调整后的教学内容总体是否满意?

A. 满意   B. 一般   C. 不满意

5. 您认为调整后的教学内容和原课文哪个更适合学生的学习?

A. 调整后的教学内容   B. 原课文

6. 您是否支持老师上课的时候运用这样调整的策略?

A. 支持   B. 不支持

7. 您觉得调整后的教学内容对您辅导学生来说有用吗?

A. 非常有用   B. 比较有用   C. 没有用

8. 如果有用,您觉得调整后的课文对您来说有哪些用处?(可多选)

A. 知道课文的重点,方便课前预习与课后辅导

B. 有可利用的材料(如课文中的图片、重点字词等)

C. 课文调整后学生更愿意配合,更容易辅导

D. 其他_____

9. 您觉得调整后的教学内容对孩子的学习帮助大吗?

A. 非常大   B. 比较大   C. 没有

10. 您认为调整后的教学内容对您孩子哪方面的语文能力提供了帮助?(可多选)

A. 听的能力   B. 说的能力   C. 读的能力   D. 写的能力

附录九 培智学校语文教学调整方案的家长访谈提纲

1. 您觉得调整后的教学内容对孩子的学习帮助大吗？

2. 请具体说明调整后的教学内容在语文的哪些方面为您孩子的学习提供了帮助？

3. 您觉得教学调整这个方案哪些地方还有待改进？请举例说明。

4. 您对我们调整教学内容这一举措还有什么建议？

附录十　培智学校语文教学调整方案的教师访谈提纲

1. 您觉得教学调整方案的方法是否合理？策略是否有效？整个教学调整方案是否在教学现场能让您便于执行？

2. 您觉得教学调整方案对学生的语文学习帮助大吗？如果觉得有帮助，请具体说明在语文的哪些方面为学生的学习提供了帮助？

3. 在整个教学调整方案研发设计的过程中，对您个人而言有何感受？

4. 您觉得教学调整方案哪些地方还有待改进？请举例说明。

5. 您觉得教学调整方案如果要进行推广，您还有什么建议？

附录十一　家长同意书

亲爱的家长,您好:

　　我们是培智学校课程教学研究小组,现将进行"培智学校语文教学调整的研究与实践"。本研究的目的是希望通过教学调整的过程,来增进学生语文学习的成效,使孩子的潜能能获得发挥并快乐学习。

　　为了尊重学生的隐私,本研究所涉及的个人资料部分会以匿名的方式呈现,教导过程及学习表现评量的内容与相关资料,会予以保密,仅供检核本研究相关人员审阅。整个过程也不会让孩子感到在进行很不同的教学。未来呈现研究结果时,将采取匿名的方式,请您放心。若您同意,请于家长签名处签上你的大名。最后衷心地感谢您给予我们研究的帮助。

宝山区培智学校课程教学研究小组

回　条

　　我已阅读《家长同意函》,同意让学生＿＿＿＿＿参与"培智学校语文教学调整的研究与实践"。

　　家长签名:

日期:　年　月　日

附录十二　第一轮研究阶段数据记录

第一轮研究阶段数据记录

	S01	S02	S03	S04	S05	S06	S07	S08	S09	平均值
基线期 1	35	33	22	21	23	17	4	4	0	17.67
基线期 2	34	35	25	21	25	18	14	9	4	20.56
基线期 3	36	34	22	22	23	21	13	8	4	20.33
基线期 4	32	32	16	21	16	16	6	3	4	16.22
基线期 5	34	32	22	25	17	23	5	6	2	18.44
基线期 6	35	33	21	21	18	19	6	7	4	18.22
基线期 7	32	29	26	26	23	19	10	4	6	19.44
基线期 8	36	29	22	23	18	17	5	7	1	17.56
介入期 1	33	32	24	23	21	19	10	12	6	20.00
介入期 2	34	34	24	23	18	13	14	13	5	19.78
介入期 3	36	35	24	26	20	19	12	17	6	21.67
介入期 4	32	33	24	19	18	17	17	7	7	19.33
介入期 5	38	38	25	22	25	25	13	10	4	22.22
介入期 6	36	29	25	27	20	14	13	11	6	20.11
介入期 7	36	35	19	22	18	16	11	10	9	19.56

	S01	S02	S03	S04	S05	S06	S07	S08	S09	平均值
介入期 8	35	38	32	28	29	26	15	13	6	24.67
介入期 9	38	32	28	26	20	22	6	9	9	21.11
介入期 10	38	38	28	23	27	21	14	8	5	22.44
介入期 11	38	34	30	25	21	21	16	7	7	22.11
介入期 12	37	36	32	27	24	19	12	7	8	22.44
介入期 13	38	34	31	25	22	25	14	12	8	23.22
介入期 14	38	35	33	29	27	22	12	11	10	24.11
介入期 15	38	34	30	25	25	22	15	6	10	22.78

附录十三　第二轮研究阶段数据记录

第二轮研究阶段数据记录

	S01	S02	S03	S04	S05	S06	S07	S08	S09	平均值
基线期 1	58	49	38	36.5	39.5	37.5	25	21.5	16.5	35.72
基线期 2	60.5	53	44.5	36.5	40	44.5	33	29	21.5	40.28
基线期 3	60.5	51.5	39	47	40.5	49	34	27	24.5	41.44
基线期 4	62.5	51	46.5	39.5	36.5	40	24.5	24	23.5	38.67
基线期 5	56.5	48	44	37	33.5	37	24	19	14.5	34.83
基线期 6	56.25	54.25	41.5	39	37	41.5	23	19	16	36.39
基线期 7	63	48	40	40.5	42	36.5	23	19	15	36.33
基线期 8	59	49	43.5	33	35	36	17	21	18	34.61
基线期 9	59	50	39.5	44	42.5	43	28.5	21	20	38.61
介入期 1	63	42.5	47	44.5	45	39.5	31	30.5	21.5	40.50
介入期 2	61	54	49	43	42.5	46.5	37	22.5	16	41.28
介入期 3	59.5	49.5	45.5	40.5	38.5	39	26.5	20	9.5	36.50
介入期 4	68	60	49.5	50.5	43	45	28.5	25.5	18.5	43.17
介入期 5	65.5	57	55.5	45	41.5	46	37	28.5	19.5	43.94
介入期 6	68	59	52	46.5	46	41	36.5	30	20.5	44.39

续　表

	S01	S02	S03	S04	S05	S06	S07	S08	S09	平均值
介入期 7	65	59.5	57.5	46	43.5	48.5	36	24.5	18.5	44.33
介入期 8	62.5	51.5	50.5	44.5	44	42	34.5	14.5	18	40.22
介入期 9	62.5	54.5	53.5	47.5	50	44.5	37	30.5	22	44.67
介入期 10	69	56	54	47	41.5	43	31	26	23.5	43.44
介入期 11	67	51.5	52	46.5	50.5	50.5	41.5	36	24	46.61
介入期 12	65	53	56	52	48	48	45	36	22.5	47.28
介入期 13	65	59.5	57.5	52.5	48	44.5	48	33.5	23	47.94
介入期 14	69.5	63	64.5	52.5	54.5	44.5	39	32	20.5	48.89
介入期 15	66	63	58	47.5	49	47	32.5	35	29	47.44
介入期 16	68.5	61.1	62.3	56	49	46.5	47.5	30.5	33	50.49
介入期 17	69	62.5	65	52	57	57.5	41	34	28	51.78
介入期 18	67.5	58.5	61	46.5	51	50	42.5	34.5	25	48.50
介入期 19	68.5	57	58.5	46	52	52	36	39	24.5	48.17
介入期 20	68.5	62	64	53.5	57	57	46	43.5	30.5	53.56
介入期 21	67	62.5	61	50.5	53	59.75	50.5	41	30.5	52.86
介入期 22	70	64.5	65.5	53	54	55	46	33	25	51.78
维持期 1	68.5	64	64.5	53	56.5	53.5	53	43	34.5	54.50
维持期 2	67.5	65.6	62.8	57.1	62.5	64.6	33.5	33.5	33.5	53.40
维持期 3	68.5	63	62	56	53	57.5	36	33	32	51.22

图书在版编目(CIP)数据

培智学校语文教学调整：指向学生适宜发展的实践研究 / 吴筱雅著. -- 上海：上海社会科学院出版社，2025. -- ISBN 978-7-5520-4715-8

Ⅰ. G764

中国国家版本馆 CIP 数据核字第 2025688YD3 号

培智学校语文教学调整：指向学生适宜发展的实践研究

著　　者：吴筱雅
责任编辑：杜颖颖
封面设计：裘幼华
出版发行：上海社会科学院出版社
　　　　　上海顺昌路 622 号　邮编 200025
　　　　　电话总机 021－63315947　销售热线 021－53063735
　　　　　https://cbs.sass.org.cn　E-mail：sassp@sassp.cn
排　　版：南京展望文化发展有限公司
印　　刷：苏州市古得堡数码印刷有限公司
开　　本：710 毫米×1010 毫米　1/16
印　　张：17
字　　数：292 千
版　　次：2025 年 5 月第 1 版　　2025 年 5 月第 1 次印刷

ISBN 978－7－5520－4715－8/G·1403　　　　定价：88.00 元